El alimento que tu alma necesita

El alimento que tu alma necesita

WILLIAM ARANA

Para vivir la Palabra

MANTENGAN LOS OJOS ABIERTOS,
AFÉRRENSE A SUS CONVICCIONES,
ENTRÉGUENSE POR COMPLETO,
PERMANEZCAN FIRMES,
Y AMEN TODO EL TIEMPO.
—1 Corintios 16:13-14 (Biblia El Mensaje)

La dosis diaria por William Arana
Publicado por Casa Creación
Miami, Florida
www.casacreacion.com

ISBN: 978-1-966427-39-1
E-Book ISBN: 978-1-966427-40-7

Desarrollo editorial: *Grupo Nivel Uno, Inc.*
Adaptación de diseño interior y portada: *Grupo Nivel Uno, Inc.*

Nota de la editorial: Aunque el autor hizo todo lo posible por proveer teléfonos y páginas de internet correctos al momento de la publicación de este libro, ni la editorial ni el autor se responsabilizan por errores o cambios que puedan surgir luego de haberse publicado.

Impreso en Colombia

26 27 28 29 30 LBS 9 8 7 6 5 4 3 2 1

DEDICATORIA

A mi esposa Martha Ginneth, el mejor regalo que Dios me dio; cuyo amor, paciencia, sonrisa, fe y resiliencia han sido tanto un refugio como un impulso para mi llamado.

A mi madre, cuyo amor incondicional, fe y oración forjaron los cimientos de mi vida; este libro también nace de su oración persistente.

CONTENIDO

AGRADECIMIENTOS

Doy gracias, en primer lugar, a Dios, que ha sido mi fuerza y mi mayor inspiración. Cada palabra plasmada en esta obra nace de su amor, su fidelidad y su presencia constante en mi caminar. Sin Él, nada de esto sería realidad.

Agradezco a todos aquellos que, de una u otra manera, han aportado luz, ánimo y guía a mi vida. A quienes han orado por mí, me han abrazado en los momentos difíciles y han creído en el llamado que Dios hizo a mi corazón. Cada gesto, cada palabra y cada acompañamiento han sido herramientas que Dios ha usado para formarme y fortalecerme.

Gracias a quienes han recibido, compartido y vivido *La Dosis Diaria*, porque cada testimonio, cada mensaje y cada vida transformada han sido el combustible divino que me ha ayudado a concretar este llamado con pasión y entrega. Ustedes son parte esencial de este propósito.

A Jair Montenegro, mi negrito bello y su hermosa familia, que han sido vitales en este viaje que Dios ideó con nosotros.

A mis hermanos, a mis hijos, nietos y a mi familia, por su apoyo.

A todos los misioneros y el equipo del Ministerio Roka.

Por último, gracias a todos los que hicieron posible la realización de este libro: editores, creativos, amigos y colaboradores, cuya dedicación, excelencia y amor por lo que hacen se ven reflejados en cada *dosis diaria* a través de estas páginas.

A cada uno de ustedes, gracias por acompañarme en este hermoso viaje en el que Dios nos involucró.

INTRODUCCIÓN

Bienvenido a este libro. No es una lectura más, es un espacio donde Dios quiere hablarte con amor, con poder y con verdad. Tal vez llegas cansado, herido, con preguntas sin respuesta o con una fe que necesita ser renovada. Sea cual sea tu situación, quiero que sepas algo desde el inicio: el Señor te trajo hasta aquí porque te ama.

Cada dosis que hallarás aquí surgió de experiencias reales, de oración, de luchas y de victorias que parecían imposibles. No son teorías, son vida. Yo también he transitado momentos en los que solo una palabra divina fue suficiente para levantarme, de lo cual nace este contenido.

Este libro es un viaje hacia el corazón de Dios. Aquí descubrirás verdades que fortalecerán tu fe y te recordarán que el mismo que obró en la Biblia sigue obrando hoy, y está contigo.

Mi propósito es ayudarte a volver a creer, a soñar y a mirar tu vida desde la fe y no desde el miedo. Cada dosis contiene un mensaje para el corazón, un desafío para vivir la Palabra, una oración que renueva las fuerzas y un momento para reflexionar.

Tal vez dudes de que una lectura diaria pueda cambiar tu vida, pero una sola palabra de Dios lo transforma todo. Mi deseo es que al leer estas páginas sientas que Él te habla, que no estás solo y que tu historia aún no ha terminado.

No importa cómo llegues a este libro; lo importante es cómo saldrás después de leerlo. Creo con todo mi corazón que saldrás más fuerte, con esperanza renovada y más cerca del Señor.

Bienvenido a este viaje. Hagámoslo juntos.

William

TU ORACIÓN TIENE PESO

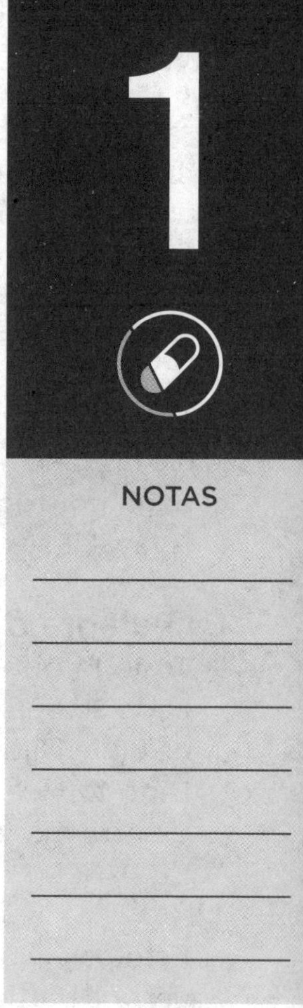

Consideremos el caso de una conmovedora historia que te sorprenderá.

Una mujer que vestía de forma sencilla y con una expresión de angustia en su rostro, entró en una tienda de abarrotes. Se acercó tímidamente al dueño y, con voz suave y temblorosa, le pidió que le fiara algunos alimentos, pues su esposo estaba gravemente enfermo —por lo que no podía trabajar— y ella tenía cuatro niños que alimentar. El tendero, inflexible, se excusó diciéndole que no podía darle crédito, pues ella ya debía mucho dinero; a lo que la mujer, desesperada por la situación apremiante que estaba atravesando, insistió y le rogó, prometiendo que pagaría su deuda tan pronto pudiera. El hombre, enojado, le pidió que saliera de su establecimiento.

Sin embargo, un cliente que se encontraba junto al mostrador y había escuchado la conversación, intervino pidiéndole al vendedor que le diera a ella lo que necesitaba ya que él se lo pagaría, pero este no le hizo caso, pues no quería saber nada más del asunto.

El cliente entonces se dirigió a la mujer y le preguntó si tenía una lista de las cosas que necesitaba, a lo cual ella asintió.

"Ponga su lista a un lado de la balanza y el tendero pondrá los comestibles al otro lado, y lo que pese su lista, es suyo. ¡Yo lo pagaré!", le dijo el hombre.

Ella pensó un momento, cabizbaja, después sacó una hoja de papel de su bolso y escribió algo en ella, colocándola luego cuidadosamente sobre la balanza... cuando algo extraordinario sucedió. El plato de la balanza bajó hasta el mostrador y se mantuvo allí. El vendedor comenzó a colocar los alimentos al otro lado, pero no lograba que la balanza se equilibrara. Los ojos de todos estaban fijos en aquel papel sin poder creer lo que estaban viendo. El vendedor siguió colocando abarrotes hasta que ya no cupo más. Entonces agarró la hoja para revisarla y comprobar si se trataba de un truco pero, al leerla, se dio cuenta de que lo que estaba escrito no era una lista de productos... era una oración que decía:

"Querido Señor, tú conoces mis necesidades, así que dejo esta situación en tus manos".

El tendero le dio las cosas que había juntado y se quedó de pie, frente a la balanza, atónito y en silencio. La humilde mujer le dio las gracias y salió de la tienda. El cliente le dio al tendero el pago por todos los productos y le dijo:

"¡Vaya! ¡Esta oración en la lista sí que tenía mucho peso!".

La Palabra de Dios dice:

> Todo lo que me pidan en cuanto a quién soy y lo que hago, lo haré. Así es como el Padre será visto por lo que es en el Hijo. Y es como se glorifica el Padre en el Hijo. Digo todo esto muy en serio. Cualquier cosa que pidan de esta manera, la haré.
>
> —Juan 14:13-14 Biblia El Mensaje

Este pasaje es una magnífica declaración de Cristo a todo aquel que participa, por medio de la fe, del regalo de ser hijo de Dios y miembro de la familia celestial. Tenemos un Padre que nos ama, nos conoce y entiende todas nuestras necesidades, que sabe cuánto peso llevamos a cuestas. Él se ha comprometido a ayudarnos en cualquier situación que enfrentemos.

Al orar en su nombre, obtenemos el beneficio de la herramienta más poderosa que Dios nos ha dado para vivir en esta tierra: superar desafíos, enfrentar obstáculos, vencer al enemigo y todas las adversidades, así como liberar todas las bendiciones que Dios ha preparado para nosotros y cumplir nuestro propósito en la vida.

Dios también desea ver nuestra fe y nuestra audacia al aprovechar todo lo que nos ha dado. Tal como lo hicieron grandes hombres y mujeres de la Biblia, podemos alcanzar el favor divino, contra todo pronóstico: desbaratar planes malvados, vencer batallas imposibles, derrotar enemigos invencibles, anular decretos injustos, eliminar obstáculos y liberar el poder de Dios en cualquier situación.

No podemos subestimar el poder de la oración. Con ella, tenemos todo lo que necesitamos en nuestro camino. Dios le ha dado un peso extraordinario a tu oración.

Desafío personal

A lo largo de mi vida he descubierto el infalible poder de la oración y por eso te hago un llamado decisivo a confiar en Dios, aun cuando las circunstancias parezcan insalvables. Siempre me ha inspirado saber que cuando el pueblo de Israel clamó a Dios en medio de situaciones desesperadas, Él no solo les respondió, sino que también estuvo dispuesto a revelarles verdades profundas y misterios que estaban más allá de su comprensión, fortaleciendo así su fe de manera sorprendente. Lo mismo sucede con nosotros.

¿Te sientes perseguido, amenazado o estás encarcelado? ¿Piensas desistir porque ya no puedes más? ¿Estás enfermo o sufres escasez? ¿Atraviesa tu familia circunstancias graves?

Invierte tus fuerzas, como nunca antes, en acudir a Dios en oración. Confía en Él de todo tu corazón, preséntale tus necesidades y espera que en el lugar que menos imagines pueda venir su bendición. Nuestra responsabilidad es confiar en Él, obedecer su Palabra y esperar con esperanza su intervención en nuestras vidas.

Cuanto más imposible parezca la situación, mayor será la dimensión de la respuesta. Entre más pesen tus necesidades, más peso tendrá la respuesta a tu oración. Créeme, la oración funciona. ¡Atrévete a confiar solo en Él; no te fallará!

Oración

Padre amado, sé que puedo encontrar refugio en tu presencia, consuelo en tu abrazo y respuesta en tu amor. Confío en que puedo llevar mis preocupaciones a ti en oración y soltar mis cargas a tus pies. Estoy seguro de que puedo llorar ante ti, pues —al contrario de la dureza y la frialdad del hombre— hallaré tu tierna misericordia, y recibiré la paz y la esperanza que necesito para seguir viviendo. Sé que puedo traer mis necesidades ante ti, por grandes que sean, y encontrar tu amplia y generosa provisión. Bendigo en el nombre poderoso de Jesús, a cada lector de esta dosis, y declaro que serán miles y miles los que elevarán su clamor a ti y experimentarán tu poder y tu amor. Amén.

Te invito a reflexionar

Comprométete a fortalecer tu relación con Dios mediante la oración diaria, el estudio de su Palabra y la participación activa en una comunidad de fe. Cuando surjan dudas, en vez de reprimirlas, úsalas como una oportunidad para profundizar tu fe, buscando respuestas en las Escrituras y en la comunión con otros creyentes. Registra en este espacio los testimonios de tu intercesión y revísalos cada vez que enfrentes un problema o dificultad. Así, tu fe se fortalecerá y cada día conocerás más el peso que tiene tu oración para Dios.

____

____

____

Guardemos en el corazón

Todo es posible si puedes creer. Nada se puede resistir al movimiento de la mano de Dios a través de una oración.

TODO VA A ESTAR BIEN

2

NOTAS

Vivimos en un mundo que constantemente nos invita a definirnos a través de las expectativas externas: el éxito material, la imagen, las opiniones ajenas. Nos enseñan a medir nuestro valor por lo que hacemos, por lo que tenemos o por lo que los demás piensan de nosotros. Pero, en medio de esta avalancha de estándares y comparaciones, nos olvidamos de algo fundamental: nuestro verdadero valor no proviene de lo exterior, sino de lo que somos en nuestro interior, de lo que Dios ha puesto en nosotros.

Es hora de dejar atrás las etiquetas que nosotros mismos nos ponemos, como la de "Soy un perdedor", "Nada me sale bien", "No puedo más", "Nadie me entiende", "No cuento con ninguna persona en el mundo" o "No me vuelvo a enamorar". No somos un *gusanito* que se arrastra por la vida en medio de la autocompasión. Todos tenemos derecho a caer en el proceso, a cometer errores, pero no a quedarnos en el piso. Es hora de levantarse, sacudirse el polvo y seguir adelante en dirección a los perfectos planes que Dios tiene para nosotros. La vida está llena de posibilidades que Dios ha preparado, en su amor y buena voluntad, para sus hijos; las cuales nos llevarán a poner la fe en acción a fin de conquistarlas y hacerlas realidad. El primer paso que debemos dar es renovar nuestra manera de pensar.

La Palabra de Dios dice:

> Ahora bien, sabemos que Dios dispone todas las cosas para el bien de quienes lo aman, los que han sido llamados de acuerdo con su propósito.
>
> —Romanos 8:28 (NVI)

La mente es el campo de batalla de nuestra vida. Lo que pensamos influye de manera directa en cómo vivimos. Si nuestra mente está llena de pensamientos limitantes, de dudas y de autocrítica destructiva, nuestra realidad será reflejo de ello. La manera en que nos vemos y nos valoramos determinará las decisiones que tomemos, las relaciones que cultivemos y, en última instancia, el destino hacia el que nos dirijamos.

La Palabra de Dios nos da la clave cuando nos reafirma el valor que tenemos ante nuestro Creador y Padre, por lo que nos invita a reconocernos como seres únicos, valiosos, diseñados a su imagen y semejanza, lo que significa que nuestra vida tiene un valor intrínseco que no depende de nuestras habilidades, logros o de lo que otros piensen de nosotros. Más aún, somos hechos en Cristo Jesús para un propósito divino, para buenas obras, para vivir y disfrutar cada una de sus magníficas promesas. Esta es la buena noticia que encontré para mí, la que creo —con todo mi corazón— que también es para ti, ya que Dios dispone todas las cosas para nuestro bien, si solo recibimos su amor incondicional y dejamos que este —como una semilla— se convierta en un fruto de amor sincero y puro para Dios.

Desafío personal

Hoy te invito a comenzar un viaje de renovación mental, en el que —poco a poco— puedas deshacerte de las mentiras que te limitan y abrazar la verdad que te hace libre, pleno y feliz. El primer efecto que notarás es un cambio en tu actitud, lo que es clave para transformar las crisis en oportunidades, los problemas en realizaciones y las derrotas en victorias. Comienza pensando y creyendo que lo que Dios te ha prometido es un hecho presente y tangible. Cambia las quejas por declaraciones de fe como: "En Cristo soy más que vencedor", "Si Dios conmigo, quién contra mí", "Todo lo puedo en Cristo que me fortalece", "Soy poseedor de todas las riquezas en Cristo Jesús", "Tengo una vida abundante", "Dios es mi sanador". No te enfoques más en los problemas, concéntrate en el poder de Dios.

En segundo lugar, proponte no ser más reactivo, esto es, alguien pasivo que solo actúa en función de lo que le pasa, de lo que sucede en el mundo y de lo que hacen los demás. Eso solo te llevará a la frustración, la contrariedad, a la parálisis, al pánico. En vez de eso, te invito a ser proactivo, es decir, a actuar con audacia y sin temor, a levantarte rápidamente, moverte ligero y con prontitud, establecer un plan de acción y enfrentar el desafío que tengas o la tormenta que venga, y no solo vencerla, sino volverla a tu favor. No podemos dirigir el viento, pero sí podemos ajustar las velas de nuestro barco.

En tercer lugar, querido amigo, querida amiga, es necesario soltar el pasado, lo que pudo haber sido y no fue, eso no existe, no es real. Te estás perdiendo el hermoso presente que tiene todo lo que necesitas y evitando construir el futuro que anhelas y que Dios ha preparado para ti. La vida no se detiene ni retrocede, solo avanza. La vida hay que vivirla por completo, con todo lo que traiga, intensamente y sin reservas; eso sí, con mucha fe y entusiasmo; así la convertirás en una maravillosa aventura.

Un amigo me dio una gran lección al despedirme de él y hoy te la transmito con todo mi amor: al mundo venimos desnudos de todo y nos vamos de la misma manera. Esto quiere decir que el tiempo que vamos a estar acá, es solo para disfrutar la vida, momento a momento, por eso, debes levantarte y seguir adelante, mejorando, creciendo, arriesgándote.

Oración

Señor amado, gracias porque soy obra de tus manos, creado en Cristo Jesús para realizar buenas obras que tú preparaste de antemano. Ayúdame a verme como tu hijo amado y especial, derrama fe en mi corazón para creer tus promesas y fuerza para caminar en tu propósito, viviendo de acuerdo con tu voluntad, reflejando tu amor y tu gracia en todo lo que hago. Guía mis pasos para que mi vida sea un testimonio vivo de tu poder transformador, reconociendo las oportunidades de servir, mis manos como instrumento para ayudar al necesitado y mi corazón para amar como tú amas.

Hoy declaro con fe que lo mejor viene también para cada persona que lee y cree esta dosis, que la bendición de lo alto se derrama sobre ti, tu familia, tu trabajo y tu entorno;

que las magníficas promesas celestiales están dispuestas para ti, que se cumplirán en tu vida y que tu corazón se alegrará, en el nombre poderoso de Jesús. Amén.

Te invito a reflexionar

Hoy te desafío a que des un paso de fe hacia la vida que Dios ha preparado para ti. Recuerda que eres una obra maestra de Dios.

Tómate un tiempo para pensar: ¿Qué buenas obras puedo hacer hoy que reflejen el amor y la voluntad de Dios? No tiene que ser algo trascendental, lo relevante es que las hagas con la intención de glorificarlo a Él y servir a los demás; que sean una manifestación de ese propósito divino que está en ti. Hazlo sabiendo que cada acción, por simple que sea, tiene valor eterno cuando se alinea con la voluntad de Dios. Anota la acción, cómo la llevaste a cabo y qué experimentaste después.

____

____

____

Guardemos en el corazón

Renueva tu mente y cultiva tu mejor actitud. Así vivirás consciente de tu valor y de tu llamado. Sabrás que no eres un accidente, sino parte de un plan divino, por lo que nada ni nadie podrá arrebatarte lo que has recibido: la certeza de ser amado, valioso y capaz de alcanzar grandes cosas.

TE ESTÁN ATACANDO

NOTAS

Cuenta la leyenda que una serpiente comenzó a perseguir a una luciérnaga mientras esta huía sin respiro, llena de miedo ante la feroz persecución por parte de tan temible depredadora, que no estaba dispuesta a desistir.

Al tercer día, ya sin fuerzas, la pequeña luciérnaga se posó en una roca y, antes de que su enemiga la atacara, le dijo:

— ¡Por favor, no me comas! ¡Quiero que me respondas tres preguntas! Solo tres preguntas...

—No acostumbro dar ese tipo de privilegios a mis víctimas, pero como te voy a devorar, puedes preguntar —respondió la serpiente.

—¿Pertenezco a tu cadena alimenticia?

—¡No!

—¿Te hice algún mal?

—¡No!

—Entonces, ¿por qué quieres acabar conmigo?

—Porque no soporto verte brillar.

Seguro que te has identificado con esta historia en la manera en que te has sentido muchas veces al verte perseguido o atacado, sin razón alguna, por personas cercanas a ti o que no conoces o, incluso, por tu propia familia. Es posible que sus actitudes, palabras o comportamientos te hayan hecho notar que no tienen buenos sentimientos hacia ti y que no te desean el bien, que no se alegran con tus triunfos ni celebran tus logros. No solo eso, quizá te hayas percatado de que algunos de ellos también han pretendido lastimarte, menoscabarte, hacer que mengües o desprestigiarte y puede ser que, en algún aspecto, lo hayan logrado.

Es doloroso experimentar rechazo u odio infundado por parte de otros. Hay personas que con solo vernos se incomodan, pues les recordamos a alguien que odian o con quien han tenido problemas o dificultades; hacemos que evoquen algún evento desagradable de sus vidas o se sienten amenazadas con nuestra sola presencia y no toleran la manera como hablamos, como nos vestimos, como nos comportamos. Les molesta el éxito que podemos tener, el reconocimiento alcanzado en nuestro trabajo, los talentos y habilidades que tenemos, nuestro carácter o personalidad, nuestra manera de ser o de pensar, o nuestros bienes o posesiones materiales. Incluso hay quienes nos desean el mal porque piensan que tenemos cosas que ellos no, por ejemplo, una hermosa familia, una pareja que nos trata bien, unos bellos hijos o la admiración y el cariño sincero de la gente. Puede que se trate de individuos a los que hemos ayudado y les hemos brindado nuestro apoyo para que surjan y salgan adelante.

Aunque esto produce tristeza, desánimo, indignación o rabia, es algo muy común en este mundo y es, prácticamente, inevitable. Tiene que ver con la terrible envidia, el peor sentimiento que un ser humano puede albergar, un enemigo silencioso que aflige y esclaviza el corazón llenándolo de amargura y dolor, y entregándole herramientas lesivas con las cuales herir a su víctima, desde dardos sutiles que van lesionando poco a poco, hasta armas para matar y destruir. Este fue el caso de Caín, que permitió que la envidia creciera dentro de él hasta volverse inmanejable y conducirlo a la peor catástrofe personal, familiar y social como fue darle muerte, con su propia mano, a su hermano Abel.

La Palabra de Dios dice:

> Así que les digo: vivan por el Espíritu, y no sigan los deseos de la carne; porque esta desea lo que es contrario al Espíritu, y a su vez el Espíritu desea lo que es contrario a ella. Los dos se oponen entre sí, de modo que ustedes no pueden hacer lo que quieren. Pero si los guía el Espíritu, no están bajo la Ley. Las obras de la carne se conocen bien: inmoralidad sexual, impureza y libertinaje; idolatría y hechicería; odio, discordia, celos, arrebatos de ira, rivalidades, desacuerdos, sectarismos y envidia; borracheras,

orgías y otras cosas parecidas. Les advierto ahora, como antes lo hice, que los que practican tales cosas no heredarán el reino de Dios.

—Gálatas 5:16-21 (NVI)

La Palabra de Dios, el Manual del Hombre, nos enseña claramente —a través del apóstol Pablo— que la envidia, así como otros males que se anidan en el corazón humano, lleva a las personas a hacer obras injustas que causan dolor a los demás y perturban su propio camino, ensombreciendo su felicidad. Estas tienen su origen en el pecado de la humanidad, que se alejó de su Creador y se olvidó de su Diseñador.

La salvación que Jesús ganó para nosotros en la cruz consiste justamente en llevarnos de nuevo a ese diseño original, haciendo una obra de limpieza, sanidad y restauración de nuestro interior, dándonos a través de su Espíritu el poder para vencer el mal, experimentar el bien y transmitirlo a los demás y al mundo. Por eso, a la salvación se le llama "nuevo nacimiento", pues literalmente somos transformados en nuevas personas, capaces de recibir y ser impregnados del amor de Dios en nuestros corazones. Andar en el espíritu, controlados por el amor de Dios, es el camino que el Señor nos señala.

Sin embargo, el pecado es algo que se va normalizando hasta verse como algo "humano" y natural. En el caso de la envidia, estoy seguro de que todos la hemos experimentado en algún momento, pero pocos la reconocen como un enemigo de la paz y del bienestar, como un ladrón de nuestras bendiciones, como un intruso que debe agarrarse por la cabeza y sacarlo para siempre de nuestras vidas.

Para eso, es necesario saber que la envidia cuenta con dos defensas muy poderosas. La primera es que subestimamos su poder y no reconocemos lo maligna y peligrosa que es, por lo que le restamos importancia, siendo un poderoso veneno que el enemigo inventó para convertir el amor en odio.

La envidia es capaz de inmovilizar la fuerza de la fe en la vida del creyente e impedirle crecer y fortalecerse espiritualmente, y alcanzar todo lo que Dios le ha prometido. No solo impide la bendición de Dios, sino que le abre la puerta al diablo para que despliegue su perversa obra contra quienes son el objeto de nuestra envidia pero, más que todo, sobre nosotros mismos. Es más, le damos permiso para que haga lo que quiera con nosotros y traiga de vuelta mucho mal para nuestra vida, desde la depresión hasta el asesinato, como lo advierte el apóstol Santiago en el capítulo 3, versículo 16 de su libro.

Otro problema que sucede con la envidia es que es difícil de identificar y aceptar. Entra furtivamente sin anunciarse, se escabulle de forma inesperada como una serpiente hasta el interior de nuestra alma. Muchas personas dicen no sentir envidia de nadie, pero hoy Dios nos invita —a través de esta *dosis*— a escudriñar nuestro corazón y observar atentamente nuestros sentimientos y reacciones.

¿Qué pasa en nuestro corazón cuando un hermano, amigo o compañero de trabajo tiene éxito, es ascendido en su trabajo, alcanza la fama, avanza en sus relaciones afectivas o disfruta de bienes y comodidades? Puede ser que, al enterarte de sus logros, sientas una tristeza inexplicable o un incómodo malestar te invada; te sientas disgustado o te llenes de franco resentimiento y amargura. Es posible que no puedas alegrarte, que sonrías —pero no con sinceridad— o que intentes opacar su éxito, minimizar sus logros o empañar su fama.

Quizá, en el fondo de tu corazón, pienses que no merece esos triunfos, que ya tiene demasiado, que no ha hecho nada para ganárselos, que es injusto. Es probable que te pongas en una balanza con esa persona y te compares con él o ella, al punto que puedas llegar a pensar que tú lo mereces también y que debía haberte sucedido a ti. Eso, querido amigo, es el terrible rostro de la envidia.

Desafío personal

Hoy, querido lector —a través de esta *dosis*— Dios quiere hacer algo diferente a lo que el mundo ha visto. Él quiere mostrar su poder en ti, la victoria de su amor; protegerte y guardarte de esa raíz que carcome y destruye al que la experimenta, como es la envidia, y —además— bendecirte como nunca has imaginado.

El desafío que te hace es que bendigas al que es bendecido, al que está logrando cosas. Comienza a alabar a Dios por la persona que conoces que está triunfando; bendícela y emprende cualquier acción para ayudarla a ser más exitosa aún. Comienza a obrar en el amor, de modo que el egoísmo sea doblegado y le quites la cabeza a la serpiente de la envidia, cerrándole el paso a esa enemiga mortal, resistiéndola con fuerza y quitándole su poder. Ella huirá en el mismo momento en que tomes el control y aproveches la ventaja. Cámbiale el juego, de perseguidor a perseguido. Yo lo he tenido que hacer a la inversa, con las personas que cuestionan mi éxito o que se enojan por mis bendiciones.

Me indigna saber que quieren lo que tengo sin pagar el precio que he pagado, pero no me dejo llevar por la enemistad; bajo la guardia, enfrento al enemigo de la envidia que se levanta contra mí y le quito su poder, orando y bendiciendo a esa persona. Con ello le doy paso a la victoria de Jesús.

Oración

Padre, gracias por esta dosis, bendigo a esa persona que está haciéndome una zancadilla para que caiga, obstaculizando el camino para que surja o a cualquiera que tenga algo contra mí. Que caiga bajo el poder de tu amor y sea llena de todo buen deseo y de toda buena obra. Oro también por cada persona que está triunfando a mi alrededor y le deseo todo el bien de lo alto, y que yo pueda ayudarla en alguna medida a que eso suceda.

También pido por cada lector de esta dosis para que brille con esa luz hermosa que le has dado. No permitas que nadie le opaque, le dañe o lastime. Que siga brillando a pesar de todo, dando amor a todos para que tu abundante bendición repose sobre él y ningún mal lo alcance. Atamos al enemigo, al adversario de nuestras almas y le damos libertad al Espíritu de Dios para que nos bendiga todos los días.

Te invito a reflexionar

Si has logrado identificar ese mal que quiere robar tu paz, tu felicidad, tu inocencia y tu bendición, levanta tu voz y dile: "¡Alto, no tienes permiso para entrar en mi casa!". Haz un listado de esas personas a las que has envidiado alguna vez, pide perdón a Dios por albergar ese sentimiento contra ellas y luego bendícelas, y deséales todo el bien posible.

También bendice a aquellas personas que por envidia han buscado tu mal y bendícelas de la misma manera, así serás inmune a ellas y harás que una ventana en el cielo se abra para transformarlas y para bendecirte a ti. Rompe un papel como símbolo de tu libertad, pues ese pecado ya no está en ti.

____

____

____

Guardemos en el corazón

En la vida, todo lo que le lanzas a otros regresa a ti, pero no igual ni con la misma fuerza. Así como el bumerán va ganando velocidad con el viento, tus buenas acciones y tus palabras de bendición regresarán a ti multiplicadas.

TAN SOLO UNA ORACIÓN PUEDE DARTE VIDA

NOTAS

Por un momento, Daniel pudo pensar que los sátrapas y gobernadores de Babilonia se habían salido con la suya. Al menos así lo parecía, por la forma en que habían logrado engañar al rey Darío, al hacerlo firmar —llenos de envidia y odio— aquel edicto por el que se castigaría con la muerte a todo hombre que clamara a un dios distinto al rey; con el único propósito de que eliminara a Daniel y lo quitara de en medio de ellos.

De la misma manera, los tres amigos de Daniel, habían sido acusados maliciosamente por algunos caldeos en tiempos del rey Nabucodonosor; y habían sido enviados al horno de fuego —calentado siete veces más de lo usual— por permanecer fieles a Dios y no estar dispuestos a arrodillarse ante la estatua de un hombre que se creía un dios y adorarlo. Todo indicaba que nadie podría librarlos de la furia de un rey tan poderoso que tenía completamente la vida de sus súbditos en sus manos.

También Ester, la judía cautiva que fungió como reina del imperio, enfrentó la impotencia, el miedo y el dolor, al verse en las manos ignominiosas de un poderoso enemigo que tenía completamente "la sartén por el mango"; se trataba del amigo personal del rey y su hombre de mayor confianza. Esta vez, no solo ella estaba en peligro, sino todo su pueblo.

Pablo y Silas, por otra parte, servían a Dios predicando la Palabra con poder; pero al liberar a una muchacha que tenía espíritu de adivinación y dejar sin ganancias a quienes la tenían esclavizada para aprovecharse de ella obteniendo dinero, fueron acusados injustamente, enviados a la cárcel, torturados y asegurados con cepos en los pies y con muchos guardias a su alrededor. Ellos también podrían haber creído que todo estaba perdido.

Todos estos hombres y mujeres, y muchos más que la Palabra de Dios nos muestra como ejemplo, pudieron sencillamente quejarse, lamentarse y volverse a Dios con reclamos y preguntas. Pero en lugar de eso, todos ellos hicieron una sola cosa. Lo único que podían y sabían hacer.

¿Sabes qué es? Oraron a Dios, trajeron el poder de lo alto sobre sus vidas, cambiaron las circunstancias, invalidaron los decretos que había contra ellos, echaron por tierra los designios humanos, abrieron las puertas de las cárceles, cerraron las bocas de los leones, vencieron las llamas más ardientes, derrotaron la furia y el odio de sus enemigos. Ellos hicieron visible la gloria de Dios. Tan solo una oración salvó sus vidas.

La Palabra de Dios dice:

> Cualquier cosa que ustedes pidan en mi nombre, yo la haré; así será glorificado el Padre en el Hijo. Lo que pidan en mi nombre, yo lo haré.
>
> —Juan 14:13-14 (NVI)

Aquí está una extraordinaria declaración que nos llena de confianza y seguridad ante cualquier situación que tengamos que enfrentar en la vida. Dios nos ha dado poder a cada uno de nosotros para vencer todos los problemas, enfrentar todas las batallas y vencer todas las pruebas. Es un poder que nos permitirá derribar al más fuerte de todos los adversarios, al más temible de todos los gigantes. Se trata de la oración realizada con fe. No hay nada más poderoso que eso en este mundo.

El poder de Dios emana de la oración del creyente, porque está basada no en un acto meramente, sino en una relación; por eso es tan segura, tan cierta, tan real. Si tienes una relación personal con Dios, tienes acceso a ese poder ilimitado en todo momento. Este es un maravilloso secreto que hoy es revelado a tu vida para llevarte a vivir de una forma sobrenatural, trayendo el poder de lo alto a cada circunstancia de tu vida.

La oración no actúa por pensamientos, palabras, deseos o fuerza de voluntad. Opera por el amor de Jesús, cuando lo reconoces, cuando le crees y cuando tu principal propósito es glorificar el nombre de su Padre, nuestro Padre. Si eres amigo de Jesús, eres amigo del Padre, por lo que puedes pedirle lo que quieras y te será dado.

¡Todo empieza a suceder! Todo lo que está escrito, las cosas más extraordinarias, ¡comienzan a acontecer!

Desafío personal

¿Hay leones que quieran devorarte? ¿Hay llamas ardientes a tu alrededor que intenten quemarte? ¿Hay designios y decretos humanos que pretendan destruirte? ¿Hay heridas y cadenas que te condenen al miedo y a la oscuridad? Tan solo una oración puede salvarte, tan solo una oración puede darte vida. Por tanto, te invito a que seas audaz en la oración; pide cosas extraordinarias para bendición del mundo, para que muchos crean en Dios y en el poder de la oración.

Oración

Padre eterno y bueno, hoy pongo mi necesidad delante de ti. Creo que ese problema tan delicado que estoy atravesando y que, muchas veces, me asusta y me llena de angustia, es vencido en el nombre de Jesús. Extiende tu mano y líbrame de mi poderoso enemigo. Que el mundo vea lo que tú haces, crea en ti y glorifique tu nombre. Decido cerrar la puerta a todas las voces del mundo que me dicen que no hay esperanza, que todo está perdido, y oro a ti, mi Padre. Pido sanidad para toda enfermedad y libertad para toda opresión. Oro para que sea roto todo decreto del enemigo en contra de mi vida y que mis labios sean ungidos para que hable, declare y profetice tu Palabra, dando testimonio de todas tus obras y tus maravillas.

Te invito a reflexionar

Escribe a continuación aquellas cosas que has considerado que son imposibles que sucedan en tu vida y pídeselas a Dios en el nombre de Jesús, con fe y con acción de gracias, como si ya las hubieras obtenido. Luego, ve anotando las respuestas que Dios te dé, los milagros que sucederán, uno a uno; con el compromiso de contarlos a manera de testimonio, para que otras personas puedan creer también y glorifiquen el nombre del Señor.

____

____

____

Guardemos en el corazón

No hay nada que no sea derribado a través de la oración. La oración, así como el poder y la respuesta que ella nos trae, es tan segura, como el Nombre a través del cual oramos y pedimos al Padre: El poderoso nombre de Jesús.

SONRÍE NO SOLO PARA LAS FOTOS

5

NOTAS

¿Eres de las personas que sonríen fácilmente? ¿Con qué frecuencia se dibuja una sonrisa en tus labios?

Si eres un ser tan dichoso, ¿sabes cuánto vale tu sonrisa? Si te pagaran cada vez que sonríes, ¿serías una persona millonaria?

Realmente nadie puede poner precio a una sonrisa, porque no alcanzamos a medir el poder que ella tiene. Pero hubo alguien, cuya sonrisa ejerció tal impacto, que fue valorada en ¡un millón de dólares! Relato la historia a continuación:

Hace muchos años, en una de las calles más pobres de Nueva York, vivía una jovencita llamada Ana. Tenía once años de edad y su alegre carita, a menudo, hacía brillar un rayo de felicidad en la vida de mucha gente que, con el alma entristecida, caminaba por la ciudad.

Cierto día, Ana debía participar en un programa infantil que la iglesia de su localidad preparaba para todos los feligreses. ¡Puedes imaginarte cuán feliz se sentía! Entre el público se hallaba un médico muy reconocido, que donaba importantes sumas de dinero para la obra de la iglesia. Es imposible saber cómo se sentía ese hombre aquel día, quizá triste o solitario, pero —de alguna forma inexplicable— su corazón fue tocado mientras contemplaba el rostro iluminado de la pequeña.

De pronto, mientras observaba la obra, la niña se volteó y, mirándolo directamente a los ojos, le sonrió. El hombre pensó que nunca había visto nada tan hermoso en toda su vida, como esa sonrisa. Cuando volvió a su hogar, se sentía más feliz; una sensación de calma y paz invadía todo su interior.

El médico jamás olvidó aquella sonrisa. Vivió en su memoria cada día de su vida, hasta que la muerte cerró sus ojos.

Cuando se leyó su testamento, todos quedaron asombrados al ver que había dejado todo su dinero —y se trataba de un individuo muy rico—, no a sus parientes, porque no tenía ninguno; ni a un hospital ni misión de la ciudad. Según lo dictaba su testamento, en sus propias palabras: "Dejo mi fortuna a los que, a lo largo de mi vida, me han llenado de alegría".

En la lista estaba el nombre de Ana, la jovencita que le había sonreído en el programa de la iglesia hacía veinte años. ¡Le dejó un millón de dólares!

En lo personal, desde mi corta edad me costaba trabajo sonreír, pues fui criado en un ambiente hostil en el que escaseaba mucho el buen trato, la comunicación y el afecto, especialmente por parte de mi padre. Esas carencias y las situaciones adversas de mi vida, me hicieron luchar muy duro para poder sobrevivir sin la compañía de las sonrisas.

Las sonrisas hacen que la vida sea más grata, como las ruedas aceitadas de un coche que puede andar fácil y ligeramente. También los engranajes de la vida familiar se ajustan mejor y la dinámica de las relaciones interpersonales se desarrolla de manera más agradable y armónica. Por el contrario, los malos ratos, las expresiones de amargura en el rostro y los disgustos son como la arena, que con su aspereza causan muchas dificultades y hacen que la vida se vuelva una pesada carga.

Volviendo a mi experiencia personal, un inolvidable día tuve un encuentro personal con Jesús; fue el momento en que todas esas murallas de amargura, tristeza, enojo y soledad se derribaron y mi corazón encontró en medio de los escombros de dolor, por fin, ¡la alegría! Fue entonces cuando, de forma plena y auténtica, pude sonreír.

La Palabra de Dios dice:

"Lo hiciste: transformaste el lamento desesperado en una vertiginosa danza;
arrancaste mi ropa negra de luto y me engalanaste con flores silvestres.
Estoy a punto de estallar en canciones; no puedo permanecer callado en cuanto a ti.
Dios, Dios mío, no sé cómo agradecerte lo suficiente!".

—Salmos 30:11-12 Biblia El Mensaje

Acercarse a Dios es el *bien*, en todo el sentido de la palabra. Una de las primeras cosas que empiezan a suceder es que recibimos sanidad de nuestras experiencias —sean estas dolor, tristeza, injusticia y opresión—; nuestra percepción del pasado cambia, así como el significado del maravilloso momento presente y la visión esperanzadora del futuro. De esta manera, somos colmados de bienestar, alivio, consuelo y abundante provisión.

Ya no tenemos que pagar el alto costo que implica tener un corazón endurecido y un rostro incapaz de sonreír: ver nuestra vida acortada, seres queridos alejados, oportunidades perdidas, nuestra economía particular arruinada y sumirnos en el abandono y la soledad.

Cuando nos acercamos a Dios ya no somos más engañados por el enemigo, haciéndonos creer que no valemos y que no tenemos nada que dar; ya no lo escucharemos cuando intente convencernos de que nuestra sonrisa no significa nada y que nuestra alegría no es un regalo altamente contagioso capaz de eliminar barreras afectivas, provocar revolucionarias reconciliaciones y convertirse en un precioso instrumento para ayudar a los demás a llevar sus cargas.

Somos transformados desde nuestro interior cuando nos acercamos a Dios y la evidencia de ese cambio está en que recuperamos nuestra capacidad para cantar, bailar, contar los testimonios del amor de Dios y dar gracias. Aunque intentáramos ocultar el regocijo, la risa brotará como un manantial terapéutico, porque el corazón —alegre y agradecido— es sustentado por Dios.

Desafío personal

Espero con todas mis fuerzas que decidas invitar a Jesús a entrar en tu corazón. Estoy seguro de que esa experiencia transformará tus siguientes días y tu vida entera en hermosas experiencias de paz y regocijo, en los que abundarán las sonrisas aún en las más duras pruebas. Hasta tu rostro se rejuvenecerá, como he aprendido de mi esposa, a quien admiro precisamente por tener —casi siempre— una sonrisa en su rostro. Ella me ha enseñado que, cuando uno frunce constantemente el entrecejo y no sonríe con frecuencia, se acentúan más las arrugas en el rostro y en el corazón. Pero que si, en cambio, sonreímos con más generosidad, podremos reflejar la hermosura de Dios que vive dentro de nosotros y así, impactar favorablemente nuestro entorno. Decide entonces aumentar, a partir de hoy, las sonrisas de tu rostro, y haz sonreír a Dios.

Oración

Querido Dios, aumenta mi fe de manera que crea que siempre tienes el poder para vencer. Así no tendré temor ni la tristeza secará mis huesos, mi alma y mi corazón. Hoy te pido que la preciosa agua de vida de tu Espíritu fluya dentro de mí y se lleve tanto la amargura como el dolor. Suelto mis cargas en tus brazos y abro mis manos para recibir tu gozo, que es mi fortaleza, para enfrentar los retos de la vida. Te pido que, a partir de hoy, mi llanto sea de alegría y pueda inspirar a todos los que me rodean, a sonreír también.

Te invito a reflexionar

En mi caso, me levanto cada día junto con mi equipo de trabajo con el único propósito de extraer de tu alma una sonrisa; deseo ver cuánto bien puedo hacer con la mía, con mis mensajes impregnados de esperanza, porque sé que hay una recompensa hermosa en los cielos cuando ayudamos a otros a aliviar su dolor. Ahora te invito a que hagas lo mismo. Haz que tu vida brille hoy para alguien. No sabes si para la persona que está a tu lado, tu sonrisa lo cambie todo y sea el único aliciente que necesitaba para seguir viviendo. Solo ve, sonríe a todos los que puedas y anota lo que sucede para que siempre lo puedas recordar.

____

____

____

Guardemos en el corazón

Tu corazón alegre es el buen remedio que el mundo necesita, así que tu sonrisa vale oro. Ilumina al mundo con tu sonrisa y el mundo te iluminará a ti.

6

SIN MIRAR ATRÁS

NOTAS

Voy a contarte algo muy personal.

> *Yo sé muy bien que todavía no he alcanzado la meta; pero he decidido no fijarme en lo que ya he recorrido, sino que ahora me concentro en lo que me falta por recorrer. Así que, ¡tomé una decisión! Seguir adelante, puesta la mirada en la meta, porque decidí llevarme el premio. ¡Sí! Ese premio que Dios me prometió por medio de su hijo Jesucristo, que me dio la salvación.*

¡Qué palabras tan inspiradoras escribe William!, pensará el que lee por primera vez este texto. Pero, aunque representan lo que he vivido, no soy su autor. Las escribió el apóstol Pablo hace muchos años, pero aún mantienen una vigencia extraordinaria. Es un párrafo parafraseado del texto que se encuentra en la Biblia, el Manual del Hombre, en Filipenses 3:13–14, Traducción en Lenguaje Actual.

Sorprende su vigencia porque hoy, más que nunca, las personas se encuentran estancadas, sin fuerza para seguir adelante en sus vidas, pues se hallan ancladas al pasado. Pablo nos muestra una solución tan sencilla como tremendamente difícil de poner en práctica para la gran mayoría de las personas. Nos enseña a hacer una sola cosa ante este gran problema. Olvidar lo que quedó atrás y no seguir recordando el pasado; proseguir, poniendo la mirada en el presente y con la esperanza de lo que va a venir; caminando hacia delante, siguiendo la meta y trabajando en lo que Dios destinó para nosotros; siempre adelante, sin soltarse de la mano de Dios, sin aceptar quedarse paralizado y sin permitir el estancamiento como opción en nuestras vidas.

La Palabra de Dios dice:

> Por lo tanto, si alguno está en Cristo, es una nueva creación. ¡Lo viejo ha pasado, ha llegado ya lo nuevo!.
>
> —2 Corintios 5:17 (NVI)

La palabra "pasado" significa el tiempo que pasó y que —en términos cronológicos— ha quedado atrás junto con las cosas que sucedieron en él. En otras palabras, solo existe en nuestros recuerdos, en nuestra mente y nuestro corazón; desde allí, le damos vida para que siga estando en el presente, quitándonos la posibilidad de seguir construyendo nuestro camino y —mucho peor aún— llenándonos de nostalgia y restándonos la fuerza, el entusiasmo y la claridad para emprender cosas nuevas y mejores cada vez. Es verdad lo que dice el refrán popular: Recordar es vivir... el pasado una y otra vez.

Desafío personal

No sé qué ha pasado en tu vida, pero hoy quiero decirte a través de esta *dosis* (mejor que yo, Dios Todopoderoso, que nos habla a través de su Palabra, que es viva y eficaz), que el pasado ¡no vale ya!, que debes dejarlo de lado, pues terminarás convirtiéndote en su esclavo. Puedes recordar lo bueno si te inspira a ser mejor, a construir y a seguir adelante. Pero definitivamente, desecha lo que no sirve, lo malo que se agiganta cada vez que lo recuerdas, lo triste que se profundiza cada vez que te lamentas. Yo también lo he vivido y sé que la fórmula que nos enseña el apóstol Pablo, ¡no falla!

Recuerda a los hijos de Israel que, por estar anclados a su pasado en Egipto, hasta se imaginaban que había sido bueno vivir como esclavos y sufrir tantos vejámenes y humillaciones. Pensaron tanto en el pasado que anhelaron en sus corazones volver a él, por lo que se quedaron estancados, dando vueltas en el desierto por más de cuarenta años, llenos de nostalgia y amargura. Fueron incapaces de disfrutar el presente que se abría delante de sus ojos, de extasiarse y alegrarse en los milagros que a cada momento sucedían para ellos y, aún peor, imposibilitados para vislumbrar el maravilloso futuro que les esperaba en la Tierra Prometida que Dios les había entregado.

¡Ahora eres libre! No te empeñes en seguir trayendo a tu memoria momentos o situaciones que te están causando dolor, desánimo y frustración. Invierte esa energía en construir una nueva y magnífica vida. La que Dios preparó para ti.

Oración

Hoy es tiempo de acercarme a ti, Padre, y lo hago en el poderoso nombre de tu hijo amado Jesús. Perdóname porque muchas veces he permitido el estancamiento en mi vida y me he quedado dando vueltas en el pasado. He perdido de vista, muchas veces, el precio que pagaste en la cruz, desconociendo la extraordinaria libertad que me diste para ser una nueva criatura con un pasado, presente y futuro completamente nuevos. Porque para eso me salvaste, para soltar lo que quedó atrás, y proseguir a la meta que me has señalado. Ahora solo puedo ver, en mi pasado, tu gran amor por mí, y eso... ¡Lo vale todo, lo cambia todo, lo puede todo!.

Te invito a reflexionar

¿Qué cargas tienes que soltar hoy? ¿Qué cosas de lo que viviste, hiciste o te hicieron debes entregar en las manos de Jesús para que Él las pueda perdonar, sanar y transformar? Escribe cada una de ellas y, al frente, lo que vas a hacer para comenzar a vivir como una nueva criatura libre y feliz en Cristo.

____

____

____

Guardemos en el corazón

¡Levántate, no te quedes ni un minuto más allí! Eres un nuevo ser, un nuevo hijo e hija de Dios, con un pasado marcado por su amor. Vive con intensidad el presente y avanza sin desmayar cada día tras el maravilloso propósito que Dios te dio. Descubre ese llamado personal y cúmplelo. ¡Él no te ha traído hasta aquí para volver atrás!

TODO NOS AYUDA PARA BIEN

Te invito a adentrarte en una maravillosa enseñanza de vida por medio de este relato:

Un barco naufragó en medio del océano y el único sobreviviente llegó a una isla muy lejana y desierta. El hombre era creyente en Dios así que, luego de sobreponerse un poco tras el agotamiento y el intenso miedo a morir ahogado en medio del recio mar, comenzó a orar suplicando a Dios con mucha fuerza que lo rescatara y no le permitiera morir en ese lugar solitario alejado de su familia y del mundo.

Las horas y los días comenzaron a pasar, y aquel hombre —triste y cansado— decidió construir una pequeña choza con ramas y hojas para resguardarse del sol, de la lluvia y de los posibles depredadores, y también proteger las pocas cosas que conseguía en pro de su supervivencia.

Un día, al regresar de su búsqueda por comida, quedó impactado al ver que su pequeña choza se estaba quemando mientras una columna inmensa de humo subía al cielo sin que él pudiera hacer absolutamente nada para recuperar ni un solo despojo de sus provisiones u otros elementos que había encontrado y que eran fundamentales para su subsistencia.

Muy angustiado y furioso, le reprochó a Dios diciendo: "¿Cómo pudiste hacerme esto?, ¿Cómo pudiste quitarme lo poco que tenía?".

Desconsolado, cansado de gritar y de llorar, se quedó dormido sobre la arena. Al día siguiente, muy temprano, lo despertó el sonido de un barco que se acercaba a la isla; habían venido a rescatarlo. Muy sorprendido e intrigado cuando vio a los marineros, les preguntó:

—¿Cómo supieron que yo estaba aquí? A lo que contestaron:

—Vimos las señales de humo que hiciste y nos dirigimos de inmediato hasta aquí. Ya estás a salvo, vamos a casa.

Imagino que te has podido identificar con el hombre de la historia de la misma manera que yo, pues —muchas veces— ante situaciones difíciles y agobiantes de nuestra vida, también le gritamos a Dios, le exigimos y le reclamamos, haciéndolo responsable de todas nuestras aflicciones y calamidades. También eso les sucedió a muchos personajes cuyas vidas están descritas en la Biblia, el Manual del Hombre, para nuestra edificación y enseñanza.

Uno de ellos, muy conocido, es Job. Podemos leer, en el libro que lleva su nombre, sobre su experiencia de vida. Después de disfrutar una vida acaudalada y bendecida, de repente, perdió todo lo que tenía; incluso a sus hijos, su salud, su posición y su reconocimiento en la sociedad, el apoyo de su esposa, en fin, lo perdió todo. Cayó en tal desgracia que hasta se apoderó de él una terrible enfermedad de la piel, que lo obligaba a permanecer en un rincón acompañado solamente de sus lamentos y sus lágrimas.

Seguramente, querido lector, te preguntarás: ¿Por qué le pasó esto tan terrible a un hombre de fe?, ¿por qué Dios permitió que esa desgracia llegara a su vida?

Pues son muchos los que también culpan a Dios por los problemas que se les presentan o las puertas que se les cierran. Hasta llegan a acusarlo de querer acabar con sus vidas y de enviarles males en forma de castigos o venganzas por sus transgresiones pasadas o presentes; como si Dios fuera un humano como nosotros; un ser temperamental, que a veces en su ira nos manda enfermedades o desea nuestra muerte. ¡Cuánta confusión puede haber en el corazón humano, cuántos desvaríos podemos pensar o decir, con esta miope y errónea percepción de quién y cómo es Dios! ¡Qué fácil, injusta y rápidamente se le juzga!

Por supuesto que esa desgracia no vino para Job de parte de Dios, pues de Él solo procede lo justo, lo puro, todo don perfecto y toda buena dádiva. El gran artífice de todo este desastre en la vida del personaje en mención fue el maligno, el diablo, que lanzó toda su artillería cruel contra este hombre justo —amado por Dios— y contra sus hijos, su patrimonio, su buen nombre y su honra pública. Él fue el autor de los ataques inmisericordes que recibió Job, con la única intención de acabarlo por completo. Y es que vivimos en un mundo caído, ensombrecido por el pecado de una humanidad que ignora a Dios, que se rebela contra él y que ha acarreado las consecuencias de ignorar sus ordenanzas; lo que ha traído desastrosos resultados que enmarcan la experiencia terrenal en el dolor, la enfermedad y la muerte. Es por eso que hay situaciones que siempre vendrán y nos golpearán muy fuerte, pero ante este panorama tan desalentador... ¡Se levanta la maravillosa y esperanzadora verdad de un camino de salvación para la humanidad!

La Palabra de Dios dice:

> Les he dicho todo esto para que, confiando en mí, sean inquebrantables, se sientan seguros y en completa paz. En este mundo impío seguirán soportando dificultades, pero ¡anímense! Yo he vencido al mundo.
>
> —Juan 16:33 Biblia El Mensaje

Nuestro compasivo y misericordioso Padre ha buscado favorecernos quitando todo lo que había en nuestra contra; hizo recaer todas las consecuencias del pecado en su propio Hijo, que pagó el precio por nuestra libertad, poniendo su vida en nuestro lugar, y haciendo el único sacrificio que era agradable delante del Padre; muriendo, resucitando y venciendo por nosotros, al diablo y a la muerte. Todo lo puso en su lugar y se convirtió en nuestro abogado y defensor. Por eso, cada vez que el enemigo, el acusador, se presente para lastimarte, para dañarte, para intentar acabar contigo, el Señor lo aborda y le dice: "¡Alto! Esta es mi hija, este es mi hijo. Yo soy su abogado. Y el juez, es mi Padre".

Así nos defiende, nos protege y transforma las adversidades en indiscutibles bendiciones. Creo firmemente en la obra salvadora y redentora de Cristo en la cruz, por eso me apropio de esta maravillosa promesa. En mi relación con Dios, he aprendido que sus promesas son raíces muy profundas que me sostienen y me mantienen en pie. ¡Y esta es una muy poderosa! Esta afirmación de Jesús es una abierta declaración tanto a sus discípulos de ese entonces como a nosotros en esta generación, para cobrar ánimo a pesar de las luchas inevitables que debemos enfrentar. Esta es una categórica expresión de respaldo y alentadora compañía, con la cual, nunca nos sentiremos solos ni vulnerables, porque si estamos con Él, la victoria ya es nuestra. Jesús no nos abandona a nuestra suerte, por lo que podemos sentirnos seguros y confiados. ¡Él ya ha vencido al mundo con todas sus aflicciones!

Desafío personal

Solo hay un requisito para tener el derecho a ser defendidos y representados por ese extraordinario abogado, y es asegurarte de haber aceptado por fe a Jesús como Señor y Salvador en tu corazón, lo cual te convierte en hijo de Dios, heredero de su reino eterno y vencedor en todas tus luchas terrenales.

¿Eres hijo de Dios? ¿Eres hija de Dios? ¿Estás seguro?

Es importante saber que este inmenso beneficio es solo para los que aman a Dios y forman parte de los planes divinos. Si es así, lo único que tienes que hacer es vivir seguro y confiado del magnífico abogado que te defiende de todos los ataques del enemigo, y recordar permanentemente las promesas que Él te ha hecho, para apropiarte de ellas y vivir a la luz de su significado.

Por ejemplo, puedes vivir seguro de que, por las llagas de Cristo, has sido sanado de toda enfermedad y de toda dolencia; que estás protegido por ángeles que te guardan en todos tus caminos para que tu pie no tropiece en piedra; que ninguna plaga ni mortandad tocará tu morada; que aunque caigan mil a tu lado, el mal no te alcanzará a ti y así sucesivamente con cada una de las maravillosas promesas que aseguran la bendición para cada área y aspecto de tu vida.

Oración

Padre bueno, perdónanos por nuestras necias reacciones, por reclamarte y culparte de nuestras desdichas; cuando somos nosotros, con nuestra decisión de apartarnos de ti, los que determinamos quedar a merced del enemigo, que ha acarreado todo el mal al mundo. Hoy te damos gracias, Dios, por tu presencia, que lo cambia todo; por tu perdón que nos brindaste en la cruz, llevando a cuestas todo el dolor y el sufrimiento humano; por pagar el precio de nuestra libertad y por vencer al enemigo y todos sus perversos planes para destruirnos.

Ahora, podemos comprender por medio de tus enseñanzas que eres tú quien ha cambiado nuestro lamento en baile y nuestra tristeza en alegría, quien nos defiende como nuestro infalible abogado, quien nos abre las puertas de bendición que el "mentiroso y ladrón" ha cerrado, y quien transforma todo problema y obstáculo en bendición para nuestra vida.

Gracias por tu Palabra que es verdad, que es viva y eficaz, y porque me puedo apropiar de ella en todos los aspectos de mi vida. Ahora puedo declarar victoria en todas mis luchas. Gracias por la enseñanza de hoy, por tu salvación y tu libertad, por lo que soy en ti. Bendigo este día; bendigo a cada persona que lee esta dosis, a quien necesitaba recibir esta liberadora verdad, y al que se dispone para compartir esta dosis con otros; por la victoria que comenzarán a disfrutar, y por todo el bien que producirán.

Te invito a reflexionar

Hoy la humanidad tiene la oportunidad de poner su confianza y su seguridad en el cielo, no en la tierra. Muchas personas que amas pueden estar desamparadas y literalmente a merced del enemigo, pero hoy pueden tener al mejor abogado para que los defienda y los proteja. Te invito a que les brindes este maravilloso regalo, hablándoles de la obra salvadora de Cristo e invitándoles a que lo reciban en su corazón como su Señor y Salvador. Piensa en tres personas que no hayan recibido el mensaje de salvación aún y cuéntales lo que Dios ha hecho por ti. Permíteles que también estén bajo esta insuperable cobertura. La alegría que recibirás será incomparable y la bendición incalculable.

____

____

____

Guardemos en el corazón

Dios no solo nos protegerá del enemigo, sino que volverá sus artimañas y ataques a nuestro favor. En el caso de Job, convirtió su desgracia en bendición, pero no en la misma medida de la que tenía, sino multiplicada siete veces más. ¡Así lo hará contigo!

ACEPTA EL RETO 24

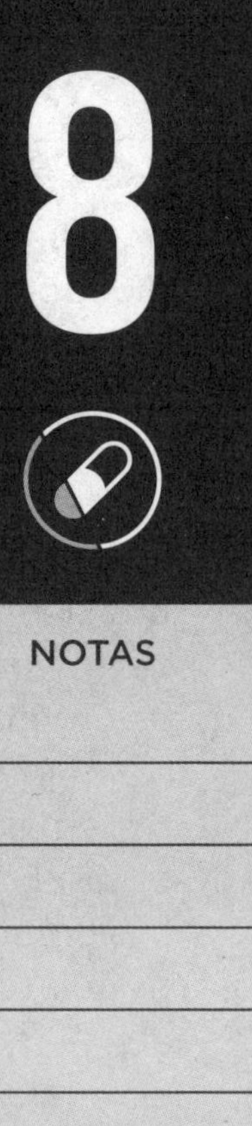

¿Sabías que los países más felices del mundo no son necesariamente los más ricos? Tras su bienestar encontramos un denominador común: sus habitantes cultivan la gratitud. En vez de anhelar constantemente más, valoran lo que tienen y disfrutan de las pequeñas alegrías de la vida. Esta simple actitud transforma su realidad y les permite alcanzar una felicidad duradera.

Nuestra sociedad, a menudo, nos empuja a buscar la felicidad en el éxito material, la fama o la perfección. Sin embargo, esta búsqueda incesante nos aleja de lo verdaderamente importante: apreciar lo que ya tenemos. La gratitud nos insta a cambiar el enfoque y a centrarnos en las bendiciones que recibimos a diario, desde la salud y el amor hasta las oportunidades de crecimiento y aprendizaje.

Al cultivar la gratitud, vivimos una transformación profunda. Nos volvemos más conscientes de las cosas buenas que nos rodean, fortalecemos nuestras relaciones, pues aprendemos a valorar y apreciar más a las personas, por lo que desarrollamos una actitud más positiva ante la vida, lo cual es determinante en el bienestar que podemos experimentar. Además, la gratitud nos ayuda a superar momentos difíciles, ya que nos permite encontrar un sentido más profundo a cada una de nuestras vivencias.

La Palabra de Dios dice:

> Sean joviales pase lo que pase; oren todo el tiempo; den gracias a Dios pase lo que pase. Así desea Dios que vivan los que pertenecen a Cristo Jesús.
>
> —1 Tesalonicenses 5:16-18 Biblia El Mensaje

La Palabra de Dios, nuestro manual de instrucciones, nos enseña que el anhelo de Dios y su perfecta voluntad para con nosotros es que seamos joviales o felices, que estemos siempre alegres, y una manera efectiva de conseguirlo es aprendiendo a dar gracias en todo momento y circunstancia, pase lo que pase. Dar gracias por todo no es solo una emoción; es una decisión, una manera victoriosa de vivir la vida. Al elegir enfocarnos en lo que tenemos, en las bendiciones que hemos recibido, transformamos nuestra realidad y traemos más cosas buenas a nuestras vidas, porque la ley espiritual dicta que al que tiene permanentemente "acción de gracias" en su corazón, se le dará más para que pueda seguir agradeciendo. También es un antídoto contra el pesimismo y el negativismo propio de quienes solo se enfocan en lo que les falta, en lo que no tienen, perdiendo el gozo y la alegría, y viendo cada vez mayor escasez en sus vidas.

Podemos cultivar la gratitud de muchas maneras. La primera que te propongo es dedicar unos minutos al día a prestar atención a todas las bendiciones que posees, comenzando por el regalo de la vida, por tu cuerpo, por todo lo que disfrutas y por todo lo que te rodea, y agradeciendo por cada detalle de tu vida. Piensa que, a pesar de las dificultades que hayas vivido, son más numerosas las cosas buenas y las experiencias que han contribuido a formarte como la persona que eres. Incluso las pruebas y los problemas forman parte de esos retos que forjan una personalidad más resiliente, más fuerte y más madura.

En segundo lugar, agradece a las personas que te rodean por su apoyo y su cariño. Un abrazo, una sonrisa o un simple "gracias" pueden hacer una gran diferencia. Nunca podrás saber cuánto beneficio traerá a quienes comparten contigo en casa, en el trabajo o en la calle, el hecho de que las reconozcamos, y les mostremos nuestro aprecio y valoración.

En tercer lugar, toma tiempo para reconocer y celebrar tus logros, por pequeños que sean, pues esto te permite ser aún más consciente de lo bendecido que eres; y en cuarto lugar, sirve a los demás, pues esto nos mantendrá sensibles al dolor humano y a todo lo que podemos hacer para mitigarlo y cambiarlo por alivio y por sonrisas.

Cuando somos agradecidos, vemos la vida como un regalo y todo lo que tenemos adquiere esa connotación; nos hacemos mejores personas, nuestra vida es mucho mejor.

Desafío personal

Te cuento que he descubierto el poder transformador de la gratitud y he tenido el privilegio de recorrer este hermoso camino hacia la felicidad. Antes creía que todo lo que había logrado era fruto de mi esfuerzo individual. Sin embargo, al abrir mi corazón a una fe más profunda, comprendí que muchas bendiciones han llegado a mi vida como un regalo. Agradecer me ha permitido reconocer la mano de Dios en cada aspecto de mi existencia, desde las personas que me rodean hasta las oportunidades que se me presentan y que mi más grande privilegio es, precisamente, contar con un Padre celestial que me ama y me guía hacia el cumplimiento de los planes perfectos que tiene para mí.

Mi más grande anhelo es que tú también vivas esta transformación. Por eso quiero invitarte a que aceptes un desafío que cambiará tu vida. Quiero que, durante veinticuatro horas, agradezcas por todo: por la luz del sol, el agua que bebes, el trabajo que te permite crecer, las personas que te rodean... ¡Incluso por el tráfico! Agradecer hasta por lo que consideras un inconveniente te ayudará a cultivar la gratitud como un hábito que te acompañará siempre y te llevará a una vida más plena y feliz.

Oración

Señor, te agradecemos por esta enseñanza tan maravillosa que nos permite renacer con nuevas alas para volar alto hacia las magníficas bendiciones que tienes preparadas para nosotros. Llénanos de sabiduría, entendimiento y fuerza para seguir cumpliendo nuestra labor de llevar estos mensajes de esperanza a mucha gente. Bendice a cada persona que lea esta dosis y capacítalos por tu Espíritu para cultivar el valor de la gratitud, de manera que sus vidas prosperen y sean llenas de felicidad y amor.

Te invito a reflexionar

El reto 24 hará que tu vida se vista de alegría y felicidad, pues alejará la tristeza y la amargura que acompañan a la ingratitud y las reemplazará por abundancia y generosidad. Para continuar fortaleciendo este hábito, te motivo a escribir un diario en el que puedas plasmar, cada día, tres cosas por las que estás agradecido. Esta práctica te ayudará a enfocarte en lo positivo y a apreciar las pequeñas alegrías de la vida. ¡Comienza hoy mismo!

____

____

____

Guardemos en el corazón

La felicidad no se encuentra en las cosas que tienes, sino en la forma en que aprecias lo que tienes.

CON LOS OJOS DE LA FE

9

NOTAS

Alguna vez te has puesto a pensar...

¡Qué maravilloso es nuestro Dios!, que ha manifestado su poder de maneras tan sorprendentes, aun desde antes de la creación del mundo. Con una sola palabra dio origen a todo lo que existe. Del caos se constituyó el orden y del vacío la existencia.

Como un gran lienzo en blanco, cada palabra que salía de su boca, pintaba un cuadro majestuoso. Una nueva galaxia, un nuevo planeta, una nueva forma de vida. Y en la obra maestra final, nos incluyó a ti y a mí. Somos parte de una creación asombrosa, diseñados para reflejar la belleza y el amor de nuestro Creador.

Como hijos de Dios, podemos ser partícipes de su gloriosa obra, ejecutando su poder y haciendo maravillas en su nombre. Podemos dar forma a todas las cosas que están en la mente y en el corazón de nuestro Padre, y todo eso a través de la fe.

La fe es nuestro don más preciado, el cual podemos pedirle cada día. La fe también es un llamado que Dios nos ha hecho a un estilo de vida extraordinario. Con ella aprendemos a ver las cosas que aún no tienen forma en el plano material, pero que ya existen en la dimensión espiritual. Podemos percibir las cosas que Dios nos ha prometido como resultados terminados. Podemos declarar y agradecer anticipadamente lo que está en su Palabra, y contarlo a todas las personas que están a nuestro alrededor, animándolas a creer también para que asimismo vean las obras de Dios en sus vidas. Entonces se abrirán caminos donde menos lo esperamos, se alcanzarán victorias en batallas imposibles y respuestas en situaciones aparentemente irremediables.

La Palabra de Dios dice:

> Por eso la promesa viene por la fe, a fin de que por la gracia quede garantizada para toda la descendencia de Abraham; esta promesa no es solo para los que son de la Ley, sino para los que son también de la fe de Abraham, quien es el padre que tenemos en común delante de Dios, tal como está escrito: "Te he confirmado como padre de muchas naciones". Así que Abraham creyó en el Dios que da vida a los muertos y que llama las cosas que no son como si ya existieran.
>
> —Romanos 4:16-17 (NVI)

Abraham es el padre de la fe precisamente porque aceptó la manera de vivir que le ofreció su Padre Dios: *La promesa viene por la fe.* Solo debía creer para que todo lo que Dios había dicho de él se cumpliera a cabalidad. Creer... Que Dios es la Vida y da vida a todo, que Él vence a la muerte y que realiza todas las cosas antes de que nuestros ojos físicos las puedan ver. Abraham lo hizo y por eso pudo ver cómo, estando casi muerto, Dios lo levantó para ser padre de multitudes y bendición para todas las naciones. Eso mismo puede suceder en tu vida hoy, si tan solo crees.

También encontramos otros ejemplos inspiradores de fe en el Manual del Hombre, como es el caso de Gedeón, relatado en el libro de los Jueces, en los capítulos 6 al 8. A este hombre, Dios le envía su ángel y le dice: "¡El Señor está contigo, valiente guerrero!". Pero Gedeón no se sentía así. Al contrario, se veía como alguien pequeño, insignificante e incapaz de hacer algo bueno y valiente por sí mismo, por su familia o por su pueblo; por eso responde de esta manera ante la misión que Dios le encomienda de salvar a su nación de la opresión que había sufrido por tanto tiempo: *"Pero, Señor, ¿cómo voy a salvar a Israel? Mi clan es el más débil de la tribu de Manasés y yo soy el más insignificante de mi familia"* (Jueces 6:15 NVI).

En definitiva, este es un excelente ejemplo de que Dios llama a las cosas que no son como si fuesen. A través de la disposición de Gedeón para creer, su fe comienza a crecer y a desarrollarse, de tal manera que comienza a ser transformado exactamente en lo que el Señor había dicho de él. Se convirtió en un guerrero valiente y valioso instrumento en las manos de Dios para la liberación de su pueblo.

De la misma manera sucedió con Saulo de Tarso, que —de ser el perseguidor más grande de la iglesia— se convirtió en uno de los apóstoles de Cristo más usados por Dios, llevó el mensaje de salvación a todo el mundo conocido de su época y escribió gran parte del Nuevo Testamento. ¡Lo que no era en él, Dios lo llamó para que fuese!

También David fue transformado conforme a la visión de Dios y a la fe que cultivó en su corazón. En realidad, era un pequeño pastor de ovejas en quien nadie, ni siquiera su familia, creía. Sin embargo, en la boca de Dios, era el más prominente de los reyes de su pueblo. A través de la fe, podemos experimentar la misma transformación que vivieron incontables hombres y mujeres cuyas vidas se relatan en la Biblia. Podemos dejar atrás lo que éramos a nuestros propios ojos y comenzar a ser la hermosa creación a imagen de Dios.

Desafío personal

La fe es la pequeña semilla que, sembrada con amor en el corazón, da origen al más grande de todos los árboles. Como hijos de Dios, tenemos su aliento de vida para llevar sanidad donde hay enfermedad y postración, provisión donde hay escasez, paz donde hay confusión, éxito donde solo hay derrota y fracaso, libertad donde hay cadenas, y vida donde hay muerte.

He sido testigo de este poder, pues Dios ha hecho en mí y en incontables personas que conozco, cosas que parecían imposibles: sanidad interior, liberación emocional, la victoria de su amor en todas las áreas de mi vida. Si estás en medio de una situación que no se parece a lo que Dios ha decretado para ti, ponte de acuerdo con Él, pídele que aumente tu fe, comienza a creer en lo profundo de tu corazón cada una de sus palabras, decláralas y verás que, exactamente eso, comienza a suceder. Piensa, habla, actúa como si tu realidad fuera a cambiar por la visión que Dios tiene para ti. Llama a las cosas que no son como si fuesen. ¡*Eso también sucederá contigo!*

Oración

Padre, ¡gracias! Te bendigo, te exalto, te doy todo honor y toda honra. Creo firmemente que seguiremos escuchando testimonios, que continuarán sucediendo cosas sobrenaturales y que tu poder seguirá siendo conocido en toda la faz de la tierra. Te pido que cada persona que lee esta dosis se impregne de amor por tu Palabra y crea que con un soplo diste vida a todo lo que existe y que, de la misma manera, puedes transformar lo más insignificante en algo extraordinario, así como nuestras vidas en valiosos instrumentos para manifestar tu gloria en esta tierra, en el nombre de Jesús. Amén.

Te invito a reflexionar

Creer en las promesas de Dios es permitir que se manifiesten en tu vida. Visualiza ahora esas palabras de Dios cumplidas, registra cada uno de tus imposibles como hechos que están sucediendo y agradece a Dios con todo tu corazón.

____

____

____

Guardemos en el corazón

¡No aceptes derrotas ni tampoco imposibles! Acepta solo lo que pertenece a tu herencia, la cual es Jesús. Él venció la muerte y, con ella, todo problema y dificultad. No estamos limitados por lo que vemos, solo por lo que creemos. Así que cree y recibe los planes de lo alto que Dios tiene para ti.

CONSTRUYE PUENTES, NO MUROS

Quiero relatarte una hermosa e inspiradora historia...

Había dos hermanos que vivían uno al frente del otro, en hermosas casas rodeadas de bellos paisajes. Por pequeños problemas sin resolver, que se fueron acumulando día tras día, se había levantado una gran enemistad entre ellos, al punto que habían dejado de hablarse y se evitaban por completo. Un buen día, muy temprano en la mañana, llegó un carpintero a la casa del hermano menor preguntando si había trabajo para él. Luego de pensarlo un instante, el hombre asintió.

—¡Claro que sí! Tengo un trabajo muy importante para usted y requiero que lo haga en el menor tiempo posible —le dijo.

—No hay ningún problema, solo *dígame lo que debo hacer y lo tendrá* listo al final del día —respondió el carpintero.

—Pues vea usted, esa madera que está junto al riachuelo. La corté yo mismo y está lista para usarla. Quiero que haga una cerca alrededor de mi casa, tan alta que no pueda ver la casa del frente. Mi hermano mayor vive en ella, cruzando el riachuelo, y a causa de nuestra enemistad, él desvió ese arroyo para separarnos definitivamente. Así que no quiero volver a verlo más, ni su casa ni nada que me lo recuerde —dijo el dueño de la casa con dureza en sus palabras y amargura en su corazón. Luego se marchó al pueblo.

Al llegar la noche, el hombre regresó a su casa y, cuál no sería su sorpresa, al ver que en lugar de una cerca alta se hallaba un hermoso puente que unía las dos partes del terreno. Sin poder reaccionar aún, enmudecido por el asombro, vio que justo frente a él —al otro lado del puente— se encontraba su hermano mayor, que venía caminando hacia él con sus brazos abiertos y una amplia sonrisa en sus labios.

—¡Hermano mío! No puedo creer que hayas construido este puente, siendo yo el que te ofendió. Me has dado una gran lección. Vengo a pedirte perdón —dijo el hermano mayor con un inusual brillo en sus ojos.

Los hermanos se abrazaron, comenzaron a hablar y a reírse como no lo hicieron en mucho tiempo. El menor se dio cuenta de que el carpintero se alejaba y le dijo:

—Buen hombre, ¿cuánto le debo? Quédese esta noche y descanse, y continúe su camino mañana.

El buen hombre contestó:

—¡No puedo! Tengo muchos puentes que construir.

Conmovedora... ¿Verdad? Pues esta es la historia de nuestra vida, porque en algún momento todos hemos experimentado dolor por las acciones de otros y nos hemos llenado de resentimiento y amargura. Hemos tomado la decisión de guardar el encono en nuestra alma y permitido que un pequeño problema se convierta en algo imposible de solucionar. Y lo peor de todo es que esto nos ha sucedido especialmente con personas que amamos y con aquellas que están más cerca de nuestro corazón.

Sin embargo, qué hermoso es contar con ese maravilloso carpintero que siempre pasa por nuestra casa y ofrece construir para nosotros una preciosa obra que nos traerá las mayores alegrías y salud completa para nuestro corazón. Ese carpintero es Jesús, nuestro sanador y restaurador.

La Palabra de Dios dice:

En ese momento Pedro se atrevió a preguntar:

—Señor, ¿cuántas veces debo perdonar a un hermano o hermana que me hace daño? ¿Siete?

—¡Siete! Me parece que no —respondió Jesús—. Prueba con setenta veces siete.

—Mateo 18:21-22 Biblia El Mensaje

El Manual del Hombre, la Biblia, es definitivamente nuestra guía para la salud integral. Cuando nos habla del perdón, es porque Dios quiere darnos una vida llena de paz, la cual es el bien más preciado que tiene un ser humano. Él no quiere que carguemos a cuestas la pesada carga de la enemistad, la contrariedad y el enojo; y mucho menos contra nuestros propios hermanos; puesto que, tarde o temprano, eso nos hará sucumbir, nos doblegará y hará nuestra marcha lenta y dolorosa. Por el contrario, el camino del perdón nos brinda la respuesta sabia a inconvenientes que pueden tornarse ingobernables, robándonos la libertad y la capacidad para disfrutar este regalo maravilloso llamado *vida.*

Desafío personal

Es tiempo de acercarte a los demás y comenzar a construir puentes de bendición y alegría. Solo debes decidir acudir en paz a la presencia de Dios, pedirle fortaleza y valor, para entonces caminar al encuentro de esas personas. Míralos a los ojos y, con un corazón sincero, exprésales que lo sientes, que reconoces tu error, luego pídeles perdón y espera lo mejor. De lo que se trata es de ser muy honestos y decir la verdad, lo que hemos hecho o lo que hemos dejado de hacer, eso que afectó a esa u otras personas o lo que deterioró la misma relación.

No se trata de excusarnos, defendernos, justificarnos ni mucho menos culpar a la otra persona, sacando a la luz sus defectos o señalando aquello que nos molesta. No tiene que ver con ganar la pelea, tener la razón o ser el último que habló, sino —por el contrario— aprender a ser humildes y valientes para reconocer nuestros errores y corregirlos. Si hacemos eso, solo con la intención de buscar paz, seremos libres, podremos mirar a los ojos a los demás y sostener conversaciones francas a la vez que establecemos vínculos más sanos.

Es tiempo de echar toda ofensa en la presencia de Dios y ser verdaderos hijos suyos, pues Él perdona todos nuestros pecados. De todos modos, ningún ser humano está exento de equivocarse ni libre de cometer faltas contra los demás. “Todos ofendemos muchas veces”, dice con verdad la Palabra de Dios.

Oración

¡Perdóname, Señor! Soy el primero que tengo que pronunciar esta palabra con toda sinceridad y desde lo profundo de mi corazón, porque quiero que me limpies, quiero ser mejor. Te pido humildad para reconocer mis errores y pedir perdón a quien he ofendido; valentía para aclarar las cosas, saldar las deudas, retribuir el daño, restituir lo que quité y comenzar a recuperar la confianza que perdí. También quiero tener tu fuerza para perdonar como tú lo haces, no siete veces, sino setenta veces siete, al que me ofendió. En este caso, perdonar me libera, perdonar me acerca más a ti, y esto está por encima de todos mis anhelos. Llévate el dolor, el resentimiento y la amargura. Sana mis heridas, por favor, no dejes ninguna huella en mi interior. Me declaro sano y libre de todo rencor, en el poderoso nombre de Jesús. Amén.

Te invito a reflexionar

Haz un listado de todas las personas con las que tienes algún desacuerdo y toma la iniciativa de pedir perdón. Dios ve todo y te honrará, te exaltará cuando sea tiempo. Sé que, para muchos, esto no es difícil... es imposible. Pero cuentas con Jesús y su precioso Espíritu. Solo debes pedirle que te ayude, que te llene de fuerza y poder para hacer su voluntad. Visualiza el momento en que ya no habrá más resentimiento, en el que el dolor se habrá ido y se habrá convertido en una dulce calma, en una hermosa paz. Ahora, ¡ve y hazlo!

____

____

____

Guardemos en el corazón

El mundo necesita amor. El mundo necesita perdón. Dios activa dentro de ti el poder para arreglar lo que está mal, sanar vínculos lastimados y aplastar al enemigo con su estrategia de la enemistad y el rencor. No levantes muros. ¡Construye puentes!

CRISTO ES TU GPS

Es probable que hayas escuchado historias como estas que amenazan con llenarnos de miedo e inseguridad:

> *Un hombre salió de su trabajo anhelando llegar a su casa, disfrutar de su familia y tener un merecido descanso después de un día largo y agotador, pero se hallaba en medio de un tremendo embotellamiento vehicular. Decidió entonces utilizar una aplicación en su celular que le permitiera tener otras opciones para dirigirse a su casa y, efectivamente, le mostró un atajo que le desviaba de la ruta principal. Pronto, el hombre se encontró recorriendo unas calles muy oscuras, solitarias y evidentemente peligrosas. Entonces fue interceptado por un grupo de delincuentes que lo obligaron a bajar de su auto e intentaron robarle todas sus pertenencias, pero —al oponer resistencia— lamentablemente le dispararon, causándole la muerte.*

Mi propósito con este relato es invitarte a reflexionar: así como en esta historia, todos nos enfrentamos a encrucijadas en las que nos sentimos perdidos y no sabemos qué camino tomar. Nos aventuramos guiados por nuestras impresiones y experiencias, por lo que el mundo o la gente nos dice o, incluso, por mandatos internos que hemos aceptado y que muchas veces pueden ser erróneos, los cuales nos llevan por caminos torcidos que terminan quitándonos la alegría, la felicidad y el bienestar.

Sin embargo, no importa dónde hayamos caído, fruto de las acciones de otros, de nuestras propias decisiones o de circunstancias adversas. Dios tiene el poder para cambiar la situación, tornándola a nuestro favor. Él puede hacer todo nuevo y abrirnos puertas que pensábamos estaban cerradas. Estamos en sus planes perfectos desde antes de nacer y Él tiene un propósito maravilloso para cada uno de nosotros.

La Palabra de Dios dice:

> Iré delante de ti, limpiando y despejando el camino. Quebrantaré puertas de bronce, destruiré candados, derribaré entradas de hierro. Te guiaré a los tesoros enterrados, a los escondites llenos de riquezas, te daré evidencias de que Yo soy Dios, el Dios de Israel, que te llama por tu nombre.
>
> Isaías 45:2-3 Biblia El Mensaje

En nuestro día a día, el GPS (Global Positioning System) se ha convertido en una herramienta indispensable para encontrar la mejor ruta y evitar contratiempos. Sin embargo, este dispositivo tiene sus limitaciones: no puede prever todos los peligros que podamos encontrar.

¡Qué esperanzador es saber que contamos con un guía infalible! Dios, como un GPS celestial, siempre va delante de nosotros, allanando el camino y revelando tesoros ocultos. A diferencia de cualquier tecnología humana, Dios no solo nos dirige a nuestro destino, sino que Él mismo es el camino. Por eso, sus sendas son rectas, justas, verdaderas y nos conducen a la paz perfecta.

Solo tenemos que reconocerlo y aceptarlo como nuestro Salvador y guía, y disponernos a seguir su voluntad. Así como el GPS recibe señales satelitales para brindarnos información precisa, Dios —como omnisciente que es— conoce todo y siempre nos guía por el camino más excelente.

Desafío personal

Yo también me he sentido perdido muchas veces, y he estado desesperado, a punto de desfallecer; pero he decidido confiar en Jesús como mi GPS espiritual; le he entregado mis caminos a Él, permitiéndole que enderece mis pasos y Él ha abierto maravillosas puertas de bendición en mi vida.

Tú también lo puedes hacer. Recuerda, con Cristo al mando, nunca estarás perdido. Confiar plenamente en Él como tu guía seguro, te garantizará que siempre andarás por senderos derechos de bendición. Permítele que dirija tus pasos, aun cuando el camino parezca incierto o difícil. Entrégale tus decisiones, tus propósitos, tus planes. Deposita en Él tus miedos, tus dudas y tus temores.

Imagina lo que puede suceder si decides caminar con fe, sabiendo que Dios tiene un propósito perfecto para tu vida. Él endereza lo torcido, abre puertas que parecen cerradas y transforma situaciones imposibles en testimonios de su poder. No importa cuán perdidos podamos sentirnos, con Cristo al mando, nunca estaremos fuera de su alcance.

Oración

Señor, gracias por perdonar mis errores y equivocaciones, por enderezar mis caminos y guiarme en cada paso de mi vida. Así como el GPS me dirige en mis viajes, tú vas delante de mí, dirigiéndome con sabiduría y amor, allanando mi camino y rompiendo barreras que parecen insuperables, garantizándome un camino seguro y un futuro lleno de bendiciones.

No importa lo que haya pasado, tú transformas todo para bien y haces nuevas todas las cosas. Ayúdame a confiar en tus planes y a seguir tu voz, caminando con fe en tu voluntad, consciente de que tus planes son mejores que los míos. Gracias por los tesoros y las bendiciones que has preparado para mi vida. Bendice a cada persona que lee esta dosis y cree la enseñanza que nos das a través de ella, que la pueda recibir, creer y aplicar para que comience a escribir la nueva historia de su vida, en el nombre de Jesús, amén.

Te invito a reflexionar

Hoy te invito a un ejercicio práctico: identifica y registra aquellos aspectos de tu vida en los que aún no tienes clara la dirección que debes tomar. Habla con Dios en oración, pídele sabiduría para conocer su voluntad y decide —de corazón— obedecerle.

Con Cristo, como tu guía, siempre encontrarás un camino lleno de esperanza y bendición.

Además, reflexiona sobre las ocasiones en las que, a pesar de conocer la voluntad de Dios, no la has seguido. Pídele perdón y comprométete a obedecerle a partir de ahora. Vale la pena, pues tu Padre no solo te indica el camino, sino que también elimina obstáculos, te protege de peligros y te revela oportunidades que nunca imaginarías.

____

____

____

Guardemos en el corazón

Fíate de la guía de Dios de todo tu corazón en cada decisión de tu vida, y no te apoyes en tu propio limitado y escaso conocimiento. Entonces, no importa cuán confusos o peligrosos parezcan tus caminos, siempre caminarás victorioso y nada te detendrá.

SIGUE CREYENDO

12

NOTAS

¿Sabías que muchas personas que me conocen piensan que...

"... A William Arana le va muy bien, qué afortunado es, tiene muchos seguidores, sus eventos convocan a mucha gente; definitivamente, es un triunfador"?

Quiero contarte que, para mí, esto solo tiene un nombre: el favor de Dios y su promesa cumplida en mi vida. Pero este ha sido un camino que he tenido que recorrer, no una meta alcanzada sin ningún esfuerzo. Camino que, como el de todos, ha tenido subidas, bajadas, valles, desiertos, tormentas, etc. Ha estado impregnado de momentos muy felices y también de algunos muy tristes. No ha sido todo "color de rosa", como muchos imaginan.

Recuerdo un momento en particular, que hoy quiero compartir contigo a manera de testimonio, pues cambió mi vida para siempre:

Yo había tenido un encuentro con Dios que transformó mi vida y mis planes. Sentí que, literalmente, Él me invitaba a seguir los suyos, susurrando una promesa a mi corazón, la cual me confirmó a través de su Palabra, de la oración, de la consejería pastoral y por medio de la fe que Él encendió en mí, y que produjo un intenso anhelo de obedecerle y seguir su voluntad. Esto implicó moverme de donde me encontraba, estable y tranquilo, para comenzar a recorrer un sendero que, al principio, era emocionante, pues a cada paso que daba, veía la grandeza de Dios en mi vida. Sin embargo, a medida que iba pasando el tiempo, ese viaje comenzó a sentirse distinto de lo que me había imaginado.

El camino comenzó a llenarse de espinas, de baches, de tormentas y, aunque sabía que —si estaba en el camino de la obediencia— Él dirigiría mis pasos, estaba perdido y sin dirección. Percibía que la promesa que Dios me había hecho, no se cumplía y —aunque no dudé de la presencia de Dios— cuestioné sus planes. Así que comencé a desanimarme y mi confianza a debilitarse; unas veces me sentía enojado, otras, confundido.

Mis palabras a Dios fueron: "Señor, no puedo entender lo que estás haciendo. No entiendo por qué sucede esto". Seguramente, has pasado por algo similar y te identificas con estos sentimientos de frustración y dolor, cuando quieres gritar, pero sientes que Dios no te escucha y que nadie más lo puede hacer. Eso me sucedió luego de recibir una llamada que me dejó sin aliento, muy triste y sin esperanzas. Me sentí impotente, atrapado, confundido y reclamé a Dios por qué, si yo estaba obedeciendo su voluntad y cumpliendo su llamado que era bueno, las cosas no estaban saliendo para nada bien.

Detuve el auto que conducía, me bajé, me senté a la orilla de la calle y empecé a llorar inconsolablemente, miraba al cielo y le decía: "Señor, si tan solo me mostraras qué estás haciendo". Le rogué durante mucho tiempo, no puedo saber cuánto, esperando una respuesta de Dios, pero esta nunca llegó. Al menos de la manera como yo imaginaba que debería dármela: a través de un rayo, por medio de un relámpago que iluminara el cielo o mediante una voz que me explicara lo que sucedía. Me habría encantado escuchar una potente y atronadora voz diciéndome: "Hijo mío, aquí estoy"... Pero nada pasó. Solo un pensamiento silencioso que se grabó en mi atribulado corazón, en forma de pregunta: "¿Quieres un Dios que puedas explicar o un Dios que puedas exaltar?".

De repente, en medio de mis lágrimas, un rayo de luz iluminó mi mente y encendió mi corazón. Reconocí esa gran verdad, incómoda —por cierto— pero capaz de traer una oleada de paz y tranquilidad a mi alma. Ese Dios de majestad infinita, en el que creía tan profundamente, no puede ser medido; un Dios que desencadena milagros y que —de la nada— hace todo lo que existe, no puede ser contenido; un Dios, cuyo amor es eterno, no puede ser explicado. Ahora, no solo lo sabía —más que eso— también... ¡Lo vivía!

La Palabra de Dios dice:

> Así como nunca comprenderás el misterio de la vida que se forma en una mujer embarazada, nunca entenderás el misterio en acción en todo lo que Dios hace.
>
> —Eclesiastés 11:5 Biblia El Mensaje

Igual que ignoraba tantas cosas, por ejemplo, cómo entra el espíritu en una criatura que está en el vientre de su madre, tampoco podía entender lo que Dios estaba haciendo en mi vida. Pero ahora, al menos, estaba en paz. Sabía que Dios ve más de lo que yo veo y de lo que cualquier ser humano puede ver. Entendía que Dios opera de formas muchas veces extrañas para mí, pero absolutamente seguras y confiables. Comprendí que Dios trabaja fuera del alcance de mi entendimiento y, aunque estaba lleno de preguntas y con el corazón destrozado, me pedía que confiara en Él.

Desafío personal

Hoy te invito a que reconozcas que siempre tenemos dos caminos delante de nosotros. Uno, es dejar que el misterio de Dios aumente nuestra duda; el otro, que su inmensidad impulse nuestro asombro, admiración y amor. Este fue el camino que tomó Abraham. Alabó a Dios bajo las estrellas, aunque no entendía cómo llegaría a ser padre de multitudes. David alabó a Dios en el desierto, aunque no entendía por qué corría por su vida en lugar de estar sentado en el trono, y los israelitas alabaron a Dios con un grito potente, a pesar de no entender cómo caería el muro de Jericó. Yo también empecé a alabar a Dios, porque lo que sé de Él es mucho más importante de lo que no sé. Y lo que sé es que Dios me ama y nunca me abandonará, por eso te lo reitero a ti: Él te ama y nunca te va a abandonar. Él está a tu favor, no en tu contra. Su Palabra es verdad, su corazón amable y fiel. Así que, como aquel día en que mi fe fue probada —cubierto de lágrimas— levanté mi cabeza y elevé alabanzas al cielo, y gradualmente mis desilusiones se marchitaron a la sombra de la esperanza mientras mis lágrimas se secaron y volví a casa, tú también volverás lleno de esperanza, y tomarás la Palabra de Dios y le dirás: "Señor, nunca serás limitado a una caja finita de entendimiento humano, pero siempre suplirás mi necesidad infinita de salvación".

Oración

Señor, te pido que bendigas a aquel que está leyendo esta dosis y que está reflexionando en su corazón. Dale fe para que se fortalezca, para que pueda cantar alabanzas aun cuando no comprenda lo que está viviendo. Recuérdale, que tus pensamientos son de bien y de paz, que le concederás lo que espera. Revélale a esa persona que, aunque tus pensamientos son diferentes a los nuestros —como del cielo a la tierra—, tú tienes el control y te encargas. Tú estás en medio de su situación y del asunto que hoy coloca delante de ti, y cumplirás lo que has prometido en el nombre de Jesús. Amén.

Te invito a reflexionar

Recuerda y registra tres eventos en tu vida, en los que creías que todo estaba perdido, pero Dios metió su mano y transformó tu lamento en alegría, tu duda en confianza y tus lágrimas en paz; de manera que, al final, todo resultó mejor de lo que esperabas. Anótalo y alaba a Dios porque Él vive, sigue al control y todo lo hace bien.

____

____

Guardemos en el corazón

Aunque los caminos se oscurezcan y el mundo susurre dudas a tus oídos, aunque siembre desánimo y desesperanza en tu corazón, recuerda que la fe es la luz que te guía a tu Padre Dios, que siempre ha estado contigo y canta palabras de esperanza para ti. Confía en su plan para ti, ya que es perfecto.

SABIDURÍA PARA DECISIONES MAESTRAS

NOTAS

En esta ocasión no se trataba de simples pelotas, palos o anillos. Como en el mejor acto circense que nada tenía que envidiar al mismísimo *Cirque du Soleil*, un joven literalmente se jugaba la vida por unas cuantas monedas. Con sorprendente destreza manipulaba unas antorchas de fuego que, literalmente, hacía volar sobre su cabeza, y muy cerca de los absortos conductores que observaban cómo se iluminaba el cielo dramáticamente y se convertía en un verdadero espectáculo de maestría y habilidad.

Muchos de esos malabaristas urbanos aprendieron el oficio desde muy pequeños, viendo a sus padres y practicando interminables horas, repitiendo las mismas acciones y movimientos, manteniendo el equilibrio y la coordinación de todo el cuerpo, procurando aumentar cada vez más la dificultad y la belleza visual de sus actos. Observándolos con admiración y asombro, recordé que todo experto fue alguna vez un principiante.

La Palabra de Dios dice:

> Enséñanos a contar bien nuestros días, para que nuestro corazón adquiera sabiduría.
>
> —Salmos 90:12 (NVI)

La vida se asemeja a ese espectáculo de malabarismo en el que cada uno es dueño de su propio acto y el único responsable de su ejecución. Cada movimiento que hagamos, cada pensamiento que tengamos, cada decisión que tomemos, por insignificante que parezca, es determinante en cuanto al rumbo que va tomando nuestra vida. Como esas "pelotas" que lanzamos al aire en el ejemplo del malabarismo, si lo hacemos con descuido o imprecisión, pueden caer sobre nuestra propia cabeza, o sobre aquellos que amamos, generando consecuencias que duran para toda la vida e, incluso, afectar nuestra descendencia.

Tampoco se trata de quedarnos paralizados por el temor a fracasar o por no tener claridad sobre los objetivos que queremos alcanzar, lo cual sucede a muchos que se niegan a tomar decisiones y prefieren que otros las tomen por ellos; no asumen el manejo de su propia vida, por lo que se sienten frustrados y desesperanzados al ver que los resultados no son lo que ellos esperaban. Es por eso que, si somos padres, debemos estimular a nuestros hijos a tomar decisiones, nunca hacerlo por ellos. Debemos apoyarlos, bendecirlos, pero nunca actuar en su lugar. También debemos enseñarles a asumir la responsabilidad de su propia vida y hacerlos conscientes de que cada decisión que tomen trascenderá en su futuro cercano y lejano para bien o para mal.

¿Cómo estás tomando las decisiones en tu vida? ¿Estás teniendo cuidado de hacerlo de la mejor manera para ti y para los que están a tu lado? ¿Estás esforzándote por no cometer descuidos e imprecisiones? ¿Estás poniendo suficiente atención? ¿Te has interesado por escuchar, por aprender, por prepararte, por seguir el consejo sabio? ¿Estás practicando disciplinadamente hasta hacerlo bien? ¿Estás tomando las mejores decisiones relacionadas con aspectos tan trascendentales como la carrera que vas a seguir, las amistades que vas a tener, la familia que vas a formar? De la misma manera, ¿estás decidiendo con sabiduría sobre cosas tan cotidianas como lo que comes, lo que compras, lo que haces en el tiempo libre?

Desafío personal

Hoy quiero decirte a ti, que tomaste decisiones, pero no hiciste "buenos lanzamientos", que Dios ya te ha perdonado. Si reconoces tus falencias, tus limitaciones y, humildemente, te aferras a su mano, Él te ayudará a sobrellevar las consecuencias, te enseñará y te guiará en cuanto a *cómo actuar,* de modo que puedas reencauzar tu camino. Transformarás cada experiencia vivida en una oportunidad para crecer y así no tendrás que vivir lleno de culpas, pesares, remordimientos ni preocupaciones.

Y a ti, que te quedaste paralizado, te recuerdo que nunca es tarde para Dios. Si comienzas de nuevo, abres tu corazón a la guía y al poder que Él te da, le pides fe para cada paso del camino, y mucho entusiasmo y alegría para perseverar en él, podrás llegar muy alto.

Es más, si estás en ese punto en el que crees que engañaste a la vida y nada va a pasar, es tiempo de volver a Dios. No esperes ni un minuto más para entregarte a Él.

Hoy te invito a decirle a Dios como el salmista, que te enseñe a contar bien tus *días, adquiriendo sabiduría para tomar las mejores decisiones que* te ayudarán a construir la vida plena y abundante que Él preparó para ti, cumpliendo la maravillosa misión que te encargó, marcando la diferencia y dejando una huella de bendición en el mundo.

Oración

Gracias Padre. Bendigo este día y lo que me permites realizar hoy. Gracias por hacerme entender la trascendencia de mis decisiones. Guíame para saber qué hacer, qué camino tomar. Enséñame, por tu Espíritu, a aplicar los correctivos para comenzar a disfrutar la vida abundante, la que preparaste para mí desde antes de la fundación del mundo. En el nombre poderoso de Jesús. Amén.

Te invito a reflexionar

¿Qué nuevas semillas comenzarás a sembrar hoy para tener mejores frutos mañana?

____

____

____

Guardemos en el corazón

Nuestra vida es una verdadera obra maestra, pues así la concibió nuestro Creador, por lo que depende de nuestras sabias decisiones y acciones, que pueda desarrollarse y desplegarse en todo su esplendor.

¿QUIÉN MATÓ AL AMOR?

Esta es la historia de un terrible día en el que el Odio, que es el rey de los malos sentimientos, los defectos y los vicios, convocó a una reunión urgente de todos sus súbditos. Los sentimientos más bajos del mundo y los deseos más perversos del corazón humano llegaron a esa reunión, llenos de curiosidad por saber cuál era el propósito de este urgente llamado. Entonces, habló el Odio y dijo:

—Los he reunido aquí porque deseo, con todas mis fuerzas, matar a alguien.

Los asistentes no se extrañaron, pues ellos sabían que el Odio siempre quería matar a alguien; pero se preguntaban: ¿quién sería tan difícil de matar, como para que el Odio los necesitara a todos?

—Quiero que maten al Amor —dijo por fin.

Muchos sonrieron malévolamente, pues también querían hacer desaparecer al Amor. El primer voluntario fue el Mal Carácter, quien dijo:

—Yo iré. Provocaré tal discordia y tal rabia, que el Amor caerá herido y no podrá levantarse.

Al cabo de un año, se reunieron otra vez, y el informe que escucharon los dejó muy decepcionados.

—Lo siento, lo intenté todo; pero cada vez que sembraba una discordia, el Amor lograba vencerla y salía adelante —expresó avergonzado el Mal Carácter.

Fue entonces cuando, muy diligente, se ofreció la Ambición quien, haciendo alarde de su poder, dijo:

—Yo desviaré la atención del Amor hacia el deseo por la riqueza y el poder. ¡No lo va a poder resistir!

Y comenzó el ataque más despiadado contra su víctima, que efectivamente cayó herida pero, después de luchar con todas sus fuerzas, pudo renunciar a todo deseo desbordado de poder, triunfando de nuevo. Furioso el Odio, por el fracaso de la Ambición, envió a los Celos que —burlones y perversos— inventaron toda clase de artimañas y situaciones para despistar al Amor, con el fin de lastimarlo con dudas y sospechas. Sin embargo, aunque lleno de confusión, llanto y dolor, decidió no rendirse y seguir luchando. Pensó que no quería morir. Así que, con valentía y fortaleza, se impuso sobre ellos y los venció.

Año tras año, el Odio siguió en su lucha, enviando uno por uno a sus feroces vasallos. Envió a la Frialdad, al Egoísmo, al Reproche, a la Indiferencia, a la Pobreza, a la Enfermedad y a muchos otros más, los cuales fracasaron siempre, pues cuando el Amor se sentía herido tomaba nuevas fuerzas y lo superaba todo. El Odio entonces, convencido de que el Amor era invencible, les dijo a todos:

—¡No hay nada que hacer! El Amor ha soportado todo. Llevamos muchos años insistiendo y no lo hemos logrado. Solo nos queda renunciar.

De pronto, desde el rincón más oscuro del salón se levantó un sentimiento poco conocido que vestía un traje negro y llevaba un sombrero inmenso que caía sobre su rostro. Su aspecto era tenebroso, como el de la muerte.

—¡Yo mataré al Amor! —dijo con tal seguridad que todos se preguntaron quién sería ese personaje que pretendía hacer lo que todos los demás no habían logrado. El Odio le dijo:

—¡Ve y hazlo!

Solo había pasado algún tiempo, cuando el Odio volvió a llamar a todos los malos sentimientos para comunicarles que, después de tanto luchar, por fin el Amor había muerto. Todos estaban felices, pero sorprendidos a la vez. Entonces, el sentimiento del sombrero negro habló:

—Ahí les entrego al Amor, totalmente destrozado. ¡Ha muerto!

Y sin decir más, se marchó.

—¡Espera! —dijo el Odio—. Lo eliminaste en muy poco tiempo, lo desesperaste y no hizo el menor esfuerzo por defenderse. ¿Quién eres?

El sentimiento levantó por primera vez su horrible rostro y dijo:

—Soy la Rutina.

¡Qué estremecedora pero real historia! Cuando permitimos que la vida pierda su sabor, que el paisaje pierda su color, que nuestro corazón pierda su pasión... ¡No queda nada!

La rutina es una costumbre arraigada, un hábito adquirido que —al practicarlo una y otra vez— se vuelve automático y ya no necesita pensarse; no requiere la intervención de la razón. Si las rutinas conllevan hábitos saludables, nos benefician y nos proporcionan motivación en sí mismas. Sin embargo, hay rutinas que nos van consumiendo sin darnos cuenta, que van drenando nuestro entusiasmo y apagando insidiosamente la chispa de nuestra alegría. Solo a través de la fuerza de un corazón lleno de entusiasmo se pueden conquistar los sueños, lograr las metas, superar los problemas y vencer las dificultades. Pero la rutina, al ser el mayor enemigo del entusiasmo, es capaz de asestar golpes que pueden llegar a causarnos mucho daño. Es por eso que si eres una de esas personas que han caído en la rutina de la vida y estás viviendo sin pasión ni alegría, esta *dosis* es para ti. Necesitas recuperar el entusiasmo para que puedas disfrutar la vida a plenitud; cada instante de ella, sin excepción. Con pasión y entusiasmo, la vida jamás será una carga difícil de llevar; ni tus metas y propósitos una extenuante tarea imposible de alcanzar.

La Palabra de Dios dice:

> Al encontrarme con tus palabras, yo las devoraba; ellas eran mi gozo y la alegría de mi corazón, porque yo llevo tu nombre, Señor Dios de los Ejércitos.
>
> —Jeremías 15:16 (NVI)

¡Qué bello ejemplo nos da este profeta! A pesar de vivir muchas circunstancias innegablemente difíciles que lo llenaban de dudas, miedos, angustia y aflicción, Jeremías decidió recurrir a la fuente inagotable de vida, fuerza y poder. Allí, ante la presencia de Dios, era inundado por su amor y animado por sus palabras; recordaba muy bien su verdadera identidad, se reencontraba con su misión y reconocía su propósito en la vida; recuperaba su norte y se llenaba de fe, de fuerza y de esperanza. Sentía nuevo vigor en su alma y, lleno de entusiasmo, seguía haciendo la voluntad de Dios.

Nosotros también podemos cambiar nuestra perspectiva de las cosas que nos pasan, dejar atrás la resignación y la negatividad, y comenzar a saborear las buenas cosas que Dios nos ha dado. El cambio comienza en nuestra mente, cuando dejamos de enfocarnos en el problema y nos centramos solo en Dios, que vence el problema. Nos arraigamos a la bondad y la misericordia inagotable de Dios, tanto como a su poder para cambiar la maldición en bendición, la tristeza en alegría y las cenizas en victoria. Comprendemos que todo nos ayuda a bien, porque Dios tiene el poder para darle la vuelta a lo que nos sucede y convertirlo en oportunidad.

Desafío personal

Hoy te invito a romper con la rutina de la única forma posible: despertando la pasión y el entusiasmo por la vida. De lo contrario, nada grande ni extraordinario ha de suceder. En cada uno de nosotros hay un toque de grandeza que solo se despierta cuando activamos la pasión, cuando el entusiasmo enciende nuestras acciones. Así, nos esforzaremos más por lo que queremos, la inspiración fluirá y lograremos cosas que nos parecían imposibles: transformar nuestro matrimonio en una dichosa aventura, convertir los obstáculos laborales en valiosas oportunidades y vencer todas las circunstancias en la vida.

¿Cómo puedes activar este entusiasmo genuino, capaz de transformar las crisis en oportunidades? Identificando, en primer lugar, qué es lo que más te gusta hacer, qué es lo que te hace soñar despierto, qué es aquello que harías si supieras que no vas a fracasar. En segundo lugar, planificando cuándo, dónde, cómo y con quién vas a llegar; y, por último, decidiendo y actuando. Esto también tiene mucho que ver con cultivar una buena imagen de ti mismo(a), porque si te amas, puedes amar a los demás y puedes amar lo que haces. El que se junta con águilas, aprende a volar muy alto, así que, ¡no te rindas! Dios es quien te enseña a volar, Él premia la determinación y la constancia. Hoy es el mejor día para comenzar a disfrutar la vida, para llenarte de entusiasmo, para contagiar al mundo con gozo, ese gozo que Dios ha puesto en tu corazón, que tenías apagado, pero que hoy se enciende. ¡Puedes alcanzar tus sueños! Lo declaro sobre tu vida en el nombre de Jesús.

Oración

Señor, hoy te pido que toda persona que hace esta oración conmigo sea llena de tu fuerza y de tu poder, para que venza sus miedos, sus temores, sus dudas y su desánimo. Sopla de tu Espíritu para que tenga vida, salud, entusiasmo y alegría. Permítele levantarse con un espíritu renovado, un alma limpia y un cuerpo activo y dinámico; además, que pueda lograr todo lo que le has preparado con amor, en el nombre de tu hijo amado Jesús, amén.

Te invito a reflexionar

Haz una lista de todas las cosas que se han vuelto rutina para ti y que han perdido el encanto, el brillo y la alegría. Piensa cómo puedes imprimirles nueva pasión y un entusiasmo renovado. Escribe al frente las acciones que realizarás y comienza hoy mismo. El mar de desánimo se abrirá ante tus pies.

____

____

____

Guardemos en el corazón

Levántate como águila y vuela, conquista las alturas que Dios ha preparado para ti. Con el Señor como tu fortaleza, enfrentarás cada desafío con pasión y entusiasmo, cumpliendo todos tus sueños. ¡La vida es un viaje, disfrútala al máximo!.

15

¿QUÉ JUGO CONTIENES?

NOTAS

Quiero contarte una historia que encierra una enseñanza muy profunda.

Un maestro decidió llevar a su clase una naranja y le preguntó a uno de sus estudiantes:

—¿Qué *zumo* extraigo de esta naranja si la exprimo?

—Obviamente, *zumo* —respondió el joven.

—¿No crees que puedo sacar *zumo* de manzana de esta naranja? —cuestionó el profesor.

—No —replicó entre risas el estudiante.

—¿Qué tal *zumo* de toronja?

—Tampoco —respondió.

—¿Qué me ofrece esta naranja? —preguntó nuevamente el profesor.

—*Zumo* de naranja, por supuesto.

—¿Por qué? —continuó preguntando—, ¿por qué sale *zumo* de naranja de una naranja?

—Pues porque es una naranja y eso es lo que hay en su interior —contestó el muchacho.

El profesor asintió con la cabeza y dijo:

—Cierto. Supongamos que esta no es una naranja, sino que eres tú. Alguien te presiona con un comentario que no te agrada. Te ofendes y de ti sale miedo, amargura, odio e ira. ¿Por qué ocurre eso?

—Porque eso es lo que tengo adentro —respondió el joven.

Esa es la gran lección para esta ocasión: debemos examinar qué hay dentro de nosotros. Algunas maneras de hacerlo son: en primer lugar, observar qué sucede cuando alguien nos presiona, nos trata con brusquedad y desconsideración; también, darnos cuenta de lo que sentimos cuando alguien nos está ofendiendo o intenta lastimarnos; en tercer lugar, ser conscientes de lo que sucede dentro de nosotros y de lo que exteriorizamos cuando las circunstancias difíciles, agobiantes o abrumadoras, tocan a nuestra puerta. ¿Destilamos tranquilidad, paz y serenidad o, por el contrario, ira, dolor, miedo, odio, amargura?

Lo que hay dentro de cada uno de nosotros es exactamente lo que sale cuando somos sometidos a procesos desafiantes o enfrentamos situaciones inusuales que forjan nuestro carácter y nos ponen a prueba. No depende de quién esté provocando la presión sobre nosotros; a veces pensamos que son personas extrañas o a quienes no les importamos, pero no es así. La mayoría de las veces lo hacen las personas más cercanas a nosotros: nuestro jefe, un compañero de trabajo, nuestros padres, hermanos, cónyuges e incluso nuestros hijos.

Tampoco depende de qué tipo de prueba atravesemos; en todas las circunstancias, la respuesta está en nuestro interior. Y, si está allí, nadie más es responsable de ella. Depende de nosotros, única y exclusivamente. Viene de lo que hemos permitido que se anide, se forme y se acumule dentro de nuestra alma. ¡Es nuestra elección!

La Palabra de Dios dice:

> Lo que sale de la boca tiene su origen en el corazón, y es desde el corazón que salen los razonamientos malvados, los homicidios, los adulterios, la inmoralidad sexual, los robos, las mentiras y las maldiciones. Eso es lo que contamina.
>
> —Mateo 15:18 Biblia El Mensaje

La Palabra de Dios, el Manual del Hombre, nos presenta un ejemplo magnífico y contundente sobre lo que debemos cultivar en nuestro interior para que salga el mejor zumo, algo tan hermoso que pueda transformar, bendecir al mundo y a todos los corazones a nuestro alrededor. Se trata de Jesús, nuestro Salvador. Él sí que fue "exprimido" de formas inimaginables hasta que murió. Siendo el Hijo de Dios, soportó el rechazo de su propio pueblo, a quien vino a salvar, y hasta el de su misma familia. Tuvo que sufrir la cruel presión social y espiritual que jamás hombre alguno haya experimentado, y un sinfín de maltratos, vejaciones, humillaciones y vilezas de todo tipo, como si fuera el peor de los criminales que hubiera existido. Y, sin embargo, ¿qué salió de su interior? ¿Qué tipo de zumo produjo nuestro Señor? ¡De Él solo salió perdón, amor y misericordia! Solo compasión por ti y por mí, y por toda la humanidad.

Desafío personal

Hoy te invito a tomar la carga de Jesús, que es su ejemplo para nosotros. Un yugo que Él nos describe como suave y ligero. Su carga, su yugo... es el amor. Pero un amor así, sería imposible para nosotros poder experimentarlo, pues es un amor sin límites, un amor sobrenatural, un amor divino. Así que solo tenemos que pedírselo a Dios y nos lo dará sin medida. Esta es la única manera en que podemos enfrentar las presiones de la vida.

Seguramente, como yo durante muchos años, has querido enfrentar tus batallas solo, has intentado sostenerte en pie, defenderte y evitar los daños colaterales de muchas maneras, pero no has podido. Lo sé, pues así sucedió en mi propia vida. ¡No nos equivoquemos más! Lo único que tenemos que hacer es creer lo que el Señor le dijo al apóstol Pablo, que su amor era lo único que necesitaba y, con él, tendría todo el poder que lo perfeccionaría en cada una de sus debilidades. Eso fue lo que llevó al apóstol a afirmar que, entonces, él se gloriaba en sus debilidades, para que el poder de Cristo permaneciera sobre él.

Esto, querido lector, es lo mismo que Dios quiere para cada uno de nosotros. Que reconozcamos con humildad nuestra incapacidad, porque cuando nosotros no podemos, Dios puede. ¡Su amor puede!

Oración

Padre, reconozco mi profunda necesidad de depender de ti. Reconozco que soy débil y que he luchado con mis propias fuerzas contra las personas, las circunstancias y el mundo, y lo único que he conseguido es terminar herido y exhausto. No quiero producir más respuestas de odio, amargura, venganza. Ahora sé que lo único que necesito es tu fiel amor. Tu amor en mí, que rebosa y me da paz; tu amor que me transforma y testifica de ti; ese amor que me hace victorioso en medio de las pruebas como tú, que fuiste victorioso, resucitaste y venciste a la muerte.

Gracias por tu fiel palabra, la cual me recuerda que tu gracia me basta, pues tu poder se manifiesta sobre mí cuando me rindo y me entrego a ti, y me perfeccionas en medio de las presiones y pruebas de este mundo.

Necesito de tu poder todos los días de mi vida. Prefiero ser débil, quiero ser débil para que así tu poder se manifieste en mí. Quiero representarte bien aquí en la tierra y reflejar que tú vives en mí, para que otros también te conozcan y sean transformados por tu amoroso poder.

"¡Que tu fuego sane, unja y llene de amor a cada persona que lee esta dosis!".

Te invito a reflexionar

Las presiones de la vida no son algo de nuestra época; aun en la antigüedad, desde los tiempos bíblicos, personajes como Moisés, Abraham, David, Esther, María, entre tantos otros, también vivieron situaciones y momentos aplastantes, difíciles de soportar. Pero ellos superaron las amenazantes batallas de manera heroica. El secreto para sus logros radicó en buscar siempre la ayuda de Dios mientras luchaban valientemente. Piensa cómo puedes obtener la victoria en tres circunstancias difíciles que te presionen si rindes tu corazón a Dios y le pides la unción poderosa de su amor.

___

___

___

Guardemos en el corazón

Vive cada día llenándote del amor incontenible, purificador, maravilloso y vivificante del Señor, que rebose en ti, que brote por cada poro de tu piel. Así, cuando las presiones de la vida te expriman, solo saldrá el delicioso aroma de Jesús, aliviando las cargas, sanando los corazones y trayendo un bálsamo de paz y alegría a todo tu ser y a todos los que están a tu alrededor.

EL PRECIO DE UN MILAGRO

Cuenta una historia que una niña hacía muchos esfuerzos para llegar a la parte alta del clóset de su habitación, donde guardaba un frasco de vidrio con un contenido muy especial: todos sus ahorros.

Luego de contar y recontar lo que tenía, agarró un "billetito" *y unas cuantas monedas que constituían sus ahorros, y salió rápidamente hacia la calle, caminó unas cuadras y llegó a la farmacia del pueblo. El dueño de la farmacia hablaba con un cliente, por lo que no le ponía atención a la niña que, asomada por el mostrador, movía sus pies con impaciencia.*

Como no la atendían, comenzó a hacer un poco de ruido, a toser y finalmente a golpear con una de sus monedas el vidrio del mostrador.

—¿Qué quieres? —le dijo finalmente el farmacéutico a la pequeña.

—Bueno, quiero hablar con usted sobre mi hermano. Él está un poco enfermo y, pues, quiero comprar un milagro, señor.

—¿Perdón? ¿Cómo es eso de que quieres comprarme un milagro, niña? No te entiendo.

—¡Sí! Mi papá dice que solo un milagro puede salvar la vida de mi hermano.

—Niña, aquí no vendemos milagros. Lo siento, pero no te puedo ayudar —respondió el hombre.

—¡Oiga!, tengo el dinero para pagarlo. Si no es suficiente, voy a conseguir el resto. Solo dígame cuánto cuesta un milagro —suplicó la niña.

De pronto, el hermano del boticario que estaba allí, un hombre muy bien vestido, que había estado escuchando el pedido de la niña, avanzó un poco, se agachó y le preguntó:

—¿Qué clase de milagro necesita tu hermano?

—No lo sé —contestó la niña—. Solo sé que está realmente enfermo y mamá dice que necesita una operación. Pero mi papá no la puede pagar, por eso quiero usar mi dinero.

—¿Y cuánto dinero tienes? —preguntó el hombre.

—Solamente un dólar y once centavos. Eso es todo lo que tengo. Pero puedo conseguir más. Puedo seguir ahorrando.

El hombre elegante le contestó con una sonrisa.

—¡Qué coincidencia! Un dólar y once centavos es el precio exacto de un milagro para los hermanitos. Enseguida, tomó el dinero, agarró con la otra mano a la pequeña y le dijo:

—Llévame a donde vives, quiero ver a tu hermano y conocer a tus padres, para ver si tengo el milagro que necesitan.

El hombre era un doctor muy reconocido, un cirujano especializado en neurocirugía. La operación se terminó sin cobrar ni un centavo y él estuvo pendiente hasta que el hermano de la pequeña llegara a su casa en buen estado.

Mamá y papá hablaban de la forma feliz sobre la cadena de eventos que los llevó a esta operación. Esa cirugía había sido un verdadero milagro.

Un milagro, como el de esta niña, solo lo puede recibir alguien que sabe exactamente cuánto vale y está dispuesto a pagar el precio. El precio por un milagro en nuestra vida, cualquiera que sea, no importa qué tan imposible parezca, es la *fe.*

¡Exactamente lo que esta niña tenía para comprarlo!

¿Estás dispuesto a pagar el precio por el milagro que necesitas en tu vida?

La Palabra de Dios dice:

> Entonces Jesús le dijo al oficial romano: "Vuelve a tu casa. Debido a que creíste, ha sucedido". Y el joven siervo quedó sano en esa misma hora.
>
> —Mateo 8:13 (NTV)

La Palabra de Dios, nuestro manual de instrucciones, está llena de relatos e historias semejantes a la de esa niña. En ellas, una pequeña semilla de fe, sembrada en el terreno fértil de las promesas de Dios —que provienen de su amor y su deseo de bendecirnos— nunca queda sin respuesta; al contrario, siempre da fruto.

El fruto de la fe es el bien que Dios ha previsto para nosotros desde que nos creó, pero que debe ser recibido a través de una relación de confianza que nosotros establecemos con Él. Eso es todo lo que se necesita.

En este pasaje de Mateo, la semilla provino de un centurión romano, un hombre que no pertenecía al pueblo de Israel, pero que había escuchado los milagros que Jesús hacía. Con toda seguridad, esas palabras habían calado en su corazón y estaban creciendo como una semilla.

Cuando su querido siervo enferma y lo encuentra postrado, con parálisis y sufriendo tremendamente, el hombre acude sin dudar a Jesús. Allí hace un despliegue de su confianza, cuando le dice al Señor que no es digno de que entre bajo su techo y que con solo pronunciar una palabra, sabe que su siervo sanará. Esta respuesta ponía en evidencia que el centurión creía firmemente en la autoridad y el poder de Jesús sobre la enfermedad y la muerte, así como él la tenía con sus soldados. Si Él era el Hijo de Dios, podía traer todo el bien de Dios a la humanidad sufriente.

El Señor Jesús quedó asombrado por su respuesta, pues no había visto tanta fe en todo Israel, al contrario esta —justamente— provino de un romano. Todo lo cual nos enseña que los milagros no son privilegios de un credo, una religión, una raza o una cultura, sino de todo aquel que con una fe pura y sincera, como la de un niño, pueda creer.

Desafío personal

Te invito a desarrollar la semilla de tu fe para que, como la niña, puedas ver cualquier clase de milagro que necesites en tu vida. La manera como Dios responderá está bajo su soberanía, y lo hará en el momento preciso y oportuno. Dios dispondrá para nosotros personas, ángeles, conexiones, situaciones que traerán esa respuesta, la que será mucho mejor de lo que esperamos. Solo tenemos que accionar la fe y Dios se encargará de la respuesta. Nosotros hacemos lo posible, que es creer; Él hace lo imposible, pues es su especialidad.

Oración

Padre bueno, gracias por este día y por cada enseñanza que nos das, porque proviene de tu inmenso amor y tu gran deseo de bendecirnos. Cuando pasamos por un problema o necesidad, tú eres el primero que se duele por ello, como tuviste compasión de Marta y de María cuando resucitaste a su hermano. O ante la multitud hambrienta y cansada, a la cual diste de comer; o ante la gente que parecía ovejas sin pastor, y eso movió tu corazón para guiarlos y enseñarles.

Es nuestra humildad y nuestra fe la que nos hace candidatos a tus milagros. Por eso, hoy te pido que me ayudes a creer con una fe pura y sincera, como la de un niño. Declaro que viene el milagro que espero y te glorifico por ello. En el nombre poderoso de Jesús. Amén.

Te invito a reflexionar

Si crees que tu fe es pequeña, que te cuesta mucho creer, entonces puedes hacer lo siguiente:

- En primer lugar, reconoce que te falta fe.
- Pide a Jesús el poder para establecer una relación personal con Él a través del estudio de su Palabra y la oración.
- Escucha todo lo que puedas sobre Jesús y los milagros que hizo, pues la fe viene por el oír su Palabra.

- Confía tus problemas y luego deléitate en alabanza y agradecimientos, como si ya hubieras recibido lo que pediste.
- Sé fiel a Dios, persevera con constancia, busca vivir en el propósito de Dios y todo obrará a tu favor.

Escribe tus testimonios.

____

____

____

Guardemos en el corazón

Jesús le dijo: Si puedes creer, al que cree todo le es posible.

—Marcos 9:23 (RVR1960)

17

POR ENCIMA DEL PROBLEMA

NOTAS

Cierta vez, leyendo la Biblia —el Manual del Hombre—, encontré una hermosa metáfora.

Nuestro Padre Dios compara a sus hijos que confiamos en Él, con unas extraordinarias aves que han sido, para muchas culturas a lo largo de la historia de la humanidad, un símbolo de fuerza y poder, de majestuosidad y belleza, así como de libertad y sabiduría. Se trata del águila. Una de las características que más me impresionan e inspiran de esos hermosos animales es su capacidad para enfrentar las tormentas.

En vez de huir, el águila, osadamente, vuela directo hacia la tormenta, abre sus alas por completo y permite que la furia del viento la empuje hacia arriba. Al comienzo, el ave debe soportar la oscuridad de las nubes pero, de pronto, sobrevuela los cielos tranquilos, observa el sol mientras la terrible tormenta queda atrás.

Los mensajes de esperanza que Dios nos envía son así ya que, día a día, al igual que las águilas, nos encontramos con situaciones, personas y problemas que vienen contra nosotros y amenazan con destruirnos cual salvaje tormenta. Pero aquí tenemos un gran ejemplo de valor y fortaleza. Aunque el águila es mucho más pequeña y frágil que la tormenta, insignificante, pudiéramos decir —frente a la fuerza del viento— ella, con su actitud valiente y sabia, logra vencerla. Así somos nosotros, los hijos de Dios, a pesar de tantas dificultades que podamos vivir en nuestro recorrido por esta tierra, y a pesar de nuestras innumerables vulnerabilidades, también podemos salir victoriosos de las peores situaciones aprendiendo —como el águila— a elevarnos por encima de las tormentas y las dificultades.

La Palabra de Dios dice:

> Entonces Dios dijo: "No voy a dar vida a los hombres y a las mujeres para siempre. Con el tiempo, morirán; por tanto, de ahora en adelante vivirán ciento veinte años".
>
> —Génesis 6:3 Biblia El Mensaje

Aquí Dios pone de manifiesto que, a causa del pecado, el ser humano se ha vuelto frágil y vulnerable; nos advierte en cuanto a la realidad de que somos limitados, que nuestros días sobre el planeta acabarán, que el paso del tiempo nos agota y que nuestro cuerpo se deteriora hasta morir. ¿La causa? El mal trato que el hombre da a la flora y a la fauna, a los recursos naturales, y a sí mismo, rompiendo el delicado equilibrio que mantiene la vida en el planeta. Esto ha hecho que se vaya reduciendo progresivamente la expectativa de vida del ser humano, desde 969 años, en el caso de Matusalén, el hombre más longevo que reporta la Palabra de Dios, hasta 80 años en promedio, hoy en día. Esa es nuestra realidad, somos carne... frágiles y pasajeros, susceptibles a miedos, limitaciones, debilidades y tentaciones que nos impulsan a desaciertos y erróneas decisiones contrarias a la voluntad del Creador y finalmente nos alejan de Él, impidiéndonos disfrutar de la plenitud y abundancia de vida con la que nos creó.

Sin embargo, en medio de este panorama aparentemente desalentador, surge esta maravillosa y esperanzadora verdad. Dios nunca abandona lo que ha creado y, mucho menos, a ninguno de sus hijos, a quienes hizo con un propósito glorioso. Nuestro Padre y Creador, tiene misericordia eterna e ilimitada compasión. Él siempre nos va a rodear con amor, con el propósito de darnos nuevas oportunidades y regenerar toda distorsión de su creación.

Con una afirmación de esa naturaleza, la humanidad no está condenada a una eterna deriva lejos de Dios; todo lo contrario, es más grande la solución que Dios nos plantea de reencauzar el rumbo a un destino placentero garantizado por Él, gracias a su perfecta y amorosa obra a favor de nosotros.

Desafío personal

Hoy te invito a que, pase lo que pase, nunca más digas que Dios no te quiere, no te escucha, que hasta aquí llegaste, que nadie te puede ayudar, que caíste en un abismo sin salida, que te sientes en el vacío. Cuando reflexiono en el pasado, puedo contemplar cómo era mi vida sin Dios. Recuerdo que, en medio de tantas tristes circunstancias de congoja, yo también me sentía en el fango, en medio del dolor, abrumado por la depresión. Pero, el que diseñó mi vida —Dios—, nunca apartó su mirada ni su cuidado de mí; ahora, con diáfana certeza, estoy seguro de que siempre estuvo a mi lado. Es más, comprendo que los procesos vividos han sido para bien y se enmarcan en el plan perfecto de Dios. Todo lo que he experimentado, ha sido utilizado para prepararme en el cumplimiento de mi propósito, el cual es inspirar a muchas personas como tú, que estás leyendo estas líneas, a reencontrar su ruta, su plan y su meta más alta.

Estas páginas se han escrito para decirte, en el nombre poderoso de Jesús de Nazaret, que mereces lo mejor porque eres creación divina, que tienes dones únicos, que vas a brillar donde Dios te ha colocado y que vas a lograr lo que Él tiene reservado para ti. Hoy te reitero que no naciste para la derrota ni para sentirte inseguro; te aseguro que puedes levantarte de donde sea que te encuentres porque con Él todo es posible y Él sabe exactamente lo que necesitas.

A mí no me abandonó, me sacó del abismo, del lodo. Por eso estoy seguro de que va a hacer igual contigo. Sé que hay días difíciles, complicados y cosas que no salen, que no funcionan. Puede que pensemos que son cosas del destino, que así debía suceder, que era la voluntad de Dios. Pero hoy quiero decirte que el propósito de Dios es bueno, sus pensamientos justos y sus designios gloriosos para ti. Pues sí, habrá muchas dificultades, pero también bendiciones especiales. Todo eso es parte de la vida.

Hoy te propongo que alces tu mirada al cielo y declares con certeza y gratitud que te encomiendas a tu Creador, decidiendo —a pesar de los pesares cotidianos— que has de levantar tus alas para volar más alto que el problema que te aflige, para elevarte por encima de todo infortunio que estés atravesando. ¡Ese es tu diseño!

Asume el compromiso de no seguir lamentándote ni quejándote por tu situación, para que el Creador te revele nuevos descubrimientos en tu vida, sueños que nunca soñaste y te regale semillas que hagan florecer ideas que nunca habías tenido sembradas en tu corazón. Él te proporcionará iniciativas, nuevas oportunidades para alcanzar tus metas y formas efectivas de enfrentar los desafíos. Él te dará el poder para soñar, pero también el poder para ejecutar las acciones que te llevarán al cumplimiento de esos sueños, de tal manera que desarrolles todo el potencial que está en ti, y manifiestes en tu vida, todo lo que eres y anhelas alcanzar.

Oración

Amoroso y paciente Dios, reconocemos que nuestras faltas, a lo largo de los siglos, han ofendido tus hermosos propósitos para la humanidad. Sin embargo, tu Palabra nos afirma que diariamente te renuevas en paciencia y misericordia y, por esa razón, no deseas más contender con tu creación. Gracias porque quitas toda la culpa y el temor de nuestro corazón, y nos llenas de esperanza. Declaro que cada persona que lea esta dosis, aprenderá a escuchar tu voz, a confiar en tu Palabra, a recurrir a la oración para recibir revelación de lo que debe hacer y la seguridad de que se le abrirán todas las posibilidades de plenitud y realización. Tus palabras, como semillas, brotarán, germinarán y darán fruto abundante de paz y prosperidad.

Te invito a reflexionar

Hay una regla muy sencilla e infalible para que hoy mismo comiences a levantarte por encima de cualquier dificultad. Se trata de dar. Dar, a través de acciones sencillas, como ayudar a alguien que lo necesita, sonreír, dar las gracias, hacer un favor, aportar a una causa, etc. Lo único que te pido es que lo hagas con excelencia y con alegría. Te aseguro que, cuanto más des, más recibes; y cuanto más lo hagas, más lo disfrutarás y serás feliz. En mi caso, disfruto mucho hacer estas dosis para ti. Y cuanto más me esmero, más revelación me da Dios para crear nuevas dosis.

Escribe tres acciones que harás hoy en favor de los demás y luego escribe al frente cómo te sientes al realizarlas; anota, además, los frutos que comienzas a recibir.

____

____

____

Guardemos en el corazón

Por muy fuertes y dolorosas que hayan sido tus experiencias, ¡este no es el final! No eres un accidente ni un error; eres una maravillosa e irrepetible obra de Dios. Ya han sido perdonadas todas tus faltas y tus transgresiones. Ahora, abre tu mente y tu corazón, levanta tus alas y descubre las magníficas alturas que Dios ha conquistado para ti.

NO TE ENVENENES MÁS

18

NOTAS

En lo personal, a mí me encantan las plantas, ¿y a ti?

Estoy seguro de que estarás de acuerdo conmigo en que no hay nada más acogedor que un lugar adornado por hermosas plantas. Ellas dan vida a los ambientes, purifican el aire y, además, está comprobado que crear espacios más naturales en el hogar o en el sitio de trabajo está asociado con una sensación de bienestar, equilibrio, armonía, optimismo y esperanza. ¡Cuántos beneficios nos dan las plantas y es tan poco lo que exigen de nosotros! Basta cuidarlas con agua, buena ventilación e iluminación, mucho amor y, por supuesto, con un buen sustrato.

Como sabrás, el sustrato es un material sólido que se utiliza como base para el crecimiento de las plantas, ya que le sirve de soporte para que sus raíces puedan crecer y fortalecerse, además de ser una fuente de nutrientes. Como si fuera poco, el sustrato ofrece un sistema de ventilación, drenaje y retención del agua por su capacidad de absorción hídrica, que es vital para el sustento de la planta.

Por supuesto que todos queremos cuidar con esmero nuestras plantas para que sus raíces sean fuertes y profundas, de forma que su follaje alcance su máximo desarrollo. Sin embargo, hoy quiero invitarte a reflexionar acerca de un tipo de raíces que resultarían muy dañinas y no nos gustaría que crecieran ni se fortalecieran y, por tanto, no quisiéramos que encontraran un sustrato que las nutra. Se trata de las raíces de amargura que brotan del enojo, del odio, de la envidia, del rencor y del resentimiento, y que —como dice la Escritura— causan muchas dificultades y tienen la capacidad de contaminar y envenenar todo a su paso, comenzando con el corazón del que las alberga.

La Palabra de Dios dice:

> Se me afligía el corazón y se me amargaba el ánimo por mi necedad e ignorancia. ¡Me porté contigo como una bestia!.
>
> —Salmos 73:21 (NVI)

La Biblia, el Manual del Hombre, nos advierte que todos los seres humanos somos susceptibles de ser contaminados con esas raíces que son capaces de brotar en nuestro corazón y crecer mucho, afectando no solo nuestra alma sino también a los demás; y que también todos podemos tener el sustrato que las alimenta y las fortalece, dentro de nuestro interior. Ese sustrato es la ausencia de perdón, los malos y reiterativos recuerdos acerca de los errores, las faltas o las ofensas que otros han cometido contra nosotros. Es entonces cuando el enemigo, el adversario de las almas, aprovecha para sembrar la semilla del rencor, que tarde o temprano se convertirá en una raíz que va extendiéndose y contaminando todas nuestras relaciones, rompiendo nuestros vínculos, y destruyendo el amor y la confianza a nuestro alrededor.

En este pasaje, el salmista nos relata con claridad el dolor y el daño que causa la amargura, no solo a la persona contra la que se experimenta, sino también a aquel que la alberga en su corazón y la permite en su alma. El rey David, autor de este salmo, reconoce que su corazón le dolía y que su ánimo decaía, por lo que —en esas circunstancias— sus acciones terminaban en necedad e ignorancia. Cuán sabia es la Palabra de Dios al enseñarnos que, cuando actuamos dirigidos por la amargura, perjudicamos a los demás; que cuando permitimos que ella ejerza influencia en nuestra vida, nos lleva invariablemente a cometer muchos errores, pues nos incita a comportarnos de forma vengativa, con actitudes de desprecio, humillación, inconformidad y constante enojo para con los demás.

Lo que resulta es el deterioro de nuestra vida espiritual; el enfriamiento y debilitamiento de nuestra fe; el estancamiento, la inconsistencia y la falta de progreso en nuestra vida en general. La amargura nos aleja del propósito de Dios, que debe ser llevar una vida de santidad, llena de amor y compasión, en la que ejerzamos nuestra libertad para elegir el bien. De esa manera, la amargura termina dañándonos más a nosotros que a cualquier otro. Es como golpearnos a nosotros mismos esperando que le duela al otro, o como tomarnos un veneno esperando que otro sufra las consecuencias.

Desafío personal

Hoy te invito a pedirle a tu Padre celestial que, a través de su Espíritu, te dé la fuerza, el poder y el dominio propio, para que puedas ejercer sabiamente tu libre albedrío; decidas arrancar toda raíz de amargura de tu corazón, y limpiar tu vida de ese sustrato que es la falta de perdón, para que nunca más esa planta venenosa sea sembrada por el adversario en tu corazón.

Si algo como eso te ha pasado, hoy es el día para sanar, para ser limpio, para ser purificado. Párate firme y dile "¡No!", a la amargura. Dile que tu corazón ya está ocupado, lleno y rebosante del amor de Dios; un amor que te sana, te libera y te llena tanto de alegría como de plenitud; un amor que te hace ver, sentir y experimentar que Dios es suficiente para ti, y te permite creer que Él es tu juez justo, que da a cada uno conforme a sus obras.

Nunca más permitas que la amargura ofusque tu entendimiento, te impida escuchar la voz de Dios, recibir su instrucción y su consejo sabio. Decide que no te dejarás contaminar por ella, pues te lleva a ser irreflexivo, temperamental, reactivo, impulsivo y a causar daño a quien amas, a todos los que te rodean y a ti mismo. Determina que nunca más la amargura romperá en mil pedazos la unidad y el amor de tu familia.

Hoy es el día para limpiar tu corazón del sustrato que le gusta a la amargura y la nutre. Entrega esos recuerdos dolorosos a Dios; Él se encarga de todo; Él equilibra las cargas; Él es tu juez justo; Él ha de sanar tu corazón. ¡No te envenenes más!

Oración

Padre bueno, gracias por la oportunidad que me das de ser libre. Hoy te pido que escuches a cada persona que ora con sinceridad, que confiesa que ha guardado amargura, que ha permitido el rencor y el resentimiento en su vida, pues es como si hubiera estado muriendo, ya que la amargura destruye y el rencor mata.

Padre bueno, permítenos reconocer que la amargura es un pecado y que conduce a la muerte, así que límpianos con tu perdón, pues estamos renunciando a ella. Arráncala de nuestra vida y permítenos alcanzar tu misericordia. Que nunca más cause división en nuestras familias, ni ruptura en nuestras relaciones, impidiéndonos disfrutar de toda tu bendición.

Hoy te decimos: 'Señor, te entrego mi corazón para que lo limpies, lo sanes y lo purifiques con tu perdón; que mi corazón sea como el tuyo, que esté lleno de tu amor inmenso e inagotable, para que lo que brote sea compasión, misericordia y perdón.

Siente el abrazo de Dios, acogiéndote, sanándote, y dándote una nueva oportunidad para que te comportes como su hijo amado.

Te invito a reflexionar

Lo que resistes, persiste. Si te resistes a cortar estas raíces, persistirán, te enfermarán y sabotearán tu crecimiento espiritual, pues debilitarán tu fe, tu amor y tu esperanza. Por eso, haz una lista de las personas con quienes has permitido que broten la amargura, el rencor y el resentimiento. Pide perdón a Dios y comienza a soltar a cada una de esas personas, entregándolas al Señor con todo el corazón, pidiéndole que te limpie y te dé el valor de hablar con cada una de ellas, poniéndote en paz, y bendiciéndolas.

____

____

____

Guardemos en el corazón

Así como es la raíz, serán los frutos. No puede haber buenos frutos sin buenas raíces. Decide cambiar el sustrato, producir nuevas raíces y tener buenos frutos. ¡Que la amargura no te dañe más la vida!

NO TE DEJES CONTAGIAR

Una de las actividades más emocionantes que existe es viajar por todo el mundo y conocer otras culturas. Dicen los expertos que la mejor manera de hacer eso bien es recorrer a pie algunos de sus sitios más emblemáticos, hablar con sus habitantes, escuchar su música, comprender sus manifestaciones culturales pero, sobre todo, probar su comida. Sí, todos concluyen que la mejor forma de conocer un lugar es a través de sus platillos, el modo de cocinar y los ingredientes característicos que se encuentran en cada región del mundo. Así que lo primero que debemos hacer al llegar a un país nuevo es probar su comida y, a partir de ahí, sabremos más de su esencia como pueblo.

Creo que estarás de acuerdo con este consejo que nos dan los viajeros más experimentados, pero yo te invito a reflexionar en algo que puede llegar a ser incluso más importante que la comida en la impronta cultural de un pueblo, y que lo identifica profundamente con sus raíces; se trata de su fe, su credo, su Dios. Muchas personas que han tenido que mudarse a otro país aprenden su idioma, sus costumbres y la manera de ser y comportarse de los residentes de ese lugar. Sin embargo, lo que difícilmente perderían de su pueblo natal, es el gusto por su comida y los fundamentos espirituales que fueron sembrados en su corazón.

La Palabra de Dios dice:

> No obstante, Daniel decidió que no se contaminaría ingiriendo la comida del rey ni bebiendo su vino, así que pidió

> al director del personal de palacio que lo eximiera de tener que consumir la dieta real. Por la gracia de Dios, Daniel le cayó bien al director del personal de palacio.
>
> —Daniel 1:8-9 Biblia El Mensaje

En este pasaje de la Biblia encontramos un maravilloso ejemplo de un joven que tomó la firme decisión de mantenerse fiel a su pueblo, a su familia y a su fe. Se trata de Daniel, que fue tomado cautivo junto con la gran mayoría de los moradores de Israel y llevado forzosamente a Babilonia, el imperio que se expandía avasallante con su fuerza y poderío militar sobre todo el mundo conocido en la época. Lo primero que hicieron los babilonios con los cautivos fue tratar de cambiar su identidad, haciendo que olvidaran su comida y a su Dios. De esa manera, al cabo de unas cuantas décadas, lograrían que las nuevas generaciones nacidas en Babilonia, fueran totalmente absorbidas por sus creencias, adquirieran sus hábitos, su manera de pensar, sus costumbres, reconocieran a sus dioses y se arrodillaran ante ellos. Los babilonios no tendrían que matar a los hebreos, sencillamente los convertirían en babilonios de alma y corazón, con lo que los harían desaparecer. De esa forma destruirían la fe de Israel en el Dios vivo y verdadero, y la esperanza de salvación para el mundo entero.

En la misma manera, el enemigo de nuestras almas procura que perdamos nuestra identidad como hijos amados de Dios, por lo que intenta hacernos olvidar que somos linaje bendito del Señor. Es así como opaca nuestra luz para que no podamos alumbrar a otros en cuanto al camino de la salvación, impidiendo que cumplamos el verdadero propósito para el que fuimos creados, que es glorificar a nuestro Padre Dios. La consecuencia es que seremos invadidos por una profunda frustración y experimentaremos un hondo y doloroso vacío, al no tener claro el sentido de nuestra existencia, y al no poder cumplir nuestros sueños más profundos. En este despropósito quedamos a expensas de la voluntad de este enemigo de nuestras almas y de sus malvados planes. El que pierde su identidad en Cristo, lo pierde todo.

Desafío personal

Dios nos ha llamado a servirle y a que seamos luz en el mundo, llevando su salvación hasta lo último de la tierra; además quiere que seamos sal para sazonar de esperanza a los que no conocen al Salvador. Pero, si la sal se desvanece, no sirve más para nada, no puede dar sabor. Por tanto, te insto a que no olvides quién te hizo, de quién eres, a qué reino perteneces, cuál es tu linaje y cuál es la misión que tienes en este mundo.

Por más que veas lo que veas, por más que el mundo entero piense y diga cosas distintas y se arrodille ante otros dioses, hoy te invito a permanecer fiel a Dios, a no olvidarte nunca de tu Creador. ¡Mantente firme! No te contamines con las creencias de otros pueblos que no conocen a Dios; con las costumbres de otras naciones o culturas que no lo honran, con la influencia de personas que no lo agradan.

Al principio, si cedes al ofrecimiento de esa "comida" te parecerá como si todo siguiera igual pero —sin darte cuenta— esas ideas van causando un efecto en ti, comienzas a pensar de manera diferente, adquieres otras convicciones, todo te parece relativo y comienzas a transformarte en otra persona; te vas doblegando, no solo tus rodillas, sino la fuerza de tus sueños, la luz de tu mirada y la claridad de tu corazón. Te vas convirtiendo en siervo de esos dioses, de esos pensamientos y vas quedando preso. Te quitarán tu libertad. Tus sueños se desvanecerán. Ya no podrás desplegar tus alas, te sentirás limitado, atado a la influencia de otras personas o ideologías que habrán logrado detenerte en el cumplimiento del plan de Dios para tu vida.

Todo lo que el enemigo quiso hacer con Israel, e intenta hacer con nosotros, es introducir una nueva semilla, un pensamiento, una idea, que poco a poco produzca el fruto de la duda, la incredulidad y la confusión. Así como Nabucodonosor pretendía quitar al pueblo de Israel su identidad en Dios, de la misma forma que el enemigo intentará quitarnos nuestro linaje.

Esta *dosis* es para que hagas un alto y, en el nombre de Jesús, ¡no te des por vencido!, ¡no te rindas! Renuncia a cualquier atadura que te impida disfrutar tu libertad en Cristo para glorificar su nombre y hacer su voluntad. Pide perdón por vivir bajo las costumbres terrenales y clama para que te mantengas firme ante cualquier tentación de adoptar la influencia del mundo y que, como Daniel, puedas permanecer fiel a Dios, arrodillándote solo ante el único y verdadero Dios. Sigue luchando por afianzar tu identidad en Cristo, por aferrarte a tu fe, por recuperar tus sueños de vivir como un hijo de Dios amado y libre, que le sirve a Él, siendo testimonio de su amor y su salvación, y trayendo a otros a sus pies.

Oración

Gracias, Padre, por esta dosis, porque a través de ella nos recuerdas cuál es nuestra verdadera identidad y nos revelas por tu Espíritu que somos hijos amados de Dios, dispuestos a recuperar nuestro propósito y misión en el mundo.

Declaro que, a través de tu fe y de esta oración, tú que lees esta dosis y recibes esta verdad, eres libre ahora para recuperar tu identidad, tu linaje y tus sueños. Declaro que recuperas tu pasión por Dios, por la obra salvadora de Cristo en la cruz, por su Palabra y por tu llamado a ser bendición para el mundo, llevando este mensaje de salvación.

Señor, bendigo a cada persona que se conecta contigo hoy, para que se convierta en luz para su nación, que sepa batallar en oración por su país, que se mueva a orar, a ser mejor creyente, a tener profundas raíces espirituales, que pueda crecer y dar frutos de bendición para el mundo entero.

Te invito a reflexionar

Cuando el pueblo de Israel pensaba en la comida de Egipto, donde eran esclavos, añoraban saborearla, por lo que sus corazones se llenaban de duda, de confusión y de temor respecto de Dios y de su plan maravilloso de libertad. La añoranza estaba en sus mentes y en sus corazones, lo que les impedía avanzar con fe hacia lo mejor que Dios había preparado para ellos.

Así que te invito a que pienses y escribas aquellas cosas que has permitido que se introduzcan en tu mente y tu corazón, y que te han hecho perder la pasión y el amor por Dios y por su obra, impidiéndote servirle como luminar en este mundo. Anótalas y renuncia a ellas, una por una, pide perdón a Dios y declara en voz alta tu identidad como hijo amado de Dios, libre y bendecido, capacitado por su Espíritu para hacer su voluntad en esta tierra.

____

____

____

Guardemos en el corazón

Para volver a soñar, recupera tu pasión. Para recobrar tu pasión, recupera tu identidad en Cristo. Nada te detendrá para llevar bendición a tu familia y a tu nación.

20

NO OLVIDES TUS SUEÑOS, DIOS NUNCA LOS OLVIDA

NOTAS

Cuenta una historia, que tres árboles pequeños vivían en una colina del bosque. Un buen día, comenzaron a hablar acerca de sus sueños cuando el primero dijo:

—Algún día seré un cofre de tesoros; estaré lleno de oro, plata y piedras preciosas; estaré decorado con labrados artísticos y finos tallados. ¡Todos admirarán mi belleza!

—En mi caso, algún día, seré una poderosa embarcación —dijo el segundo árbol—. Llevaré a los más grandes reyes y reinas a través de los océanos, e iré a todos los rincones del mundo. Todos se sentirán seguros con mi fortaleza y mi poderoso casco.

Por último, el tercer árbol indicó:

—Yo quiero crecer para ser el más recto, el más grande de todos los árboles del bosque; las personas me verán en la cima de la colina, mirarán mis poderosas ramas y pensarán en el Dios de los cielos y ¡cuán cerca estoy de alcanzarlo! Seré el árbol más grande y la gente siempre me recordará.

Al cabo de varios años, un grupo de leñadores llegó y uno de ellos vio el primer árbol y dijo mientras lo cortaba:

—Este parece un árbol fuerte, creo que podría vender su madera a un carpintero.

El árbol estaba muy feliz porque sabía que el carpintero podía convertirlo en un cofre para tesoros. Otro leñador dijo, mientras cortaba el segundo árbol:

—Parece un árbol fuerte, lo venderé al carpintero del puerto.

El árbol estaba dichoso porque ya se imaginaba convertido en una poderosa embarcación. El último leñador se acercó al tercer árbol, que estaba muy asustado, pues sabía que —si lo cortaba— sus sueños nunca se harían realidad. Y exactamente, eso fue lo que hizo el leñador.

Cuando llegaron a su destino, el primer árbol fue convertido en un cajón de comida para animales, por lo que lo llenaron de paja y lo pusieron en un pesebre. Se sintió muy mal, pues no era lo que tanto había soñado. El segundo árbol fue convertido en una pequeña barca de pesca que fue llevada a un lago. Ni siquiera podría navegar en el mar, así que su sueño de transportar reyes y reinas, había llegado a su fin. El tercer árbol fue transformado en largos y pesados tirantes y dejado en la oscuridad de una bodega. De esa manera, los tres árboles pensaron que habían caído en el olvido y que sus vidas no tendrían trascendencia alguna.

Sin embargo, una noche como ninguna, cuando una estrella brillaba iluminando todo el firmamento, una joven pareja llegó al pesebre y, no encontrando dónde acostar a su bebé recién nacido, lo colocaron con sumo cuidado sobre un lecho de paja de aquel cajón en que había sido convertido el primer árbol. El árbol supo, con profunda reverencia y suma alegría, que estaba conteniendo al más grande de todos los tesoros. Muchos años después, un grupo de hombres subieron a la barca en la cual había sido convertido el segundo árbol. Una terrible tormenta se desató y el árbol pensó que no sería lo suficientemente fuerte como para salvar a los hombres de la muerte. Sin embargo, con una autoridad indescriptible, uno de ellos reprendió a la tormenta y al viento, que inmediatamente se calmaron. ¡Era el Rey de todos los reyes, y el Señor de todos los señores!

Por último, un tiempo después, el tercer árbol convertido en tablas fue colocado en los hombros de un hombre a quien toda la gente escupía, insultaba y golpeaba. Después de un largo recorrido, fue clavado al árbol y levantado para morir en la cima de la colina. Entonces, el árbol se dio cuenta de que había sido lo suficientemente fuerte como para permanecer erguido y estar tan cerca de Dios como nunca, porque el Hijo de Dios había sido crucificado en él.

La Palabra de Dios dice:

Mis pensamientos no son como los de ustedes, ni su modo de actuar es como el mío —afirmó Dios—. Porque así como el cielo se eleva por encima de la tierra, mi manera de actuar y mis pensamientos superan los de ustedes.

—Isaías 55:9 Biblia El Mensaje

Así como nuestra identidad es única, también lo es el propósito para el cual Dios nos creó. Dios no repite obra ni menos aún destino. Solo hay uno que nos corresponde a cada uno de nosotros y se manifiesta a través de nuestros sueños y anhelos. Es por eso que debemos elevarlos a Dios en forma de oración y esperar confiados que, a su debido tiempo, se cumplirán. Puedes estar seguro de que si la respuesta no se presenta de la forma que deseas ni en el tiempo que esperas, es porque Dios está preparando algo mejor para ti. Él te sorprenderá con su amor y lo que está planeando es mucho mejor de lo que puedes imaginar.

Desafío personal

Te insto a que no te desanimes ni te desesperes si ves que tus planes no se están desarrollando como lo deseas. Solo confía en Dios de todo corazón, sigue pensando bien, sintiendo bien y haciendo el bien. No desfallezcas, no dejes de orar, de clamar, de declarar, de creer. Recuerda cada momento el propósito extraordinario que Dios te dio, desde antes de la fundación del mundo. Él no está improvisando contigo; Él ha trabajado cuidadosamente en ti y en tu destino. Su voluntad para contigo es buena, agradable y perfecta. Puedes estar seguro de que, a Dios, nada ni nadie lo puede hacer cambiar de plan, hacer olvidar su propósito, desviarlo de su camino o atrasar su obra.

Oración

Eterno Padre, te doy gracias porque aun cuando yo olvide tus promesas, tú nunca lo haces. Aunque yo desfallezca, tú permaneces firme. Aunque yo me vuelva atrás, tú sigues siendo fiel. Gracias, porque pase lo que pase, tu propósito siempre se cumplirá, tus promesas se harán realidad y tus pensamientos de bien para mí se ejecutarán. Te entrego todos mis sueños; pongo delante de ti, todos mis anhelos; pues ahora sé que tus tiempos son perfectos y tus maneras inigualables, mucho mejores de lo que yo pudiera imaginar.

Te invito a reflexionar

Escribe los sueños que habías olvidado y pensaste que ya nunca se cumplirían. Ora colocándolos en las manos de Dios y anota la fecha para que cada año los vuelvas a leer y mirar lo que ha acontecido en ese tiempo.

____

____

____

Guardemos en el corazón

Cada uno de nosotros tiene un propósito único, una misión que no se le ha entregado a nadie más. Cuando vivimos ese propósito y cumplimos esa misión, hacemos el trabajo más importante del mundo y, sobre todo, honramos y alegramos el corazón de nuestro Padre y Creador.

21

NO TE DEJES HUNDIR

NOTAS

Hoy es un buen momento para detenernos y reflexionar en el verdadero tesoro de nuestra vida, por lo que comenzaré contándote una impresionante historia:

Yusuf, conocido como "El Terrible Turco", era un imponente luchador de 140 kilos que dejó su Turquía natal para emigrar a Estados Unidos en busca de fama y fortuna. No pasó mucho tiempo antes de que se convirtiera en una de las figuras más populares del circuito de lucha. Multitudes de todos los rincones del país se reunían para verlo en acción, enfrentando y venciendo a todos sus contrincantes.

En aquella época, pagar con oro era relativamente común en Estados Unidos, por lo que Yusuf —obsesionado con este metal precioso— exigía que su paga siempre se le entregara en monedas de oro. Cada vez que ganaba un combate, guardaba su premio en un pesado cinturón monedero que llevaba atado a la cintura. Así, combate tras combate, iba acumulando su preciado tesoro alrededor de su propio cuerpo.

Un día, Yusuf decidió que era momento de retirarse y volver a su tierra natal, así que subió a bordo de un gran barco de vapor y comenzó su travesía de regreso a casa.

Durante el viaje se desató una feroz tormenta y, en medio del caos, pronto el barco empezó a hundirse. La tripulación recibió orden de arrojar los botes salvavidas al agua. Yusuf cruzó corriendo la cubierta, y al ver un bote a la deriva a poca distancia del barco, se lanzó al océano. Pero cuando empezó a nadar hacia el bote, el peso de las monedas de oro lo arrastró hacia abajo... Él y su fortuna nunca más fueron vistos.

Yusuf hizo del oro su dios y este lo destruyó.

La Palabra de Dios dice:

—Ama al Señor tu Dios con todo tu corazón, con toda tu alma y con toda tu mente —respondió Jesús—.

Este es el primero y el más importante de los mandamientos.

—Mateo 22:37-38 (NVI)

Es un buen momento para hacer una pausa y reflexionar sobre qué ocupa el primer lugar en nuestro corazón o qué o quién ha tomado el lugar más relevante en nuestra vida. Tal vez sea el dinero, la ropa, el entretenimiento, los amigos, la familia, un bien material, nuestra apariencia física, un hábito, etcétera. Para descubrirlo, puedes hacerte las siguientes preguntas: ¿Qué acapara por completo tu atención, al punto de que descuidas todo lo demás? ¿Por qué o quién estarías dispuesto a hacer cualquier cosa? ¿Qué es eso de lo que depende tu felicidad y que no creerías soportar si lo pierdes? ¿A quién tratas de complacer a toda costa, incluso haciendo cosas que van en contra de tu verdadera esencia? Si has encontrado la respuesta a estas preguntas, has descubierto aquello a lo que le has otorgado el valor de un tesoro en tu vida, aquello que se ha convertido en tu dios, tu centro, tu norte, tu todo.

El problema radica en que ninguna persona o cosa en el mundo puede ocupar ese lugar de manera permanente, ya que al ser de carácter pasajero y temporal, dejaría nuestra vida expuesta a una gran vulnerabilidad. Es por eso que las personas se sienten vacías e intentan —por todos los medios— experimentar plenitud y satisfacción. Buscan en las actividades, ocupaciones, relaciones y posesiones la felicidad y la paz, pero todo esfuerzo resulta vano.

Como somos creados a imagen y semejanza de Dios, tenemos un corazón que solo puede ser lleno por Él y solo puede hallar plenitud en su amor. De ahí que el primer y más grande mandamiento de la Sagrada Escritura sea precisamente amar a Dios sobre todas las cosas, es decir, colocarlo en el primer lugar de nuestra vida, en el centro de nuestro corazón.

Desafío personal

Querido amigo, querida amiga, es necesario que te decidas —a la luz de esta preciosa enseñanza— a quitar del primer lugar a la persona o cosa que no merece tal exaltación. Debes renunciar a esos "dioses" a quienes has dado el poder para gobernar tu vida. Ya sea una circunstancia, una relación, una costumbre o algo material, hoy te invito a deponer eso del trono de tu vida y colocar allí a Dios. Así no te influenciarán las cosas del mundo, no serás arrastrado ni hundido en los profundos abismos de la decepción, la frustración y el vacío, ni serás destruido como Yusuf por su propio tesoro.

Yo también he tenido que reconocer que muchas veces no puse al Señor en la primera posición, lo que trajo consecuencias muy tristes a mi vida. Pero aprendí a entregarle el control de mi vida, a rendirle el trono de mi corazón, por lo que Él me salvó, me ha hecho vivir y me ha elevado a lugares que nunca imaginé.

Tú también puedes hacerlo. Te invito a sacudirte todo lo que no te sirva, todo lo que te domine o te subyugue, y todo lo que te hunda. Suelta todo lo que no necesites y aférrate a Dios. Vas a salir adelante, pues Jehová todopoderoso resplandece en tu vida. Si le cedes el control, Él te dará lo que necesites o puedas anhelar. Si le entregas el primer lugar, Él te dará todo. Solo necesitas aprender a amar al Señor, tu Dios, con todo tu corazón, porque Él es eterno, todo lo demás es pasajero. Él es fiel, todo lo demás falla.

Oración

Señor Jesús, gracias por liberarme de todo yugo con tu sacrificio en la cruz. Ayúdame a vivir plenamente en esa libertad, rechazando todo aquello que intente esclavizarme otra vez. Enséñame a mantenerme firme en tu verdad y a depender únicamente de tu gracia. Que mi vida refleje tu libertad y tu amor, y que pueda ser un instrumento para llevar esta esperanza a otros.

Oro también, Señor, por cada persona que lee y comprende este mensaje. Ayúdala a soltar todo aquello que la esté hundiendo, dándole la fuerza y el poder para salir a flote y no perecer. Que pueda hacer de ti su verdadero tesoro y experimentar maravillas en su vida. En tu nombre, Jesús. Amén.

Te invito a reflexionar

Si estás permitiendo que algo o alguien ocupe el lugar que solo Cristo debe tener en tu corazón, te insto a meditar en ello y reconsiderarlo. Podría ser una preocupación constante, un hábito, una relación o la búsqueda incesante de aprobación. Escribe en una hoja de papel aquello a lo que le has otorgado el valor de un tesoro, pues le dedicas demasiada atención, olvidas todo lo demás, basas tu felicidad en ello y crees que no podrías vivir sin eso. Ora a Dios, pídele perdón, renuncia a ese apego y destruye el papel. Entrégale conscientemente el control de tu vida a Cristo y comienza a vivir centrado en Él. Escribe en un lugar visible: "Soy de Cristo, le pertenezco a Él y Él es mi verdadero tesoro". Comparte con otros tu testimonio de libertad y tu sanidad.

____

____

____

Guardemos el corazón

Lo que adoras te domina; lo que idolatras te destruye. Solo Dios te libera y te hace verdaderamente feliz.

22

METANOIA

NOTAS

Para esta *dosis*, quiero hacer alusión a la extraordinaria experiencia que tuvieron los discípulos con Jesús en el lago de Galilea y que nos inspirará a abrazar la maravillosa vida que Dios ha preparado para cada uno de nosotros:

> *"Luego subió a la barca y sus discípulos lo siguieron. De repente, se levantó en el lago una tormenta tan fuerte que las olas inundaban la barca. Pero Jesús estaba dormido. Los discípulos fueron a despertarlo.*
>
> *—¡Señor —gritaron—, sálvanos, que nos vamos a ahogar!*
>
> *—Hombres de poca fe —contestó—, ¿por qué tienen tanto miedo?*
>
> *Entonces se levantó, reprendió a los vientos y a las olas, y todo quedó completamente tranquilo.*
>
> *Los discípulos no salían de su asombro y decían:* '¿Qué clase de hombre es este que hasta los vientos y el mar le obedecen?'". Mateo 8:23-27 (NVI)

Te sorprenderá saber que este poder que tenía Jesús para reprender al viento, para ordenar al mar y calmar la tormenta, también está a disposición de nosotros, los hijos de Dios, aquellos que hemos recibido a Cristo Jesús en el corazón como Señor y Salvador, y decidimos cultivar cada día una estrecha y sincera relación con Él. Al permanecer en sintonía con su voluntad y en armonía con sus justos mandamientos, sus puros preceptos y sus perfectos juicios, experimentamos una relación que nos nutre, nos bendice y nos capacita para llevar bendición a los demás y al mundo.

La Palabra de Dios nos enseña, desde Génesis, que Dios creó los cielos y la tierra, y todo lo que existe, mediante el poder de su Palabra. Él ordenó y se hizo, declaró y fue hecho, decretó y todo cobró vida. Jesús encarnó ese poder y con él enseñó, sanó, liberó a innumerables personas y obró conmovedores milagros. Como hijos de Dios, nosotros también tenemos el privilegio de utilizar su Palabra de la misma manera, materializando toda la bendición que Él ha preparado para la humanidad.

Sin embargo, muchos me preguntan: "¿Cómo tengo autoridad para declarar sanidad sobre los enfermos, libertad para los cautivos, traer paz y consuelo a los afligidos y expulsar espíritus inmundos?". Mi respuesta es clara: "Porque soy hijo de Dios y su Palabra me asegura que soy coheredero con Cristo Jesús. He recibido autoridad para declarar las palabras que mi Padre ha pronunciado, así como dones para bendecir a las personas, como sucede con estas *dosis* y con el *Ministerio Roka"*. Si ya recibiste a Cristo en tu corazón y eres un hijo de Dios, también has recibido dones y poder para bendecir y traer la buena, agradable y perfecta voluntad de Dios a tu vida y al mundo, pero hay algo que debemos revisar para estar listos y poner en acción: el poder de Dios.

La Palabra de Dios dice:

> Por eso, así dice el Señor: "Si te arrepientes, yo te restauraré y podrás servirme. Si evitas hablar en vano, y dices palabras valiosas, tú serás mi portavoz. Que ellos se vuelvan hacia ti, pero tú no te vuelvas hacia ellos".
>
> —Jeremías 15:19 (NVI)

Este pasaje de las Sagradas Escrituras, el Manual del Hombre, nos invita a reflexionar sobre nuestra vida, corazón, conducta y nuestro proceder. Debemos reconocer la necesidad de arrepentirnos, volvernos a Él y ser limpios cada día de todo lo vil y corrupto. Es necesario hacer morir el egoísmo que se adhiere a nuestro diario vivir, esas cosas que aceptamos, aunque contradigan los principios de Dios, solo por encajar en la sociedad, ganar la aceptación de los demás o por la falsa idea de que así podremos atraerlos a Dios.

En otra versión de este mismo pasaje se lee: "Por tanto, así dijo Jehová: Si te convirtieres, yo te restauraré, y delante de mí estarás; y si entresacares lo precioso de lo vil, serás como mi boca. Conviértanse ellos a ti, y tú no te convertirás a ellos" (RVR1960).

Aquí es clara la advertencia de que al congraciarnos con el pecado, nunca lograremos el propósito de bendecir a otros. La única forma de cumplir el maravilloso propósito de Dios es que ellos se conviertan a nosotros y no nosotros a ellos. Esto sucederá cuando seamos sanos, afinados, limpiados y verdaderamente convertidos al corazón amoroso de Dios, restaurados a su imagen y semejanza. Entonces, estaremos capacitados para servirle.

Esta *dosis* es una profunda motivación para que quitemos el polvo que el pecado, el egoísmo y el desamor han acumulado sobre lo precioso que Dios ha depositado en cada uno de nosotros: el amor, la justicia, la misericordia. Así, podremos resplandecer e iluminar a otros, siendo como su boca, con autoridad para echar fuera la enfermedad, reprender la tristeza, calmar la ansiedad y decretar salud, abundancia, vida y libertad.

Para experimentar y llevar bendición, se requiere conversión. La palabra "*metanoia*", en griego, significa un cambio de mente, corazón y dirección. Es más que un simple arrepentimiento; es un giro completo hacia Dios y su propósito. Este concepto nos invita a dejar atrás viejas actitudes y pecados, y abrazar una nueva vida en Cristo. Cuando respondemos al llamado del arrepentimiento, Dios transforma nuestra perspectiva y nos da un corazón renovado. La *metanoia* nos libera de las cadenas espirituales y nos lleva a experimentar la verdadera libertad y plenitud en Cristo.

Desafío personal

Hoy te desafío a examinar tu vida con honestidad y preguntarte: ¿hay áreas donde necesitas experimentar una verdadera *metanoia*? Quizás hay decisiones, hábitos o pensamientos que deben ser transformados. Dios te llama a arrepentirte y a caminar en su luz. No temas dar este paso; recuerda que el arrepentimiento no es un fracaso, sino una puerta hacia la restauración y el gozo.

Desde lo más profundo de mi corazón, te invito a romper con los moldes del mundo, te insto a evaluar tus valores, prioridades y decisiones. ¿Hay áreas de tu vida en las que te has conformado a los estándares del mundo en vez de alinearte con los principios de Dios? Decide hoy entregarlas al Señor y permítele transformar tu mente y renovar tu corazón.

Te invito a reflexionar

La "*metanoia*" comienza con la renovación de tu mente. Dedica tiempo diario a leer y meditar en la Palabra de Dios. Pide al Espíritu Santo que ilumine tu corazón para que comprendas y vivas según su voluntad. Practica la humildad y vive con gratitud. Utiliza tus talentos y dones para servir a los demás. Vivir así traerá poderosos resultados a tu vida, por lo que te sentirás un instrumento útil y efectivo en las manos de Dios. Registra cada uno de los resultados que comenzarás a obtener cada vez que decretes las palabras del Señor para tu propia vida o para los demás, incluso para tu entorno. ¡Será maravilloso lo que comenzarás a vivir y a experimentar, al igual que los discípulos de Jesús en la barca en medio del mar!

____

____

____

Oración

Señor, me presento ante ti con un corazón humilde, reconociendo que te he ofendido y pidiendo tu perdón. Estoy dispuesto a cambiar, me dispongo a ser transformado. Renueva mi mente y mi espíritu, y ayúdame a andar en tus caminos. Dame un corazón que busque agradarte y haz de mi vida una expresión de tu amor y tu gracia. Perdona mis pecados y guíame en el camino de la transformación. Renueva mi mente y mi espíritu, y ayúdame a vivir conforme a tu propósito. Gracias por tu amor y tu gracia que me permiten comenzar de nuevo. Bendice a cada persona que lee esta dosis y permítele ser un magnífico, resplandeciente y pulido instrumento para tu gloria, en el poderoso nombre de Jesús. Amén.

Guardemos en el corazón

La conversión produce bendición y permite que la vida de Cristo se manifieste en ti. Abre tu boca y se llenará de palabras poderosas que traerán el cumplimiento de la buena, agradable y perfecta voluntad de Dios sobre la tierra. El mal no podrá prevalecer.

LA CLAVE ESTÁ EN EL PERDÓN

Voy a contarte una experiencia muy personal, la cual sé que Dios usará para edificación de tu vida.

> *Quizá hasta hoy habías creído que hay cosas que no se pueden perdonar.*
>
> *Sobre todo, si la ofensa viene de personas tan cercanas como tu padre, tu madre, un hermano, tu esposo, tu esposa, un hijo o tu mejor amigo o amiga. Te sientes herido mucho más profundamente cuando se trata de una persona que —se supone— debía amarte, cuidarte, apoyarte y acompañarte, pero recibiste todo lo contrario. El alma sufre con un dolor que muchas veces es indescriptible y que, casi siempre, creemos incurable.*
>
> *En este caso fue mi padre el que —con su forma de ser, con su manera de tratarnos a mi madre, a mis hermanos y a mí, e incluso con su abandono y su olvido— nos propinó el golpe más duro y la herida más profunda que alguien pudiera infligirnos. Pero ese dolor, contrario a lo que yo pensaba, sí tenía cura. Había esperanza para mi familia y para mí. No estaría para siempre en mi alma y mi corazón, pues mi Dios, mi Señor y Salvador me encontró y me mostró su amor, me lavó con su perdón y me sanó con el bálsamo de su ternura y su compasión.*
>
> *Yo creía que estaba sano, hasta que supe que había mucho más que perdonar. Un día, después de un evento en el que pude compartir el mensaje de salvación a muchas personas, se acercaron unos jóvenes para decirme que,*

no solo eran salvos por Cristo como yo, sino que además habían sido escogidos para predicar el evangelio como lo hacía yo. Pero eso no era todo, también me dijeron: "Somos hermanos tuyos".

Allí supe que el perdón no es un acto puntual, es un proceso diario y permanente, una manera de ser y de estar en el mundo, una decisión del corazón, un estilo de vida revolucionario y liberador, un camino seguro hacia la paz y hacia la bendición. Una senda que aún tenía que seguir recorriendo hasta el final, pues era la que había recorrido mi Señor Jesús y me mostraba para que yo la recorriera también; un desafío que por nada del mundo podía rehusar a vivir por más difícil que resultara.

¡Él estaría conmigo y me ayudaría a recorrerlo, como lo había hecho en cada aspecto de mi vida hasta ese día!

La Palabra de Dios dice:

> Rompan con todo tipo de insultos, murmuraciones y blasfemias. Sean amables y perdónense los unos a los otros tan pronto y tan a fondo como Dios los perdonó a ustedes en Cristo.
>
> —Efesios 4:31-32 Biblia El Mensaje

Lo más hermoso de la vida como creyente es que, en el mismo momento en que aceptamos a Jesús, como Señor y Salvador —como nuestro único Dios y Redentor— todos nuestros pecados, absolutamente todos, quedan perdonados por el poder de su preciosa sangre. Ya nunca más están delante de la vista del Señor, porque Él los echa en lo profundo del mar para no acordarse nunca más de ellos.

Esto es algo difícil de comprender y asimilar para la mente humana. ¿Cómo podemos ser perdonados por todo lo que hicimos a lo largo de nuestra vida? ¿Cómo podemos ser absueltos si sabemos que por nuestras equivocaciones, egoísmos, ausencias y omisiones, hemos causado dolor y sufrimiento, especialmente a aquellos a quienes más amamos? Por supuesto que este perdón no solo es para nosotros, sino también para aquellos que también nos han causado daño y dolor, y eso significa que, si Dios los perdona, nosotros también debemos hacerlo por amor y gratitud, como la respuesta natural a tanta bondad recibida, siendo imitadores de Cristo. Esto para muchos no es difícil, es imposible.

Sin embargo, esta *dosis* te muestra el camino hacia la paz y la libertad que planteó nuestro Señor Jesús, el que escogió para que tú también recorras, porque te ama y quiere verte libre y feliz. Con solo seguir esta senda vas a encontrar la bendición que Dios ha preparado para ti. Muchos rehúsan obedecer a Dios en este aspecto y, mientras tanto, no ven las respuestas que desearían ni la bendición que anhelarían.

Desafío personal

Sé que no es ninguna casualidad que estés leyendo esta *dosis* y que este mensaje haya llegado hasta ti. Quiero animarte a dar el paso y abordar el camino que parece más difícil —como lo es el perdón— pero cuyo fin es la vida. Yo mismo he tomado este camino en situaciones muy complejas que he vivido. Mi madre y mis hermanos también lo hicieron con respecto a mi padre. Tuvimos que cortar de raíz esa planta de resentimiento, amargura, rencor y odio, que fue creciendo a causa de semillas de rechazo, abandono, injusticia y ofensas, que fueron sembradas en nuestros corazones. Tuvimos que inyectarnos el único antídoto que detiene el veneno para que no siga avanzando y haciendo daño, que puede sacarlo de nosotros y —de esa manera— comenzar a sanar. Ese antídoto es el perdón. ¿Fue fácil? De ninguna manera, pero Jesús nos abrazó con su amor y nos ungió con su poder para perdonar, soltar y sanar. Hoy puedo decirte con toda certeza y autoridad porque lo he vivido: ¡perdonar es posible!

Perdonar, cura el alma, restaura el corazón y trae la bendición que tanto anhelas.

Recuerda: el perdón es el acto deliberado de pasar por alto la ofensa completamente como si nunca hubiera existido. Así te ha perdonado Jesús. Es por eso que te invita a perdonar a todos los que te han ofendido en la vida, llenándote de la bondad y la compasión que Dios te da, y dándote el poder para echar de ti toda ira, enojo y amargura.

Oración

Padre, bendigo tu Palabra que nos da acceso a verdades tan preciosas y transformadoras como esta, que nos hace libre de la culpa y el temor, por las cosas que hemos hecho contra ti, contra nosotros mismos y contra los demás. Gracias por tu maravilloso perdón que toma mi pecado y lo echa en lo profundo del mar para nunca más acordarte de él. También te doy gracias porque hoy te llevas el rencor, el odio y la amargura por el pecado que otros han cometido contra mí, al saber que también tu sangre tiene el poder de perdonar y cubrir esas faltas, y que ya no tienen poder para lastimarme. Bendigo tu verdad que nos hace libres y prepara una magnífica bendición para nuestra vida, pues a través del perdón, ya no hay tropiezos que puedan interponerse o cerrar el paso al fluir de tu amor, tu paz y tu prosperidad sobre nosotros. Gracias porque alguien necesitaba esta dosis y estoy seguro de que tu verdad le está haciendo libre en este momento, en el nombre poderoso de Jesús. Amén.

Te invito a reflexionar

La Palabra de Dios es una medicina que tiene todo el poder para sanarte de las peores dolencias pero, como toda medicina, hay que ingerirse, aplicarse o inyectarse. No funciona si se queda en el frasco o en la jeringa. De la misma manera, ella debe penetrar el corazón y convertirse en parte de nuestra manera de pensar y de actuar. Por eso, hoy te invito a que recibas e incorpores esta verdad en tu vida y pienses en tres personas a quien Dios te está mostrando que debes perdonar. Coloca su nombre y escribe al frente lo siguiente:

Quedas liberado por el poder de la sangre de Jesús. Tu falta ha sido cubierta, tu pecado perdonado. Jesús fue declarado culpable en lugar de ti y pagó con su vida el precio de tu libertad. No se necesita más sacrificio, pues el que Jesús hizo fue suficiente. Su obra fue perfecta y completa. Estoy en paz contigo ahora.

____

____

____

Guardemos en el corazón

¡Perdona! Créeme... no vas a perder sino tu orgullo, que en últimas no te ha traído ningún bien, pero en todo lo demás, siempre, siempre... saldrás ganando.

24

JESÚS CALMA TU TORMENTA

NOTAS

¿Has estado en alguna situación en la que sientes que ya no puedes más, que las circunstancias te abruman, que los problemas te sobrepasan, que las fuerzas se te agotan, que el miedo te inunda, que no vas a poder salir de esa circunstancia y te vas a hundir para siempre?

Los discípulos del Señor Jesús también pasaron por eso. Ellos no fueron la excepción y, como todos los hijos de Dios, tuvieron que vivir la prueba de su fe, que siendo más preciosa que el oro —conforme lo dice la Escritura— requiere ser purificada también.

La Palabra de Dios dice:

En cuanto terminó la comida, Jesús insistió en que los discípulos subieran a la barca y se le adelantaran a la otra orilla mientras él despedía a la gente. Al dispersarse la multitud, subió a las colinas para poder estar solo y orar. Se quedó allí, solo, hasta bien entrada la noche. Mientras tanto, la barca ya estaba bastante lejos de la orilla cuando comenzó a soplar un viento contrario y se levantaron olas que la zarandearon. A eso de las cuatro de la mañana, Jesús se dirigió hacia ellos caminando sobre el agua. Se asustaron mucho.

—¡Es un fantasma! —gritaron aterrorizados.

Jesús se apresuró a calmarlos.

—¡Ánimo! Soy yo, no tengan miedo.

Pedro, con una audacia repentina, dijo:

—Señor, si realmente eres tú, llámame para que vaya hacia ti caminando sobre el agua.

—Ven —dijo Jesús.

Pedro saltó de la barca y caminó sobre el agua hacia Jesús; pero cuando miró las olas que se agitaban bajo sus pies, tuvo miedo y comenzó a hundirse.

—¡Señor, sálvame! —gritó.

Jesús no dudó. Se agachó y le agarró la mano. Luego le dijo:

—¿Qué te pasa, cobarde?

Entonces los dos subieron a la barca y el viento se calmó. Los discípulos que estaban allí, después de haberlo visto todo, adoraron a Jesús y exclamaron:

—¡Verdaderamente eres el Hijo de Dios!

—Mateo 14:22-33 Biblia El Mensaje

Este relato, fuente de edificación y fortaleza para cristianos de todas las épocas, se inicia con una circunstancia adversa que amenaza la vida de los discípulos, pero culmina en un milagro que fortalece su fe y los prepara para la extraordinaria misión a la que serían enviados.

Una y otra vez, la Biblia —el Manual del Hombre— nos exhorta a confiar, a creer y a esperar que lo mejor está por venir cuando, en medio de la necesidad, clamamos a Dios y Él interviene a nuestro favor. Por lo tanto, no debemos ceder ante el miedo cuando enfrentamos un gran desafío, una situación apremiante o un problema que parece imposible de resolver. No debemos sucumbir a la derrota, al miedo ni a la desesperanza, pues contamos con Él, que obra para manifestar su poder, para que sea notorio a todos, para que su gloria sea conocida y para que todos proclamen el nombre del Señor. De la misma manera, actuará en tu vida. Él obrará el milagro que necesitas y que tú y los tuyos están esperando, para que todos exclamen: "Verdaderamente, este es el Hijo de Dios" y lo adoren.

Desafío personal

Hoy te invito a desear profundamente que tu fe se expanda y que crezcas en el conocimiento de Dios, de forma que puedas vislumbrar las grandezas que tiene reservadas para ti, cosas que ojo no vio ni oído oyó, maravillas que ni siquiera la mente humana ha podido concebir. Anhela que cada desafío, cada obstáculo que se presente en tu camino, se transforme en un milagro extraordinario, una manifestación palpable del amor y el poder divinos.

Este camino, a menudo, implica transitar senderos arduos y enfrentar procesos desafiantes. Recordemos a Pedro, llamado a realizar lo humanamente imposible: caminar sobre las aguas. Aquella osadía requería una fe inmensa, una confianza absoluta. Pedro, con valentía, dio el primer paso y, por un instante, la maravilla se hizo realidad. Caminó sobre la superficie del lago, desafiando las leyes de la naturaleza. Pero entonces, la fuerza del viento azotó su rostro, el miedo lo invadió y comenzó a hundirse.

Así nos ocurre cuando fijamos nuestra mirada en las circunstancias, en el mundo que nos rodea, en las opiniones ajenas o en nuestras propias limitaciones. Nos sentimos pequeños, insignificantes, impotentes ante la tempestad que arrecia. La tormenta crece, se fortalece, parece invencible, hasta que nos sentimos sucumbir bajo su furia. Pedro perdió el foco, desvió su mirada de Jesús y su fe vaciló. Iba por buen camino, pero apartó sus ojos del Maestro.

Si te has sentido identificado con esa experiencia, si alguna vez te has visto a punto de zozobrar, esta enseñanza trae consuelo y esperanza. A pesar de que nos hundamos, ese no es el final. Dios permanece a nuestro lado, Jesús sigue al timón de nuestra vida. En medio de la desesperación, Pedro clamó a Jesús: "¡Señor, sálvame!". Una oración breve sí, pero impregnada de la fuerza de su corazón, y el Señor la escuchó. Jesús extendió su mano, lo agarró con firmeza y lo levantó, pronunciando aquellas palabras que resonaron en el alma de Pedro: "Hombre de poca fe, ¿por qué dudaste?". Juntos subieron a la barca, enseguida la tormenta se calmó.

Querido amigo, era esencial que Jesús calmara primero la tempestad que rugía en el interior de Pedro, antes de apaciguar la tormenta exterior. Era necesario disipar la duda, la incredulidad, el temor que lo embargaban. Tal vez tu tormenta sea intensa, persistente, y haya consumido gran parte de tus fuerzas. Pero no te desanimes, algo extraordinario está por suceder, una manifestación del poder divino en medio de tu aflicción. Si has apartado tus ojos de Jesús, o si nunca los has fijado en Él, si sientes que te hundes en la desesperanza, te invito a mirarlo solo a Él. No lo olvides, Jesús está presente para socorrerte, para evitar que te hundas. Para su gloria y su honra, por la fe, todo es posible.

Oración

Amado Padre celestial, te doy gracias por esta enseñanza, por esta dosis de sabiduría que me revela cómo caminar en medio de cualquier dificultad, cómo tu mano poderosa me rescata de cada problema. Vuelvo a ti, Señor, y reconozco con profunda convicción que verdaderamente eres el Hijo de Dios, Señor de señores y Rey de reyes. Te adoro, Señor, porque tu mirada me sostiene, me infunde aliento y esperanza. Extiendo mi mano y me aferro a ti, buscando tu guía y tu protección.

Te suplico que aumentes mi fe para que pueda contemplar ese milagro que anhelo: un milagro de sanidad, de prosperidad, de protección. Libérame, Señor, de la tormenta interior que me asedia: la duda que carcome mi confianza, la incredulidad que nubla mi visión y el temor que paraliza mi actuar. Permite que, con una fe fortalecida, pueda ver cosas poderosas, realizar obras maravillosas en tu nombre, para que todos a mi derredor te glorifiquen y reconozcan tu grandeza.

Anhelo, Señor, experimentar tu poder en medio de mi tormenta. Tú eres nuestra única salvación, nuestra única esperanza en este mundo. En ti deposito mi confianza, consciente de que tu amor y tu misericordia me acompañan en cada paso del camino.

Te invito a reflexionar

¿Cuántas veces has mirado a Jesús y has visto milagros extraordinarios en tu vida? Recuerda y escribe tres de ellos y agradece a Dios por su poder y su amor. Dale la gloria y cuéntales a otras personas lo que Él ha hecho. Ahora, piensa en tres cosas en las que aún no has visto el poder de Dios. Reflexiona sobre qué tormentas internas tienes que permitir que el Señor calme en tu vida antes de ver esa situación resuelta (miedo, rencor, pesimismo, desorden financiero, debilidad, etc.) y pídele con todo tu corazón que intervenga para que veas el milagro y glorifiques al Señor.

____

____

____

Guardemos en el corazón

Al regresar Jesús a la barca, sosteniendo al conmovido discípulo de su mano, la adoración fluyó y la calma se instauró. Permite que Jesús entre en tu barca, en tu circunstancia, en tu pronóstico, en tu hogar, en tu familia, en lo más profundo de tu corazón y Él calmará tu tormenta.

FELIZMENTE CASADO

Es casi seguro que has escuchado esta estrofa de una canción que habla no solo del amor, sino de estar enamorados.

> Bésame la boca con tu lágrima de risa,
> Y bésame la luna y tapa el sol con el pulgar,
> Y bésame el espacio entre mi cuerpo y tu silueta,
> Y al mar más profundo, bésale con tu humedad.
> Bésame el susurro que me hiciste en el oído
> Y besa el recorrido de mis manos a tu altar
> Con agua bendita de tu fuente, bésame toda la frente
> Que me bautiza y me bendice esa manera de besar.
> Besa mis campos y mis flores con tus gotitas de colores.
> Besa la lluvia que resbala en la ventana
> Y besa mi vida y mis cenizas, me dirás que voy deprisa.
> Bésame y deja, con un grito, que lo logre...
>
> Bésame. Canción de Ricardo Montaner

¡Qué manera tan romántica, hermosa y hasta conmovedora de exaltar el amor de una pareja, en la que cada uno está lleno de ternura, pasión y entrega por el otro! Qué diferencia tan asombrosa con tantas canciones que nos inundan en la actualidad, y que lo único que producen es la degradación de la mujer y del amor conyugal, desvirtuándolo por completo y reduciéndolo a momentos y sensaciones, deseos, sufrimientos y venganzas; quitándole su esencia espiritual, en la que las almas y los cuerpos se funden en un amor verdadero y perdurable.

La música también la creó Dios, y créeme, a Él le encanta, pero cuando es utilizada para resaltar las hermosas cosas de su creación, como estas canciones románticas, de inteligente y hermosa composición, dignas de escuchar y dedicar a las personas que amamos. En mi opinión, me encanta el amor, el romanticismo y las canciones como estas. Cuando las escucho, pienso en mi esposa bella, mi Martha Ginneth, el amor de mi vida. ¡Sí! Nosotros nos cortejamos mutuamente todavía, con palabras lindas y canciones románticas que nos dedicamos los dos. ¡Eso es bello!

Pero es posible que muchos se puedan escandalizar, por lo que se han de preguntar: ¿Qué tiene que ver la espiritualidad, la reverencia y la adoración a Dios con el romanticismo humano? Pues quiero decirte que existe un libro completo en la Biblia, escrito por Salomón, el mismo que escribió inspirado por Dios entre la aparición de Proverbios y Eclesiastés. Se trata de El Cantar de los Cantares, que tiene ocho capítulos y es una exaltación a la mujer y al hombre que se aman bajo la cobertura de la bendición de Dios. El libro está compuesto por poemas que narran la historia de dos amantes, esposo y esposa, que se buscan, se separan y se reencuentran, hasta que finalmente se poseen y se expresan libremente el amor en todas sus dimensiones.

La Palabra de Dios dice:

Bésame, una y otra vez,
porque tu amor es más dulce que el vino.
¡Qué agradable es tu fragancia!
Tu nombre es como el aroma que se esparce
de aceites perfumados.
¡Con razón todas las jóvenes te aman!
¡Llévame contigo, ven, corramos!
El rey me ha traído a su alcoba.

—Cantar de los Cantares 1:2-4 (NTV)

Este texto hace honor al amor en la pareja que está delante de Dios y al gran deleite que representa el sexo dentro de este marco lícito que es el matrimonio, pues así lo diseñó Dios para ser disfrutado legítimamente y a plenitud.

Muchos matrimonios se están acabando porque creen que ese vínculo fue diseñado para matar el amor y, de ahí, expresiones como: "*Me eché la soga al cuello, me capturaron, etc.*". Sin embargo, es todo lo contrario, fue diseñado para darle ese escenario en el que se pueda desarrollar y expresar libre y sinceramente a través de la completa y placentera experiencia del amor íntimo. Además, para tener la compañía adecuada cuando vengan los momentos difíciles, así como compartir las mejores épocas de la vida. El matrimonio es lo que nos permite ser constantes y no abandonar la nave por cualquier motivo, por difícil que sea la circunstancia. El matrimonio es esa empresa para progresar juntos, esa relación que permite que sigamos creciendo en todo sentido y disfrutemos la bendición integral que Dios nos da y la transmitamos tanto a todo nuestro entorno como a la sociedad.

Como si fuera poco, el matrimonio es un pacto de sangre, pues cuando hay relaciones sexuales, hay sangre de por medio delante de Dios, quien fue el que hizo posible que este milagro sucediera: la unión de dos almas, carne y sangre. Esto es lo que hace que el matrimonio se consume y signifique que el hombre nunca abandonaría a su mujer, ni la mujer al hombre, ni a los hijos, ni a su hogar, pues este pacto también representa pertenencia. Todo lo que es de ella le pertenece al varón y todo lo que es de él, le pertenece igualmente a la mujer, por lo que ningún interés individual se ha de superponer al bien común.

Desafío personal

Hoy te estoy hablando a ti mujer y a ti varón que tal vez has pensado en abandonar la barca matrimonial... ¡Alto! ¡No lo hagas! ¡Renuncia a lo que has pensado hacer! Tu hogar no se puede acabar. No participarás en la cadena interminable de matrimonios "desechables", que se acaban por cualquier motivo. Por una razón poderosa y sobrenatural, estás leyendo esta *dosis*. Esto es para ti. ¡Dios te está hablando!

Si has pensado abandonar a tu cónyuge, y crees que la solución es conseguir otra pareja, tarde o temprano te darás cuenta de que esa otra persona no es perfecta; que tendrás que lidiar con los mismos desafíos, que tendrás las mismas luchas o quizá más duras. También tendrás la carga adicional del fracaso y la pesada responsabilidad por la ruina que has causado, el dolor a tu cónyuge, el sufrimiento a tus hijos, la vergüenza a tu familia, la cruel soledad que se va apoderando de ti, el resentimiento de todos los afectados y la pérdida de todas las bendiciones que Dios tenía preparadas para ti.

Es probable que puedas afirmar: Ella no cambia... Él me hizo esto... Ya no me atrae... Ya no lo quiero... Ya no la soporto... Ella ya no quiere... Él dejó de amarme... y todo lo que se te ocurra. Pero quiero decirte que todo es posible para Dios, pues como dice su Palabra, *el cordón de tres dobleces no se rompe pronto*. Si permites que Dios esté en medio de la relación, ¡Él la salva! Esa es su especialidad, la salvación. Él puede producir cosas nuevas, un nuevo corazón, un renovado y floreciente amor. Si solo se ponen de acuerdo para acudir a Dios. O, al menos, tú solo, o tú sola, puedes comenzar. Puedes ir delante de Dios y pedirle perdón por todos los errores cometidos contra ese regalo que Él te dio: tu matrimonio, tu hogar.

Entrega esa lucha, rinde esa carga delante de Dios, ante la cruz donde Dios lo dio todo por esa relación para que llegaran juntos a la vejez. Puedes decirle: "Yo no puedo, Padre, pero tú sí puedes". Y comienza a hacer los cambios necesarios. La Biblia dice que cuando queremos ver las respuestas de Dios, tenemos que comenzar por nosotros mismos y dar ejemplo. En mi caso, tuve que aprender, me equivoqué muchas veces, cometí errores, pero he venido cambiando, pues le he entregado mi vida y mi matrimonio a Dios cada día. Esta *dosis* es para decirte: ¡Sí se puede!

¡Basta con la cantaleta, mujer!, y ¡para ya con tu machismo, varón! Vuélvanse de corazón el uno hacia el otro. Pídanse perdón, seguramente se han hecho mucho daño, pero Dios puede restaurar el corazón, hacer que todo lo malo quede atrás. El amor cubre todas las faltas, así que pídanle un renaciente y fortalecido amor. Comiencen juntos a tejer nuevamente esos lazos de respeto, cariño, afecto, cortesía, amabilidad, comprensión y ternura. No se trata solo de leer esta *dosis*, sino también de poner su esfuerzo día a día y momento a momento, en un verdadero y sincero compromiso para quererse, disfrutarse, sentirse el uno, propiedad exclusiva del otro y ambos de Dios. Comienza hoy mismo diciéndole a tu cónyuge "bésame" y decidiendo ser felices hasta que la muerte los separe o hasta que Cristo venga por su Iglesia.

Entonces, ni la más linda secretaria, ni el más atractivo vecino, ni la suegra más antipática, ni el hijo más problemático, ni la más cruel de las crisis económicas o enfermedades podrán impedir que se sigan amando. Ni siquiera sus errores e imperfecciones, ni hechicería alguna, tendrá el poder para apagar el amor que Dios ha hecho resurgir en medio de sus corazones desde su precioso y santo trono.

Hoy en día Dios te dice que puedes seguir adelante, que Él está contigo en medio de todas tus circunstancias, que sigas amando, que todo se puede arreglar, todo se puede reconstruir de nuevo. ¡Claro que se puede!

Padre, hoy quiero orar por tantos que leen estas líneas, con la autoridad que tú me das.

Oración

En el nombre poderoso de Jesús, te pido que derrames sabiduría y entendimiento a todo el que lee esta dosis, que decida romper con aquello que no es lícito delante de ti, que acabe toda relación fuera del matrimonio. Hoy te pido que envíes una unción especial sobre las personas que están orando con sinceridad para que vuelvan a sentir un amor renovado en sus corazones y disfruten de su amor conyugal. Que tomen la decisión de protegerse, respetarse, tolerarse, perdonarse, acompañarse y amarse con ternura; que mantengan viva la llama del amor, que disfruten y se deleiten cada día, que bailen, se dediquen canciones románticas y se enamoren de manera constante. Que sus vidas sean una caricia permanente; que se nutran leyendo tu Palabra juntos, que oren y se congreguen para que se fortalezcan frente a las batallas de la vida y a las tentaciones del mundo. Con la autoridad que Dios me da, declaro que tu hogar va a ser restaurado, que el amor vuelve a tu matrimonio, que te enamoras de esa mujer que no querías y tú, de ese hombre que no soportabas, que tus hijos van a ser restaurados, que tu hogar va a ser un ejemplo para muchos.

Padre, creo firmemente que se pueden tener matrimonios para toda la vida. Sé que contigo, todo será mejor. Bendigo los hogares. Algún hogar necesita esta bendición. Voy a escuchar grandes testimonios de esta dosis, *en tu precioso nombre, Jesús.*

Te invito a reflexionar

Hay muchas tentaciones que se les presentan a los cónyuges para que abandonen al otro por la excitación y los placeres que se encuentran en cualquier otra parte cuando el matrimonio se vuelve monótono. Nunca fue el propósito ni la intención de Dios de que la total dedicación y entrega en el matrimonio fuera aburrida, sin emoción y rutinaria. Pero sí es nuestra responsabilidad, cuidarnos con cariños, expresiones románticas y muchos detalles que estimulen y aviven la relación que tenemos como pareja. Piensa en tres acciones que puedas comenzar a poner en práctica hoy mismo, en este preciso momento y que permitirán revitalizar esa emoción romántica que no debe extinguirse nunca.

____

____

____

Guardemos en el corazón

Disfruta del amor, pero solo con tu cónyuge. Tu amor y tu fidelidad solo le corresponden a él; ¡jamás se los entregues a otra persona! El que no es fiel con su cónyuge, no es fiel a sí mismo y no puede ser fiel a las cosas más importantes y sagradas de su vida.

ESPERAR EN EL SILENCIO

NOTAS

"Oh pueblo mío, confía en Dios en todo
momento;
dile lo que hay en tu corazón,
porque él es nuestro refugio".

—Salmos 62:8 (NTV)

Querido lector, seguramente estarás de acuerdo conmigo en que una de las experiencias más difíciles de la vida es *esperar;* me atrevo a asegurar que a nadie le gusta lidiar con la espera.

Escenas cotidianas como aguardar los resultados de un examen médico, el diagnóstico del galeno, la aprobación de un crédito, la admisión a la universidad o a un nuevo empleo, el afán por llegar al destino durante un largo viaje, aguardar una respuesta sentimental, etc., nos hacen meditar en cuánto nos cuesta estar tranquilos, sin querer anticiparnos ansiosamente a un posible suceso o resultado.

A pesar de todo eso, esperar es parte de la vida, así como los silencios musicales sin los cuales no podría disfrutarse de una bella melodía. Sin espera, no es posible la vida, y es ella la que va marcando el camino que debemos seguir. La espera no es otra cosa que el llamado de Dios a confiar en Él, como lo dice esta hermosa porción del salmo 62, citada al inicio de esta *dosis*, y que complemento con los siguientes versículos.

La Palabra de Dios dice:

"Solo en Dios halla descanso mi alma; de él viene mi
esperanza.

> Solo él es mi roca y mi salvación; él es mi refugio, ¡no caeré!
> Dios es mi salvación y mi gloria; es la roca que me fortalece; mi refugio está en Dios".
>
> —Salmos 62:5-7 (NVI)

Qué hermoso es saber que tenemos esta Palabra infalible, en la cual podemos meditar para entender todas las respuestas, todo el consejo y la guía que necesitamos; ella es nuestro *manual de instrucciones.* Aquí el salmista nos enseña —de manera acertada— que la espera tranquila y paciente solo es posible cuando hacemos de Dios el objeto de nuestra esperanza. Pero no solamente eso. Para David, Dios era su esperanza.

¿Tú también puedes decir que Dios es tu esperanza?

Esto cambia por completo nuestra visión de la vida y nuestra perspectiva de la espera. Confiar en Dios como nuestra roca, nuestra fortaleza y nuestro refugio nos permite experimentar completa paz y verdadero reposo. ¿El resultado? El Señor lo liberó de la desesperación, colocó sus pies sobre la peña, lo cual representa el equilibrio y la estabilidad emocional, y direccionó sus pasos, señalándole el camino de bendición que había preparado para él.

Desafío personal

Sé que esperar con confianza no es nada sencillo, sobre todo en medio de la prueba, cuando somos agobiados por las deudas o los problemas familiares, cuando no encontramos salida a diversos conflictos o surgen problemas inesperados. Nos llenamos de temor e incertidumbre, y a menudo nos sentimos tentados a tomar decisiones apresuradas. Hoy te digo: ¡No te precipites, espera en Dios! La clave está en mantenerte firme en lo que tu Creador te ha dicho.

Casi seguro que te preguntarás de qué manera te mostrará Dios lo que debes hacer. No existe un método único debido a que no es posible rotular a Dios ni encasillarlo en un libreto. Él puede darte la respuesta al brindar certeza y paz a tu corazón, abriendo o cerrándote puertas, a través de personas o circunstancias, o haciendo resonar su voz en tu mente y tu corazón. Nos irá haciendo entender su voluntad a medida que interactuamos con Él, pues no importa el método, sino que cultivemos una relación con Él. Entonces aprenderemos a escuchar su voz, conoceremos su voluntad y seremos guiados por su consejo. De lo contrario, será imposible oírlo, no podremos verlo actuar en nuestra vida.

Así que te invito a comenzar una relación con Dios, una amistad que se cultiva día a día, una comunión que va creciendo y se va fortaleciendo, que te llevará a estar más cerca de Él, a ser más sensible a su voz, a estar más atento y capacitado para comprender sus instrucciones.

¡Es la comunión con Dios la que te llevará a todas las respuestas que estás esperando!

Oración

Muchas gracias, Padre, por ser nuestra completa esperanza, nuestro refugio seguro, nuestro pronto auxilio, nuestro pastor y nuestro guía. Oro por cada lector de esta dosis, para que establezca una verdadera relación contigo y para que a través de su comunión diaria, experimente que tú caminas a su lado; que pueda ser más sensible para percibir tu voz y recibir esa guía que necesita; que hoy, cada persona que ora con fe, experimente la respuesta que tienes para él, y pueda estar seguro y tranquilo en todo momento y circunstancia, y que sepa esperar en silencio delante de ti, porque tú eres la esperanza segura.

Te invito a reflexionar

Escribe alguna dificultad que tengas o la instrucción que necesitas de parte del Señor y anota al frente las siguientes frases:

- Espero en el cumplimiento de tus promesas.
- Declaro que tu ayuda está en camino.
- Tú tienes el control de todo.
- Sigues en el trono.
- Nada te toma por sorpresa.

Luego da gracias y expresa en voz alta: “Decido confiar en ti hasta el final”.

Te aseguro que experimentarás la paz que solo Jesús te puede dar y que lo verás actuar a tu favor en un despliegue de respuestas y milagros, pues nada es imposible para Él.

____

____

____

Guardemos en el corazón

La espera paciente inclinará el oído de nuestro Señor, que nos rescatará de la desesperación y pondrá nuestros pies sobre roca firme; además, nos permitirá dar pasos seguros hacia la victoria.

EMERGENCIAS

27

NOTAS

Querido lector, estoy seguro de que has escuchado este hermoso ejemplo del que nos habló nuestro Señor Jesús en su Palabra, sobre lo que tenemos que hacer en todo momento y circunstancia durante nuestro paso por esta tierra.

> *Les dijo: Había en cierto pueblo un juez que no tenía temor de Dios ni consideración de nadie. En el mismo pueblo había una viuda que insistía en pedirle: "Hágame usted justicia contra mi adversario". Durante algún tiempo él se negó, pero por fin concluyó: "Aunque no temo a Dios ni tengo consideración de nadie, como esta viuda no deja de molestarme, voy a tener que hacerle justicia, no sea que con sus visitas me haga la vida imposible".*
>
> —Lucas 18:2-5 (NVI)

En lo particular, esta mujer de la historia me recuerda a los niños, que son grandes maestros en muchas cosas. Una de sus más bellas características es su nobleza y su humildad, lo que los lleva a pedir ayuda cuando la necesitan. Si no pueden hacer algo, si tienen algún problema o necesidad, o temen alguna amenaza o peligro, inmediatamente llaman a un adulto o incluso a la policía; insisten en que alguien los escuche y no se dan por vencidos fácilmente. ¡Ellos sí que saben pedir ayuda!

Sin embargo, con los adultos ocurre muy distinto, aunque suponemos que somos más inteligentes y capaces de encontrar respuestas a todo. No obstante, fallamos al prescindir de la necesaria y oportuna ayuda que otras personas pueden brindarnos, ya sea por orgullo o porque no queremos reconocer nuestras debilidades y limitaciones. Aun cuando presumimos que somos más fuertes, no lo podemos resolver todo. Es más, no lo sabemos todo, por lo que siempre necesitaremos ayuda de los demás. De manera que siempre nos resultará más sabio pedir ayuda a una autoridad, a un familiar, a un pariente o un amigo, cuando nos hallemos en diversas pruebas y dificultades.

Lo mismo nos ocurre muchas veces con respecto a Dios, aunque siempre está dispuesto a escucharnos y a atendernos. Nuestra terquedad hace que no recurramos a su ayuda. Él siempre está dispuesto a acompañarnos, pero muchas veces luchamos solos hasta quedar exhaustos, derrotados y consumidos; no miramos a Él, siendo que es nuestra mayor e inagotable provisión.

Y es que Dios ha dispuesto una línea de atención permanente, con respuesta inmediata para toda la humanidad. Ya sea que se trate de un niño, un joven o un adulto, o en cualquier tipo de necesidad. Hay una línea de emergencia siempre abierta para cada uno de nosotros y esta es: "Mateo 7:7".

La Palabra de Dios dice:

> Pidan y se les dará; busquen y encontrarán; llamen y se les abrirá.
>
> —Mateo 7:7 (NVI)

A través de esta hermosa palabra, Dios nos recuerda que no estamos solos, que podemos acudir a Él en todo momento como si se tratara de una línea de emergencia garantizada, día y noche, y en toda circunstancia: cuando estamos angustiados, desanimados, perdidos sin saber qué hacer o entristecidos por una pérdida; cuando estamos agobiados por los enemigos; cuando se nos cierran las puertas, cuando estamos en peligro o en una necesidad de cualquier tipo, incluso, cuando estamos alegres y hemos tenido éxito y todo nos está saliendo bien, pues también en esas circunstancias lo necesitamos.

Sin embargo, ¿qué tal acudir a Él cuando estamos a punto de caer en una tentación, de cometer un error o a punto de apartarnos del camino que a Él le agrada? Si pidiéramos su ayuda en tal situación, Él nos fortalecería con su Espíritu y no nos dejaría caer, nos tomaría de su mano y nos sustentaría, nos daría fortaleza y sabiduría, y nos levantaría en victoria.

Lo que nos enseña la Biblia, al invitarnos a acercarnos confiadamente a su trono para hallar misericordia y gracia para el oportuno socorro, es algo muy profundo. Si solo atendiéramos a ese llamado y no lo evadiéramos, estaríamos a salvo siempre. ¡Qué tesoros tan grandes encontramos en su Palabra; tesoros que, muchas veces, no queremos descubrir ni aprovechar!

Desafío personal

Sea cual sea la dificultad, ¡marca Mateo 7:7, vuelve y márcalo, insiste, no te canses!

Cree en su Palabra y acude a esta línea directa con tu Salvador. Dios está buscando personas que le crean y lo busquen con la seguridad de que les va a responder, con la confianza en que recibirán la solución precisa y oportuna.

Cuando sientas que ya no puedes enfrentar más un problema, que una necesidad económica te asfixia, que la enfermedad se apodera de tu cuerpo o de tu mente, que te estás desvaneciendo, solo tienes que llamar. ¿Estás a punto de caer? No esperes a decir: "No pude hacer nada al respecto"; antes de eso, ¡marca! Él está esperando, atento, pendiente y fiel para atenderte de inmediato. Hallarás consuelo, paz, respuestas y todo lo que necesites. Él enviará ángeles que te cuiden en todos tus caminos.

No te quedes sin Dios, como lo hace el ateo (*a* significa sin y *teo* significa Dios). Qué conmovedor es saber que hemos creído en Él, que le hemos aceptado como nuestro Salvador y que contamos con su ayuda poderosa.

Sé que te preguntas cómo lo puedes escuchar y, precisamente, quiero decirte a través de esta *dosis* que eso sucede por medio de una relación diaria que cultivas con Él, en la cual aprendes a escuchar su voz. Así que, aférrate a su mano, párate en sus promesas y dile: "Necesito que me enseñes tu Palabra, guíame porque tú eres mi Dios, dirígeme por camino recto, respóndeme porque a ti clamo".

Oración

Gracias, Padre, por tu promesa, por tu Palabra que es fiel y verdadera. Bendigo a cada lector de esta dosis y declaro que recibirá todo lo que pida, que hallará todo lo que busca y que se le abrirá la puerta que está tocando; que una gran bendición se derramará sobre él, sobre ella, sobre todas las familias, en el nombre poderoso de Jesús.

Te invito a reflexionar

La mujer de la historia con el juez nos da un contundente ejemplo de sabiduría en cuanto a acudir a la línea correcta, y de insistencia para no desfallecer; pues pidió, y siguió pidiendo; buscó, y siguió buscando, y llamó, y siguió llamando.

Asimismo, escribe aquellas cosas que crees que aún no han recibido respuesta y pídelas a la línea de emergencia con toda tu fe y tu amor. Registra cómo y cuándo te responde Dios y cuenta el testimonio a tu familia y a tus amigos.

____

____

____

Guardemos en el corazón

Cuando llamamos al Señor con un corazón tierno e infantil, Él no solo nos dará la respuesta, sino que nos hará sentir su amor y su presencia. Además, nos hará comprender cosas maravillosas y sorprendentes.

EL PATO HERIDO

28

NOTAS

Un hombre rico de apellido Stanford, que era aficionado a la cacería, frecuentemente se hacía acompañar —en sus faenas por el lago— de su empleado Amós, para que recogiera los patos después de dispararles con su rifle.

Casi siempre, esas jornadas se caracterizaban por las burlas del granjero cazador, quien hacía mofa de la fe de Amós, pues siempre estaba alegre y se mantenía mencionando a Dios, oraba cada día y cantaba himnos mientras hacía su trabajo con entusiasmo. Era un cristiano muy comprometido, lo que molestaba al señor Stanford, que le decía:

—No sé por qué lees la Biblia y crees toda esa charlatanería religiosa. ¿Qué provecho sacas? Yo no creo en Dios y soy el hombre más rico del condado. Tú, en cambio, eres cristiano y no tienes nada.

—Es verdad, señor Stanford, pero tengo a Dios que cuida de mí —contestó Amós.

—¿Qué dios hace eso? —inquirió el señor Stanford con su habitual risa déspota y burlona.

Amós se limitó a sonreír. El señor Stanford continuó:

—Y otra cosa más... te quejas por el modo en que el diablo siempre te pone a prueba. En cambio, a mí nunca me molesta. ¡Explícame eso! —Amós remó y acercó el bote a la orilla— entonces respondió:

—Cuando usted sale a cazar patos, señor Stanford, ¿cuáles me pide que recupere primero: los que están heridos o los que están muertos?

—¿Qué pregunta es esa, muchacho? Pues, los que están heridos, ¡claro! Todavía pueden levantar el vuelo y escapar —replicó con arrogancia.

—Pues lo mismo sucede con usted y conmigo, señor Stanford. El diablo me persigue porque sabe que yo todavía puedo levantar el vuelo. Usted, por el contrario, es un pato muerto. Ya no tiene que preocuparse porque usted se le escape de sus manos.

¡Qué historia tan real para describir la gran responsabilidad que todos los seres humanos tenemos de decidir si nos colocamos o no, bajo la sombra protectora del Todopoderoso! Tenemos libre albedrío para definir cada paso de nuestra vida pero, a veces, no somos conscientes de los distintos caminos por donde esas decisiones nos pueden conducir. Qué bueno poder reflexionar a tiempo, a través de esta *dosis,* sobre la gran diferencia que representa vivir en esta tierra bajo nuestros propios limitados y escasos recursos, o vivir bajo la fuerza, el poder y la protección de Aquel que hizo los cielos, la tierra y todo lo que existe, y cuyo trono es inmutable.

La Palabra de Dios dice:

> El Señor se mantiene lejos de los impíos, pero escucha las oraciones de los justos.
>
> —Proverbios 15:29 (NVI)

En lo personal, me llena de paz y tranquilidad creer lo que dice la Biblia, el Manual del Hombre, respecto del cuidado que Dios tiene por cada uno de sus hijos, los que se acercan a Él con humildad y reconocimiento, invitándolo a que entre en sus vidas y tome el control de su ser. Esos son los justos, los que —a través de su fe en el Señor Jesucristo— aceptan su obra redentora en la cruz y confían plenamente en el plan de Dios para sus vidas. Si eres uno de ellos, me alegra inmensamente contarte que nadie puede cuidarte como Dios. No existe un seguro de vida tan efectivo, completo y real, como el que Dios te brinda, y no hay un problema, dificultad, ataque ni adversidad que pueda invalidar esta cobertura que Él ha extendido sobre ti.

No hay nada que pueda cambiar la maravillosa verdad de que eres un hijo, una hija amada de Dios. A veces, pudiera parecer que las circunstancias te están siendo contrarias y pudieras llegar a sentirte solo y desprotegido. Hoy quiero reiterarte que Dios siempre ve, siempre escucha, siempre está atento para rescatarte. Si sientes que estás en una prueba muy difícil, o que se está prolongando demasiado en el tiempo, entonces es porque estás siendo preparado para un crecimiento mayor, para el fortalecimiento y desarrollo de todo el potencial que Él te ha dado; exactamente como el niño que, para aprender a caminar, debe caerse varias veces, pero cada caída le enseña cómo hacerlo mejor y cada vez que se levanta, se hace más fuerte. Es por eso que la Biblia nos reitera que, a los que aman a Dios, todo —absolutamente todo, hasta las pruebas y las dificultades— les ayuda a bien, pues Él tiene el poder para ponerlas a nuestro favor y beneficio.

Si, por el contrario, no has sido una persona de fe hasta este día, tengo que decirte —de la misma manera— que la Palabra de Dios también se va a cumplir en tu vida. Que has alejado la protección y el cuidado de Dios sobre ti. Que has salido de su ala poderosa y que la sombra del Omnipotente ya no te cubre. ¡Pero hoy es el maravilloso día en que puedes decidir volver a Él!

Desafío personal

Ponerte en la mira de Dios, estar al alcance de su vista, es algo que tú y yo podemos decidir en la medida en que le creamos y nos acerquemos a Él. Si lo haces, hay una promesa para ti, una que guardo en un lugar muy especial de mi corazón y que hoy te quiero dar a conocer. Es aquella en la que Dios promete que, por el hecho de ser sus hijos, Él nos hará entender y nos enseñará el camino en que debemos andar, y algo muy bello... fijará sus ojos sobre nosotros, mantendrá su mirada enfocada y nada lo hará apartar su atención de nuestras vidas; no se le escapará ningún detalle por pequeño que sea, en el cumplimiento de su perfecta voluntad y de sus pensamientos de paz para nosotros. Así como un padre, en medio de una multitud de niños, puede identificar al que es suyo; o en medio de muchas voces puede reconocer, sin equivocación alguna, la que corresponde a su pequeño niño; Dios reconoce nuestra voz inconfundible y particular, identificándonos dondequiera que estemos.

Oración

Muchas gracias Dios por esta dosis, por estas enseñanzas, por tu hermosa Palabra que hoy podemos comprender y aplicar, por la inmensidad y solidez de tu amor. Cuánto te agradecemos por tener planes maravillosos con cada uno de nosotros, planes basados en tu eterno amor. ¡Cuán felices nos sentimos al saber que tienes el control de todas las cosas y haces que cualquier situación obre para nuestro bien y aun la adversidad se vuelva a nuestro favor! Gracias porque tu protección es segura y nos quieres cuidar todos los días; porque hoy nos revelas que somos como la niña de tus ojos, que estamos tatuados en tu brazo y esculpidos en tu corazón y que, de allí, nada ni nadie nos puede arrancar. Dile junto conmigo: "Hoy me coloco bajo tus alas poderosas y decido residir bajo tu sombra protectora". Bendecimos este día, y te damos gracias, en el nombre poderoso de Cristo Jesús. Amén.

Te invito a reflexionar

Piensa en todas las circunstancias en que Dios te ha salvado, ha metido su mano para rescatarte y te ha ayudado, defendido y cuidado. Anótalas y da gracias por cada una de ellas. Sé como el salmista David, que hacía un listado de todos los beneficios recibidos y así enternecía su alma para alabar a Dios. Estoy seguro de que esta práctica lo levantaba, lo animaba y lo fortalecía en los momentos de duda y debilidad. Eso también sucederá contigo.

____

____

____

Guardemos en el corazón

Un león atacaba a un pequeño osezno, cuando un rugido portentoso se hizo escuchar en medio de la vegetación. El depredador huyó despavorido y el osezno fue consolado por su valiente madre. El león no tuvo que verla para advertir su presencia y salir huyendo. Así somos nosotros, así soy yo, así eres tú. Tenemos a Dios que, invariablemente, estará allí para defendernos siempre; así que no temas, entrega tu vida a Él y ¡vive con confianza y seguridad, todos los días de tu vida!

29

EL MANUAL DEL HOMBRE

NOTAS

¿Te resulta familiar esto?

Ves a alguien comiendo algo que nunca has probado, mientras observas sus expresiones de gusto y placer. Tú también quisieras tener esa sensación, pero no te atreves a tomar un bocado porque el aspecto del alimento no te parece conocido. No tienes una referencia en tu mente de algo similar y, aunque esa persona te lo describa con todos los detalles, nunca lo entenderás a menos que lo lleves a tu boca y lo degustes tú mismo.

Esto es lo que sucede con la gran mayoría de las personas que van a la iglesia y, con fervor sincero, esperan a que el pastor o líder espiritual les predique la Palabra de Dios; anhelan que la persona que preside el encuentro, les transmita la misma experiencia de paz, fortaleza y de consuelo, que vivió cuando se encontró con Dios en un momento especial de oración y meditación en su Palabra, mientras preparaba el sermón o la enseñanza que iba a comunicar a su feligresía. Por más que intentes, siempre faltará algo vital para que ese conocimiento llegue a tu corazón e imprima su huella de amor en ti.

Lo que sucede con la Palabra de Dios es que ¡está viva!, y no es suficiente con escucharla; es necesario tomarla en las manos, tocarla, mirarla, leerla, degustarla, consultarla y creer en ella, considerándola nuestra guía infalible.

Y no es para menos. El gran Dios creador de todo lo que existe, incluyendo al hombre, no nos enviaría a este mundo sin una instrucción. Si hasta el aparato más simple se vende con un manual de uso hoy en día, ¿cómo no lo va a tener el ser más extraordinariamente complejo de la creación? Y eso es lo que la Biblia representa. La planificación inteligente de un

Dios amoroso que no nos envió al mundo sin proveernos de sabia instrucción. En cambio, tenemos una ruta de navegación infalible, una brújula que no se avería jamás y que siempre nos va a señalar el camino correcto para que lleguemos seguros a puerto, para que alcancemos la maravillosa meta que Él ha señalado para cada uno de nosotros. Es por eso que yo le digo: el Manual de Instrucciones del ser humano o, en otras palabras, el Manual del Hombre.

La Palabra de Dios dice:

> Tu palabra es una lámpara que guía mis pies y una luz para mi camino.
>
> —Salmos 119:105 (NTV).

Muchos hombres y mujeres que han dejado huella en el mundo han encontrado en el Manual del Hombre la fuente de sabiduría, fortaleza, paz, consuelo y esperanza que han requerido para vivir a plenitud, cumpliendo el propósito para el cual fueron creados y dejando un legado de bendición en este mundo. Uno de ellos fue el rey David, que a través de este hermoso Salmo 119, nos inspira a hacer de la Biblia el recurso más valioso de nuestra vida, la joya más preciosa, el mayor de nuestros tesoros, pues reúne todo lo que es verdaderamente necesario y útil en esta vida y en nuestro paso por esta tierra.

Desafío personal

Hoy te invito a que consideres tu vida como la creación más preciosa que Dios ha hecho. Tan preciosa que no la dejó a merced de las circunstancias ni de la voluntad de otras personas. Es tan significativa que Él mismo se atribuye su autoría y generosamente asume ser tu guía perfecto y confiable para llevarte a buen puerto, es decir, al cumplimiento de su buena voluntad, agradable y perfecta, a sus pensamientos de paz y de bien para darte el fin que anhelas.

Lo único que necesitas es tomarte a ti mismo muy en serio, como lo hace Él. Así como estás dispuesto a leer la guía de instrucciones de tu teléfono de última generación tecnológica o del electrodoméstico inteligente que adquiriste a un precio muy alto, pues no quieres averiarlo sino —por el contrario— darle el mejor uso y aprovechar óptimamente sus múltiples funciones —que te harán la vida más fácil— con la misma disciplina y constancia debes dedicar tiempo —en cantidad y de calidad— para estudiar y consultar la Palabra de Dios, tu Manual de Vida.

Oración

Padre, gracias por este manual maravilloso de instrucciones que me dejaste. Gracias porquè tu Palabra me exhorta, me previene, me aconseja, me ayuda y me da luz para que ya no ande más en oscuridad. Ella también me señala tu verdad, la que me hará libre de cualquier mentira que el enemigo quiera sembrar en mi mente para desanimarme, confundirme y hacerme tropezar. Gracias, Señor, por el privilegio que tengo de que seas tú directamente el que habla a mi vida, por lo que te pido que me des perseverancia para buscarla cada día; sabiduría para tener comprensión profunda de tu voluntad, y fuerza y poder de tu Espíritu para obedecerla y cumplirla.

Te invito a reflexionar

Cierra los ojos y respira profundamente. Siente la presencia de Dios a tu lado como un rayo de luz que penetra en tu ser, llenándote de paz y tranquilidad. Ahora, recuerda tres momentos especiales en tu vida cuando sentiste que Dios te guiaba, que estaba a tu lado, amándote y cuidándote. Escríbelos a continuación, confía y da gracias porque Él seguirá guiándote en este hermoso viaje que es la vida.

____

____

____

Guardemos en el corazón

Somos como un barco a la deriva buscando un puerto seguro, como un caminante perdido necesitando el resplandor de la luna que ilumine su sendero. Y hoy, que has encontrado el puerto, has visto por fin el camino. Aférrate a esa preciosa luz que te guía que es la Palabra de Dios y nunca dejes de seguirla, pues te llevará feliz a tu maravilloso destino.

30

DEL LLANTO A LA ALEGRÍA

NOTAS

Querido lector, seguramente estarás de acuerdo conmigo en cuanto a esta afirmación:

A lo largo de la historia, la humanidad ha sido marcada por el dolor, la injusticia y la crueldad. Cada ser humano lleva consigo las cicatrices del alma, producto de las heridas infligidas por otros, acarreando consecuencias no menos desastrosas como la venganza, la ira y el resentimiento, las cuales se anidan en nuestros corazones, ensombreciendo nuestra alegría y comprometiendo nuestra salud.

Sin embargo, hay una verdad que trasciende todas nuestras experiencias: Dios es capaz de transformar nuestro dolor en esperanza. Cuando colocamos nuestra vida en sus manos y confiamos completamente en su cuidado y su protección, toda la cronología de nuestra vida queda bajo su absoluto control. Todo nuestro pasado, presente y futuro es filtrado a través de su amoroso, perfecto y soberano plan, dándole un nuevo significado a todo lo que nos ha pasado y haciendo que todo obre para nuestro bien. Entonces, en medio de las tormentas, podemos encontrar la paz y la fuerza que necesitamos para seguir adelante.

A lo largo de mi vida, he aprendido que nada sucede por casualidad. Cada dolor, cada alegría, cada desafío, ha sido una pieza fundamental en mi crecimiento espiritual. Dios ha utilizado hasta las situaciones más difíciles para moldearme y hacerme más fuerte. Eso también sucederá contigo, solo debes creer en que Dios tiene un plan perfecto para tu vida y confiar en su sabiduría y amor.

La Palabra de Dios dice:

Al reflexionar sobre la muerte de su padre, los hermanos de José concluyeron: "Tal vez José nos guarde rencor y ahora quiera vengarse de todo el mal que le hicimos". Por eso le mandaron a decir: "Antes de morir tu padre, dejó estas instrucciones: 'Díganle a José que perdone, por favor, la terrible maldad y el pecado que sus hermanos cometieron contra él. Así que, por favor, perdona la maldad de los siervos del Dios de tu padre'".

Cuando José escuchó estas palabras, se echó a llorar.

Luego sus hermanos se presentaron ante José, se inclinaron delante de él y dijeron:

—Aquí nos tienes; somos tus esclavos.

—No tengan miedo —les contestó José—. ¿Puedo acaso tomar el lugar de Dios? Es verdad que ustedes pensaron hacerme mal, pero Dios transformó ese mal en bien para lograr lo que hoy estamos viendo: salvar la vida de mucha gente. Así que, ¡no tengan miedo! Yo cuidaré de ustedes y de sus hijos.

De ese modo José los consoló, pues les habló al corazón.

—Génesis 50:15-21 (NVI)

La Biblia, nuestro manual de instrucciones, nos habla de un personaje cuya vida ha ejercido una poderosa influencia en los cristianos de todas las épocas. Se trata de José, el hijo de Jacob, quien fue vendido por sus propios hermanos, acusado injustamente, echado a la cárcel y dejado en el olvido por muchos años; a pesar de las adversidades más crueles, encontró en su fe la fuerza para perseverar, pues creía que había un propósito divino detrás de todo lo que le sucedía. Su vida, aunque marcada por la injusticia y el dolor, al decidir seguir el camino que Dios le señalaba, manteniéndose fiel a Él y a sus principios, se transformó en un faro de esperanza; demostrándonos que incluso en las etapas más oscuras, la luz de Dios nos alumbra hacia un maravilloso destino. A José, las pruebas no lo hundieron, no lograron destruirlo, solo lo capacitaron y lo prepararon para el futuro glorioso que le esperaba y la gran misión que habría de cumplir.

Desafío personal

Esto, querido amigo, también te puede pasar a ti, que tu éxito venga al final de un camino sembrado de dificultades, y que estas sean usadas por Dios para darte la fuerza y la humildad necesarias para permanecer en la victoria. Por eso, nuestro Padre no quiere que nos enfoquemos en los males que nos han hecho, en el dolor que nos han causado, en los sufrimientos y dificultades que hemos tenido en la vida. Él quiere que nos centremos en su amor y en su magnífico poder para cambiar todo y volverlo a nuestro favor.

Así que te insto a ser paciente para esperar la guía de Dios, para seguir caminando en sus sendas, para que sigas leyendo la Palabra de Dios hasta que su propósito contigo te sea revelado. Debes estar completamente seguro de que tu victoria va a llegar, tu tiempo se aproxima. El dolor no es eterno. La dificultad no dura para siempre. ¡Ten ánimo, persevera, persiste!

Por otra parte, José nos enseña que para continuar hacia la victoria hay que soltar todo lo que te ata al pasado, como lo es el resentimiento, la amargura y la venganza. Renuncia a eso, pide a Dios que te capacite para perdonar a quien te hizo mal. José entendió en medio de lágrimas que debía perdonar de corazón la maldad de sus hermanos, pues Él no era Dios. Asumir el juicio y la venganza era querer sentarse en el trono de Dios, lo que tendría consecuencias desastrosas para él, sus hijos y toda su familia. Así que renunció a cobrar sus faltas y se hizo el mayor bien a sí mismo, pues fue lleno de paz, de tranquilidad y de alegría. Dios lo siguió prosperando de maneras sorprendentes al punto que se ganó el amor, el respeto y la admiración de sus hermanos y de todo su pueblo.

Tú también puedes soltar el pasado y perdonar a tu enemigo, pues eso que pasó, Dios lo convierte a tu favor. Eso que te hicieron buscando tu mal, Dios lo cambia para bien. Él transforma tu dolor en bendición. Él usa todo lo injusto o lo vil que te sucedió o te hicieron en tu mayor fortaleza. Solo debes perdonar, soltar y confiar en lo que Dios tiene para ti, y que nada ni nadie puede separarte de su amor y de su maravilloso plan de vida abundante.

Oración

Padre bueno y eterno, gracias por esta dosis que me hace comprender que tus hijos siempre ganamos porque, aun cuando vivamos circunstancias difíciles, tú las conviertes para bien. Al igual que los personajes bíblicos, podemos encontrar significado en el sufrimiento y crecer espiritualmente a través de las adversidades. Por eso asumimos la responsabilidad y el privilegio de pregonar al mundo que entregarte la vida es lo mejor que podemos hacer, que confiar en ti es nuestro mayor tesoro, y que eres el único digno de toda alabanza, exaltación y gloria. Descansamos en ti completamente. Declaro una lluvia de bendición para cada persona que lee, cree y aplica la enseñanza de esta dosis, en el nombre poderoso de Jesús.

Te invito a reflexionar

Así como grandes personajes de la Biblia experimentaron dolor, pérdida y traición —tal cual nosotros mismos— y, a través de su fe, lograron superar cualquier obstáculo y alcanzar la grandeza, reflexiona sobre tu camino y escribe ¿Qué lecciones puedes aprender de la vida de José? ¿Cómo puedes aplicar estos principios a tus propias circunstancias? Comienza ahora mismo y descubre el poder transformador de la fe.

____

____

____

Guardemos en el corazón

Hay capítulos de nuestra vida que están llenos de pruebas y tribulaciones, pero es precisamente en esos momentos cuando descubrimos el verdadero propósito de nuestra existencia. Determina vivir libre de rencor, de dolor y de amargura, y siempre irás adelante y nadie te podrá detener. Las pruebas no te podrán destruir, solo te harán más fuerte.

31

AFILA TU HACHA

NOTAS

En cierta ocasión, un joven llegó a un campo de leñadores con el propósito de conseguir trabajo. De modo que habló con el jefe de los empleados y este, al ver el aspecto y fortaleza de aquel joven, lo aceptó de inmediato.

—¡Listo! ¡Lo espero mañana a primera hora para que comience a trabajar con nosotros! —le dijo.

En su primer día en la montaña, el muchacho trabajó duramente y cortó muchos árboles con su hacha; sin embargo, aunque el segundo día trabajó tanto como el primero, su producción fue casi la mitad. Al tercer día, se propuso mejorar su rendimiento desde el primer momento, así que golpeaba el hacha con furia contra los árboles pero, por mucho que desbordó su energía en ello, los resultados fueron muy malos.

Cuando su jefe se dio cuenta de la escasa producción de su nuevo empleado, le preguntó:

—Joven, ¿cuándo fue la última vez que afiló su hacha?

—La verdad es que no he tenido tiempo para hacerlo, he estado excesivamente ocupado cortando árboles y apenas me queda aliento para dormir y levantarme muy temprano para volver a mi jornada —respondió el leñador.

Este relato nos hace reflexionar sobre la forma en que hemos llevado nuestra vida hasta el día de hoy. Es posible que estemos invirtiendo todas nuestras ganas, tiempo y esfuerzo en nuestro trabajo, escuela, negocios, deporte, relaciones, etc., pero lo único que logramos es la frustración de no alcanzar los resultados esperados, como en la historia del joven leñador.

Quizás nos hemos ocupado tanto en nuestros quehaceres y responsabilidades, que no nos tomamos un momento para detenernos y dedicarnos el tiempo necesario para descansar, reponer nuestras fuerzas, ordenar nuestra mente, analizar nuestros resultados y reencauzar nuestros esfuerzos, y así lanzarnos con mayor ahínco a la conquista de nuestros sueños. Es factible que el estrés, el esfuerzo excesivo y la preocupación puedan afectar negativamente nuestro desempeño, nuestra salud y los tiempos de calidad con nuestra familia, en otras palabras, lo que resulta fundamental en nuestras vidas. También puede suceder que, hemos querido iniciar un proyecto sin el conocimiento, asesoría, experiencia, habilidades o recursos necesarios, lo cual nos ha conducido al fracaso. Quizá no hemos sido sabios para hacer un alto y analizar en qué radican los errores, ni hemos sido humildes para reconocerlos y aceptarlos, ni valientes para corregirlos. Pero hay algo aún más revelador en la Biblia, el Manual del Hombre, sobre la pérdida de nuestro "filo" en la vida.

La Palabra de Dios dice:

Por la mañana, Señor, escuchas mi clamor;
por la mañana te presento mis ruegos
y quedo a la espera de tu respuesta".

—Salmos 5:3 (NVI)

En la historia inicial del leñador que quería cortar muchos árboles sin descanso y cuyos resultados aminoraban gradualmente, se revela el error que cometía: no se detenía a tomar aire para afilar su herramienta. Era cada vez menos eficiente, cortaba menos árboles y se sentía peor.

En la faena de la vida, el salmista nos presenta lo que significa "afilar el hacha". Eso tiene que ver con volver a nuestro manantial de poder, a nuestra fuente de energía, a quien nos da vida. "Afilar el hacha" consiste en encontrar a Dios cada día, conectándonos con Él a través de la oración, sin distracciones ni interrupciones. Tiene que ver con aprender a escuchar su voz, a recibir y a creer sus maravillosas promesas que nos alientan y nos aseguran que el Señor está cerca de todos los que le buscan con sinceridad, que está al alcance de todos los que le invocan de veras. En consecuencia, podemos sentirnos seguros, amar a los demás y conectarnos con los valiosos planes y propósitos que Dios tiene para cada uno de nosotros.

Si aprendemos a "afilar el hacha" como lo hacía el rey David, podremos salir cada mañana para superar todo lo que venga en contra de nosotros, enfrentaremos con valentía nuestros retos y desafíos, y podremos cortar todo lo que nos distrae, nos confunde y nos aparta del excelente propósito que Él nos dio de glorificarle. A pesar de haber experimentado muchas dificultades en el pasado, podremos superarlas y canalizarlas para nuestro bien si aprendemos a escuchar la voz de Dios y a seguir su instrucción. No escucharla es actuar contra nosotros mismos, ya que significa alejarnos de su protección, su cuidado y su dirección.

Desafío personal

Es muy fácil perder la perspectiva cuando solo nos centramos en los resultados. Cuando no nos disponemos a tomar un respiro y reflexionar sobre la situación actual. Apenas decidimos hacer un alto, empezamos a apreciar detalles que los afanes no nos dejaban ver antes; pero no siempre es sencillo detenernos y, cuando queremos hacerlo —al instante— pensamientos de culpa o temor nos asaltan y nos gritan que descansar es una pérdida de tiempo. Ahora bien, es hora de actuar agresivamente contra ese mensaje erróneo. No llevemos más nuestra existencia al límite, ¡los efectos no se harán esperar!

Solo basta con mirar a Cristo, que ejemplificó una verdadera vida de devoción. El Hijo de Dios, que vino para ser nuestro modelo de hijo que cada uno de nosotros debe ser; que vivió como un hombre de oración; y que nos pidió que lo imitáramos, ya que en ese hermoso hábito siempre radicó su victoria.

Oración

Amado Dios, gracias por tus sabios consejos. Perdónanos cuando dejamos que la prisa y la indisciplina hagan mermar nuestra vitalidad, absorbiendo nuestra energía de tal forma que no nos quede tiempo ni para agradecer todo lo que haces diariamente por nosotros. Ayúdanos a tomar las mejores decisiones en lo que respecta a la administración de nuestro tiempo, el cual nos otorgas con generosidad para vivir, trabajar, pero especialmente para adorarte y servirte. Hoy reconocemos que nuestra prioridad más importante es correr a tus brazos, para que nos liberes de nuestras pesadas cargas, nos brindes instrucción y nos concedas tu favor. Solo en tu presencia podemos ser renovados, reverdecidos y revitalizados con el fresco aliento de tu Espíritu. Gracias por darnos nuevas fuerzas cuando ya no tenemos ninguna; por darnos siempre una nueva oportunidad para comenzar de nuevo y por recordarnos el maravilloso propósito que tienes para cada uno de nosotros.

Te invito a reflexionar

Hoy te invito a anotar todas esas veces en el día en que has necesitado hacer un alto para conectarte con Dios, y los resultados que has obtenido al "afilar el hacha", recibiendo la unción de poder, amor y dominio propio que el Espíritu Santo te da para que logres todo lo que te propongas y alcances todo lo que emprendas.

____

____

____

Guardemos en el corazón

Los momentos que pases en la presencia de Dios, renovando tus fuerzas, te ahorrarán horas interminables de esfuerzo desgastante y agotador, con poco o ningún fruto.

32

LA LECHE DE MÁS VALOR

NOTAS

Hoy nos edificaremos gratamente con una lección que llenará de satisfacción nuestros corazones. Comencemos con esta inspiradora historia:

Eran dos hermanos, uno de cinco y otro de diez años, que se encontraban solos en el mundo y sin nada que comer. Abatidos por el hambre y tras recibir múltiples rechazos mientras pedían a los transeúntes, se sentaron en un banco del parque. Conmovida por su situación, una mujer les ofreció una botella de leche. Lo que presenciaría a continuación la impactaría profundamente. El hermano mayor agarró la botella y, con un gesto de generosidad, invitó al menor a beber primero. Fingiendo tomar un sorbo, le ofrecía luego la leche a su hermanito. Entre "ahora yo" y "ahora tú", la leche se agotó, consumida solamente por el pequeño. Lo más sorprendente ocurrió después: el mayor se levantó, lleno de alegría, y comenzó a jugar celebrando su pequeña victoria. Su felicidad era genuina. A pesar del hambre, su corazón rebosaba de satisfacción, esa que solo el "dar" puede proporcionar al corazón humano.

La mujer no pudo evitar que las lágrimas inundaran su rostro. Aquella escena le dejó una profunda enseñanza: dar es mejor que recibir. También comprendió que existen personas capaces de realizar actos extraordinarios con una naturalidad asombrosa, hechos que —a menudo— pasan inadvertidos. Esos son los verdaderos héroes de nuestro mundo y podrían estar más cerca de lo que imaginamos.

Así debemos aprender a amar, como ese niño: con generosidad, pero a la vez con tanta naturalidad y discreción, que nuestros actos de bondad se sientan como parte de nuestra manera de ser y no como algo esporádico e inusual.

La Palabra de Dios dice:

> Bendecidos sean aunque tengan mucha hambre. Entonces estarán listos para la comida mesiánica. Bendecidos sean cuando sus lágrimas fluyan libremente, porque el gozo viene en la mañana.
>
> —Lucas 6:21 Biblia El Mensaje

Esta esperanzadora verdad de la Biblia, el Manual del Hombre, nos enseña a no desanimarnos ante ninguna circunstancia, por difícil o abrumadora que sea, pues Dios tiene el control de nuestra vida. Cuando creemos y vivimos confiando en sus promesas, podemos estar seguros de que las pruebas pronto pasarán y que el llanto será reemplazado por alegría, el lamento por baile y las derrotas por victorias. El hambre del creyente será saciada a su debido tiempo a través de medios inimaginables que Dios provee. Las lágrimas de hoy se convertirán en sonrisas mañana.

Tu fe puede transformar tu presente de necesidad en un futuro de abundancia. Considérate dichoso por enfrentar grandes desafíos, pues Cristo tomará tus necesidades y las convertirá en oportunidades para bendecirte aún más y elevarte. Recuerda lo que también nos enseña la Palabra de Dios: que si hay llanto en la noche... ¡En la mañana vendrá el gozo!

Desafío personal

Querido amigo, querida amiga, a través de la enseñanza de esta *dosis*, Dios nos ofrece una visión clara y segura del futuro. Él conoce nuestras luchas, por lo que ha preparado un tiempo de restauración y gozo. Él promete que estas condiciones serán transformadas, que las dificultades presentes no son permanentes y que nos espera un futuro lleno de esperanza, en el que reiremos de alegría y seremos saciados de todo bien.

Hoy, te animo a confiar en las promesas de Dios, aun cuando las circunstancias sean adversas. Reflexiona sobre las áreas de tu vida en las que sientes necesidad o impotencia y entrégalas a Dios en oración. Permite que su esperanza y su consuelo llenen tu corazón, pues Él es fiel para transformar tu dolor en gozo.

Sin embargo, también puedes dar un paso más adelante y expandir tu fe para que traigas bendición a tu entorno, y vivas de tal manera que te conviertas en un instrumento que lleve respuesta a la necesidad de muchos que sufren en medio del dolor y la tristeza, reflejando así el amor y la compasión de Cristo en tus acciones diarias. Entonces podrás ofrecer la leche de más valor, que es la que llena no solo la necesidad física, sino la que es capaz de dar vida al corazón y encender el fuego del amor en tu interior.

Oración

Amado Dios, gracias por ser nuestro Padre proveedor y fuente de todo bien. Gracias por tu carácter misericordioso y tierno que nos recibe en medio de toda dificultad y siempre estás atento a responder toda nuestra necesidad. Gracias por darnos mucho más de lo que podemos pedir o anhelar, y por enseñarnos la bendición del 'dar'.

Hoy deseamos pedir tu asistencia para poder cultivar un corazón generoso en cuanto a dar y compartir como parte de nuestro actuar cotidiano, sin esperar nada a cambio. Permítenos y ayúdanos a reflejar tu amor a través de nuestras acciones, sirviendo a quienes nos rodean con alegría y humildad.

Bendigo a cada persona que lee y cree esta dosis *para que sea saciada abundantemente y bendecida de manera generosa. Declaro, en el nombre poderoso de Jesús, que tus lágrimas serán enjugadas, que vas a reír de dicha y que vas a saltar de alegría. Amén.*

Te invito a reflexionar

En un mundo marcado por el individualismo y la indiferencia, puedes hacer una gran diferencia con un simple acto de bondad, como el de la mujer y el hermano mayor de la historia. Al hacerlo, no solo combatimos el mal que nace del egoísmo y el desamor, sino que también compartimos las bendiciones que Dios tiene para toda la humanidad.

Por eso te invito a reflexionar en lo que sigue: ¿Cómo puedes ayudar hoy a alguien que lo necesita? ¿En qué manera puedes llevar un poco de alegría a quien sufre? ¿En qué modo puedes animar y consolar a alguien que está triste? ¿Cómo puedes devolver la esperanza a quien la ha perdido? Pídele al Espíritu Santo que te guíe y te fortalezca para hacer el bien y llevar tanto alegría como esperanza a quienes te rodean. Eso puede ser tan sencillo como hacer una llamada o una visita, compartir una cena, suplir una necesidad material o, simplemente, regalar una sonrisa o con un abrazo cálido.

Anota algunas de estas acciones de amor y bondad, describe brevemente en qué consistieron y cuáles fueron los resultados obtenidos tanto en las personas que las recibieron como en tu propia vida.

____

____

____

Guardemos en el corazón

Cuando te halles en diversas pruebas y el sufrimiento te alcance, abandónate en los brazos de tu Padre Dios, recuerda sus promesas y visualiza el futuro promisorio que te espera. Cobrarás ánimo, podrás compartir tu fe, tu alegría impregnará a otros y tú también podrás dar la leche de mayor valor.

33

¿POR QUÉ A MÍ?

NOTAS

Es casi seguro que te has preguntado esto en algún momento de tu vida, sobre todo en situaciones de dolor y sufrimiento. Ante pérdidas, injusticias o simplemente al contemplar el mal que hay en el mundo, muchos se sienten abrumados por la magnitud del caos reinante. Es natural cuestionarse: ¿Por qué Dios permite tanta maldad e injusticia, si es todopoderoso y justo? Otros elevan su queja diciendo: ¿Dónde estaba Dios cuando sucedió esto? Y muchos más suelen declarar, llenos de indignidad: ¿Por qué a mí?

Ese fue el interrogante que los pobladores de una pequeña aldea atacada por grupos violentos, en la que murieron muchos de sus habitantes, colocaron en cada una de las inscripciones sobre las lápidas de los difuntos cuya vida les fue arrebatada de forma tan inhumana y cruel. Esa pregunta ha resonado también en el corazón de muchas personas a lo largo de la historia, incluso de aquellos considerados fieles creyentes. Como ejemplo, podemos citar al profeta Habacuc, que también expresó sus dudas y cuestionamientos a Dios.

La Palabra de Dios dice:

¿Por qué me haces presenciar tanta iniquidad?
¿Por qué toleras la maldad?
Veo ante mis ojos destrucción y violencia;
surgen riñas y abundan las contiendas.

—Habacuc 1:3 (NVI)

Muchos pueden señalar la sinceridad del profeta al expresar la profunda angustia ante la iniquidad y la violencia que observaba en su entorno. Algunos podrían interpretar eso como irreverencia o falta de fe, pero Dios no lo reprendió por ello. Al contrario, lo escuchó con amorosa paciencia, además de que le otorgó entendimiento y revelación.

Más que cuestionar a Dios, Habacuc manifestaba una genuina preocupación ante el predominio del mal. Lamentaba la corrupción, la impunidad y la violencia que reinaban en su nación, y el sufrimiento que ello causaba a cada uno de sus habitantes. Así que Dios le habla y le hace entender que Él es el primer interesado en nuestro bienestar, por lo que aborrece la maldad y el sufrimiento. Habacuc escucha atentamente su voz, de modo que logra mantener su fe y su confianza en la soberanía divina, encontrando esperanza en que Dios —en su tiempo perfecto— restaurará todas las cosas y pondrá fin al dolor y la injusticia. Mientras tanto, fue llamado a ser luz en medio de la oscuridad, proclamando el mensaje de salvación y llevando a la conversión a su pueblo. De la misma manera, nosotros somos llamados a reflejar el amor y la misericordia de Dios en nuestras acciones cotidianas.

Desafío personal

A lo largo de mi vida he comprendido que Dios nos otorga el libre albedrío, la capacidad de tomar decisiones. Por desdicha, algunas personas excluyen a Dios y eligen vivir sin considerar su voluntad; optan por el mal, lo que da como resultado gran sufrimiento en el mundo. Y aunque tarde o temprano todos daremos cuenta de nosotros, a muchos les resulta fácil culpar a Dios y señalarlo como el causante del dolor de la humanidad. Ese comportamiento refleja una falta de comprensión en cuanto a la naturaleza de Dios y nuestra responsabilidad personal.

En vez de culpar a Dios por las dificultades que enfrentamos, debemos reflexionar sobre nuestras decisiones, pedirle perdón de todo corazón y buscar su guía en todo momento. Al hacerlo, encontraremos paz y propósito, incluso en medio de las pruebas, confiando en que Él tiene el control de toda circunstancia y todo lo convierte a nuestro favor, pues tiene un plan perfecto para cada uno de sus hijos. Cuando lo buscamos, Él nos ofrece consuelo y fortaleza para enfrentar las pruebas y vencer.

Además, hay una verdad que la Biblia, en 1 Juan 5:19, nos advierte y que a menudo olvidamos: sabemos que somos hijos de Dios y que el mundo entero está bajo el control del maligno. El gobernante de este mundo es Satanás y en su reino —la tierra— no se hace la voluntad de Dios como se hace en el cielo. Este mundo imperfecto, caótico e injusto que conocemos es un reflejo de ese gobernante, por lo que empeorará cada día, pues ese es su propósito: dañar y destruir todo lo hermoso que Dios ha creado y, por supuesto, desacreditar a Dios y debilitar nuestra fe.

Sin embargo, el versículo 18 nos llena de esperanza al expresar lo siguiente: "Sabemos que el que ha nacido de Dios no practica el pecado. Jesucristo, que nació de Dios, lo protege y el maligno no puede tocarlo". ¡Qué maravillosa noticia! Al recibir a nuestro Mesías Salvador Jesús, Él nos protege, por lo que nada ni nadie puede impedir que cumpla sus perfectos planes con nuestra vida. Nos corresponde estar del lado de Dios, el verdadero vencedor y Rey del universo, viviendo como buenos administradores de su gracia, escogiendo la mejor manera de vivir, haciendo sus obras y trayendo su reino a nuestros corazones, familias y al mundo.

Oración

Señor Dios, a pesar de las dificultades y el sufrimiento que nos rodean, me aferro a ti con toda mi fe, buscando tu consuelo y tu ayuda. Decido entregar mi vida plenamente a ti y aceptar a tu hijo Jesucristo como mi Señor y Salvador. Comprendo el libre albedrío que me has otorgado y quiero ser un buen administrador de tus dones, sabiendo que daré cuenta por mis decisiones y acciones. Aunque las circunstancias sean adversas, confío en que tienes un propósito en cada situación. Cuento con tu misericordia, tu amor y tu protección. Perdóname por las veces que he dudado o te he culpado por las adversidades. Renueva mi fe y ayúdame a mantenerme firme en oración, sabiendo que en tu misericordia encontraré la paz que sobrepasa todo entendimiento. Ayúdame a atravesar este dolor, enfermedad o adversidad, a entenderlo y salir adelante. Hoy oramos por un mundo mejor, donde los jóvenes puedan conocerte y amarte, viviendo a la luz de la verdad y siendo libres. Declaro que el Señor todopoderoso te abraza en este momento, te bendice y te ayuda. Que salgas adelante y que tengas paz y ese regocijo que sobrepasa todo entendimiento en cada situación de tu vida. Amén.

Te invito a reflexionar

Cada vez que pases por pruebas, tómalas como oportunidades para profundizar tu relación con Dios y fortalecer tu fe. Puedes llevar a cabo las siguientes acciones:

- Agradece a pesar de todo. Así te enfocarás en el propósito supremo y encontrarás paz.
- Reflexiona en cuanto a cómo te moldea esta dificultad. En la manera en que te ayuda a crecer espiritualmente y te prepara mejor para cumplir la voluntad de Dios. Reemplaza la pregunta "¿por qué?" por "¿para qué?".
- Declara tu confianza en Dios, así como el profeta, en medio de una escena de escasez y pérdida, decidió afirmar con determinación: "Con todo, yo me alegraré en Jehová, y me gozaré en el Dios de mi salvación".
- Anota tus aprendizajes y reflexiona en ellos cada vez que pases por diversas pruebas, pues siempre te llevarán a la victoria.

____

____

____

Guardemos en el corazón

Yo les he dicho estas cosas para que en mí hallen paz. En este mundo afrontarán aflicciones, pero ¡anímense! Yo he vencido al mundo.

—Juan 16:33 (NVI)

34

MI PADRE VA PILOTEANDO

NOTAS

En momentos difíciles, encontramos en Dios nuestro apoyo más firme y nuestro refugio más seguro. Nuestro Padre celestial nos guía. Hoy quiero invitarte a recordar que, incluso en las peores tormentas, cuando todo a nuestro derredor convulsiona y está en caos, podemos encontrar la dulce calma que el Señor nos da.

La historia cuenta que en un vuelo internacional, en medio de una larga fila de pasajeros listos para abordar, destacaba un niño que viajaba solo. En su rostro se notaba la emoción y la alegría de vivir una gran aventura. Fue el primero en subir al avión y se acomodó en un asiento de primera clase, interactuando con el auxiliar de vuelo y pidiendo unos cuadernos para colorear. Poco después, el piloto anunció que atravesarían una fuerte tormenta, pero aseguró que no afectaría la seguridad del vuelo; por lo que pidió que todos mantuvieran la calma. Sin embargo, los pasajeros comenzaron a ponerse nerviosos y algunos entraron en pánico. Una mujer, observando al niño que permanecía tranquilo y concentrado en su dibujo, decidió preguntarle:

— Y tú, ¿por qué no tienes miedo?

El niño respondió con una sonrisa en sus labios:

—El piloto es mi papá y él... es el mejor.

Y tú, querido amigo, querida amiga, ¿sabes en qué avión te has subido y quién está pilotando la nave de tu vida? ¿Conoces su pericia, su experiencia y su capacidad para sortear tormentas? Si eres tú mismo o alguien más quien está al mando, es probable que te sientas como los pasajeros de ese vuelo: inseguro, temeroso y angustiado. Pero si has entregado las riendas a tu Padre celestial, y Él es quien guía el viaje de tu vida, eres como ese niño que disfruta de la aventura con confianza y seguridad. Sabes que tu Padre lo conoce todo y puede con todo. ¡Él es el mejor piloto!

La Palabra de Dios dice:

"Bendito el hombre que confía en el Señor y pone su
confianza en él.
Será como un árbol plantado junto al agua que extiende
sus raíces hacia la corriente;
no teme que llegue el calor y sus hojas están siempre
verdes.
En época de sequía no se angustia y nunca deja de dar
fruto".

—Jeremías 17:7-8 (NVI)

La Palabra de Dios nos presenta la descripción perfecta de una vida que ha puesto su confianza completamente en Dios. Si Él es quien te guía, si Él es la fuente que sacia tu sed y la roca firme que te sostiene, entonces puedes considerarte un bendito, una bendita. Eres como un árbol frondoso cuyas raíces yacen en una fuente inagotable de agua viva. Estas raíces simbolizan una relación profunda y constante con Dios, una fe que te proporciona estabilidad y nutrición espiritual. Incluso si enfrentas el inclemente calor del verano o la sequía, tú —cual árbol— siempre floreces porque sus raíces están profundamente arraigadas en la fuente de vida.

Del mismo modo, cuando confías en Dios —por más problemas o dificultades que se te presenten, por más adversidades que surjan— siempre tendrás una fuente interior de alegría, paz y sabiduría que te permitirá dar frutos abundantes. El fruto que Dios desea: más personas que crean, oren y se acerquen a Él.

Desafío personal

Hoy te invito a examinar en qué o en quién has depositado tu confianza. ¿En tus propias fuerzas, recursos materiales, ritos, tradiciones o en las personas que te rodean? Todo eso es pasajero. No te apoyes en lo que es temporal, pues tu vida también será frágil. Dios nos invita a confiar plenamente en Él. Al hacerlo, seremos bendecidos y fortalecidos. ¡Incluso en las mayores tormentas, Él te guiará a salvo!

Dedica tiempo a fortalecer tu relación con Dios a través de la oración, la meditación en su Palabra y la obediencia a sus mandamientos. Deposita tu confianza totalmente en Él, en lugar de depender solo de ti mismo. Al reconocer a Dios en cada aspecto de tu vida y buscar su guía en cuanto a tus decisiones, permitirás que te dirija por sendas rectas. Esta entrega completa y una fe inquebrantable te permitirán resistir cualquier desafío y dar fruto en todas las estaciones de la vida.

Oración

Señor amado, reconozco que solo en ti encuentro verdadera seguridad y fortaleza. Ayúdame a confiar plenamente en ti, como el árbol que extiende sus raíces hacia las aguas vivas. Reconozco que muchas veces he intentado pilotar mi propia vida, enfrentando tempestades con mis fuerzas limitadas. Hoy decido entregarte el control total. Confío en ti y en tu perfecta voluntad. Plántame junto a tus aguas vivas, fortalece mis raíces en tu Palabra y ayúdame a no temer las adversidades, sabiendo que bajo tu guía siempre estaré seguro, firme y que daré fruto.

Fortalece mi fe para no temer en tiempos de dificultad y permíteme permanecer siempre fructífero en tu servicio. Guía mis pasos y enséñame a depender de ti en todo momento. Hoy bendigo tu vida y declaro que serás plantado junto a las fuentes de aguas vivas, que crecerás como un gran árbol que llevará mucho fruto para Dios, en el nombre poderoso de Jesús. Amén.

Te invito a reflexionar

Si la Palabra de Dios es como el agua que da vida a un árbol frondoso, que te mantiene firme, **entonces** ¡comienza a leerla a diario! Confía en sus verdades, créelas y compártelas con los demás. Publícala, escríbela o colócala en un lugar visible donde puedas leerla y releerla a menudo. *Así*, las verdades de Dios se grabarán firmemente en tu mente y en tu corazón, y darán fruto en tu vida: fe, esperanza y amor. Registra a continuación un pasaje bíblico que te haya marcado profundamente y compártelo con tantas personas como puedas.

____

____

____

Guardemos en el corazón

Dios nunca nos ha prometido un viaje tranquilo sin contratiempos ni dificultades. Lo que nos ha prometido es un aterrizaje seguro en el propósito extraordinario que Él ha preparado para cada uno de nosotros.

35

SI CREES, LO VERÁS

NOTAS

La vida presenta momentos que pueden nublar el horizonte de nuestro presente y nuestro futuro, haciéndonos sentir pesimistas y llenando nuestros pensamientos de incertidumbre. Es natural que nos sintamos abrumados y perdamos la esperanza. No obstante, Jesús nos recuerda que, si mantenemos nuestra fe en Él, seremos testigos de su poder y su gloria, incluso en las situaciones más desafiantes.

La manera en que lo hace es a través de su Palabra, cuando la leemos y meditamos a diario. En mi caso, he encontrado que la Biblia es mi guía, mi brújula y mi mapa. La he convertido en el manual de instrucciones y en el referente para mi vida y mi familia. ¿Lees tu Biblia a diario?

En esta ocasión, te invito a meditar en una nueva enseñanza basada en la siguiente afirmación de Jesús, a través de la cual nos motiva a darle una inmensa importancia a la fe, como pilar fundamental para una vida victoriosa y útil en las manos de Dios.

La Palabra de Dios dice:

> ¿No te dije que si crees verás la gloria de Dios? —le contestó Jesús.
>
> —Juan 11:40 (NVI)

En este pasaje, Jesús se dirige a una mujer llamada Marta antes de que resucitara a su hermano Lázaro, el cual había enfermado, luego muerto y ya llevaba cuatro días de haber sido sepultado. Ella había expresado su fe en Jesús, pero su entendimiento estaba limitado por la realidad de la muerte de su hermano. Jesús le recuerda que la fe genuina le permite que experimente la manifestación del poder y la gloria de Dios, incluso en situaciones que parecen imposibles. Este llamado a la fe trasciende las circunstancias inmediatas y nos invita a confiar plenamente en el poder de Dios para obrar más allá de nuestras expectativas humanas. También tenemos muchos otros ejemplos en la Biblia de grandes hazañas realizadas por hombres y mujeres como tú y como yo.

Por ejemplo, Moisés, que se consideraba torpe de palabra, fue llamado para liberar al pueblo de Israel de la esclavitud de Egipto y se convirtió en el más grande líder de la historia.

David, un joven pastor sin experiencia militar, recibió poder del Espíritu de Dios y pudo derrotar al gigante Goliat con una simple honda y una piedra.

Estos relatos y muchos otros más, nos enseñan que —cuando confiamos en Dios— Él puede obrar maravillas a través de nosotros, pese a nuestras limitaciones. Es esencial recordar que Dios no se basa en nuestras habilidades humanas, sino en nuestra disposición para depender de Él y obedecer su voluntad.

Desafío personal

Quizá hoy, cuando te sientes agobiado por problemas que parecen insuperables, estas palabras sean ideales para ti. Quizás te preguntes si habrá un cambio, si superarás esta situación, si saldrás adelante. Puede ser que te sientas derrotado y sin fuerzas para continuar. Hoy, Dios te dice: "Cree en mí y verás mi gloria manifestarse en tu vida y en la vida de quienes te rodean".

No creas que los maravillosos sucesos bíblicos están reservados para personas muy especiales o con una fe muy poderosa. Quizás creamos que otros son más aptos para servir a Dios, pero quiero recordarte que Él no busca personas perfectas o excepcionalmente talentosas. Dios elige a quienes el mundo considera débiles y comunes, pero con corazones humildes, dispuestos a confiar plenamente en Él, para hacer grandes cosas y manifestar su gloria de manera más poderosa.

Muchos me dicen: "Ese no es tu caso, William, pues eres una persona muy conocida, le sirves a Dios y tu mensaje llega a muchos". Yo les digo que no busqué ser conocido, lo único que busqué fue tener una relación con Dios día a día, y que la gente lo pudiera conocer. Y estoy seguro de que si tú estás en sintonía con sus propósitos, Él te elegirá también. Él tiene una razón importante: glorificarse a través de ti. Usarte de manera sobrenatural para que muchos sean salvos. Dios utiliza a individuos ordinarios para lograr propósitos extraordinarios, demostrando que su poder se perfecciona en nuestra debilidad.

Así que deja de encerrarte en ti mismo y de sentir lástima por ti. Póstrate ante Dios, no ante el problema. Pon tu vida en sus manos, obedécele en todo lo que te pida y Él te utilizará. Lee estas palabras y decide seguirle, depender de Él y servirle. Verás cómo Dios obra maravillas en ti y a través de ti.

Oración

Señor Jesús, reconozco que en momentos de dificultad mi fe puede flaquear. Ayúdame a confiar plenamente en ti, recordando que —si creo— veré tu gloria manifestada en mi vida. Fortalece mi fe para que —pese a las circunstancias— pueda esperar con esperanza. Oro por aquellos que hoy inclinan su corazón hacia ti, entregando sus cargas y sus anhelos. Que tú, Señor, tomes sus cargas y los alivies, mientras ellos se disponen a servirte. A quienes buscan intimidad contigo en la quietud, concédeles la fuerza para cambiar, la alegría de cumplir tu propósito y la gracia de ser instrumentos de tu bendición. Que conozcan tu maravilloso poder y tu gloria. Bendícenos y escúchanos en el poderoso nombre de Jesús. Amén.

Te invito a reflexionar

Para fortalecer tu fe de modo que vivas sobrenaturalmente para la gloria de Dios, el primer paso es aprender a oír la voz de Dios cada día. Te sugiero lo siguiente:

Compra una Biblia y familiarízate con la Palabra de Dios. Aprende cómo está dividida, en Antiguo y Nuevo Testamento, y cómo cada libro se divide en capítulos y versículos.

Lee la Biblia periódicamente. Elige un orden para tu lectura y comienza a llevar un registro de las enseñanzas más impactantes de cada día. Reflexiona sobre lo que lees y trata de aplicar las enseñanzas a tu vida diaria.

Ora y pide instrucción a Dios. El Espíritu Santo te mostrará cómo seguir sus caminos y cómo mantenerte fiel a Él.

Al hacerlo, no solo verás la gloria de Dios manifestarse en tu vida, sino que también serás testigo de cómo Él transforma tus debilidades en fortalezas para cumplir su propósito divino.

____

____

____

Guardemos en el corazón

Si puedes creer, las montañas se moverán,
los enfermos se sanarán,
tu vida Dios cambiará.
Si puedes creer, los cielos se abrirán,
su gloria descenderá, su fuego te abrazará
Si puedes creer, su gloria verás, su amor sentirás,
su poder tocarás...

(Fragmento de la canción: *Si puedes creer*, de Marcos Witt)

36

¡CLARO QUE SÍ ESTÁ!

NOTAS

En cierta clase, una maestra intentaba convencer a sus alumnos de que la tierra no había sido creada por Dios, explicando la teoría de la evolución. Para reforzar su argumento, pidió a un niño que saliera al jardín y observara lo que veía. Al regresar, la maestra le preguntó:

—¿Viste a Dios afuera?

—No, maestra, no lo vi —respondió el niño.

Entonces, una pequeña levantó la mano, pidiendo permiso para hacer algunas preguntas al mismo niño.

—¿Viste a Dios en los árboles?

—No —contestó el niño.

—¿Lo viste en las flores?

—Tampoco.

—¿Ves a la maestra?

—Sí —afirmó.

— ¿Ves el cerebro de la maestra?

—No, no lo veo.

La niña concluyó con una sonrisa:

—Entonces, de acuerdo a lo aprendido en esta clase, la maestra no tiene cerebro.

Ingenioso... ¿Verdad? Los niños pueden llegar a tener un gran entendimiento de las verdades eternas por la pureza de sus almas y la inocencia de sus corazones. Con razón, la Palabra de Dios nos dice que el reino de los cielos pertenece a los que son como ellos. Contrario a ellos, muchos hombres y mujeres han limitado su conocimiento a lo que pueden ver o tocar, ignorando la mano invisible de Dios que se manifiesta en todo lo visible del universo. Su presencia está grabada en cada perfecto detalle de un cuerpo humano, de un árbol, de una flor, de un paisaje, en fin, de toda la creación. Sus huellas están por todas partes, pero solo pueden ser notadas, como en el caso de la niña de la historia, por corazones que han sido impregnados con su amor.

La Palabra de Dios dice:

> Y todo el que vive y cree en mí no morirá jamás. ¿Crees esto?
>
> —Juan 11:26 (NVI)

Es interesante notar que no todo el que vive cree en Dios. Aunque todos salimos de sus manos, nos movemos, respiramos y vivimos por su constante misericordia y poder, algunos prefieren ignorar y negar que su soplo les dio vida, que su aliento los sostiene, que su amor los envuelve.

A través de esta *dosis*, hoy tienes la oportunidad de creer en Dios, en su Hijo Jesucristo y recibirlo en el corazón, para que puedas experimentar la vida superior que Él te ofrece y desea compartir contigo: la vida eterna. Él te ama, te ha hecho especial y tiene un plan supremo para ti, el cual comenzarás a disfrutar cuando tus ojos sean abiertos y lo puedas ver en cada obra que Él ha hecho y lo puedas sentir en cada momento de tu vida, tan cerca como el aire que respiras, tan real como tus manos y tus pies.

Desafío personal

Hoy mi invitación es a que no te resistas más al amor de Dios que te ha salvado, dándote la oportunidad de recibir su Presencia y establecer con Él una relación indivisible y eterna. Eso es lo que Él quiere contigo: una relación. Jesús está a la puerta de tu vida y está tocando a través de esta *dosis*; te está llamando y está listo para entrar a tu vida y estar contigo para siempre. Él quiere compartir su vida contigo y entregarte todo lo que el Padre le ha dado.

Es el momento de que veas qué cosas has dejado entrar a tu corazón, cosas que gobiernan tu vida, y que te han llenado de tristeza, vacío y dolor. Te han influenciado negativamente y te han robado tu esencia y tu paz. Es momento de ser sincero contigo mismo, contigo misma, y reconocer que nada de eso ha funcionado para traer felicidad y sentido a tu existencia.

Oración

Padre, perdóname porque he tratado de prescindir de tu Presencia, de negar tus obras y de rechazar tu amor. Me arrepiento de mi orgullo y mi soberbia, que me han separado de ti y solo han dejado un gran vacío en mi corazón. Padre amado, quiero sentirte. Ayúdame a creer en ti, abre mis ojos para que te pueda ver, abre mi corazón para que te pueda sentir. Deseo reconocer tu mano en toda la creación y en mi propia vida, que es un regalo de tu amor y un constante reflejo de tu gloria.

Oro, Señor, por la persona que lee esta dosis y pide que te manifiestes a su vida. Aumenta su fe para creer, respóndele, Padre, y haz que vea tu poder. Entrégale ese milagro que necesita ver, para que su corazón crea y sea salvo, y tenga vida eterna y sea consciente de tu eterno amor. Te lo pido en el poderoso nombre de Jesús. Amén.

Te invito a reflexionar

Te propongo que observes y contemples minuciosamente, como nunca, las huellas de Dios en tu entorno, mientras guardas mucho silencio y aquietas tus pensamientos. Observa la naturaleza, tu vida y todo lo que te rodea. Reconoce su mano divina en cada detalle y dale gracias por el regalo de la vida.

La próxima vez que veas un árbol, una flor o incluso el cielo estrellado, detente un momento. Observa y da gracias a Dios, reconociendo su grandeza en lo que ha creado. Recuerda que cada elemento de la naturaleza es una firma de su amor y su poder. Anota tu experiencia viendo las manifestaciones del poder de Dios a tu alrededor.

____

____

____

Guardemos en el corazón

Así como un bebé en el vientre de su madre se siente tan seguro y feliz, porque —aunque no ve a su progenitora— la siente a cada instante; de la misma manera puedes sentirte con la plena seguridad de que tienes un padre que te sostiene con su amor y es la fuente misma de tu existencia.

37

¡AGUANTA, YA CASI!

NOTAS

En la vida enfrentamos momentos en los que todo parece derrumbarse. A menudo, la mejor solución no es ceder al pánico ni a la desesperación, sino tomar un respiro, mantener la calma y confiar. La vida me ha enseñado que, en medio del caos, la espera puede convertirse en nuestra mayor aliada, pero no una espera pasiva, sino una que se apoya en Aquel que sostiene todas las cosas.

Permíteme que te cuente una historia real que ilustra esta verdad. Ocurrió en septiembre de 2007, en una autopista de Nevada, California. La noticia fue registrada por periódicos y noticieros, y se convirtió en un ejemplo sorprendente de paciencia y resistencia.

Un oso se encontraba en medio de un puente que conectaba dos localidades. Dos autos se acercaban desde direcciones opuestas y, al advertir el peligro, el oso entró en pánico. En su desesperación, saltó por la baranda del puente. Sorprendentemente, logró sujetarse de una estructura de hormigón a más de cien metros de altura. Allí quedó atrapado, colgando entre dos pilares. Un equipo de rescate acudió al lugar pero, al anochecer, las condiciones eran demasiado complicadas para actuar. Los especialistas temieron lo peor, asumiendo que el oso no sobreviviría la noche. Sin embargo, al regresar al día siguiente, se llevaron una gran sorpresa: el oso seguía allí, durmiendo tranquilamente en el lugar donde quedó atrapado.

El rescate no fue sencillo. El oso estaba en un área de difícil acceso, pero los rescatistas instalaron una red a una distancia prudente, prepararon un dardo tranquilizante y, tras varios intentos, lograron empujarlo hacia la red. Una vez asegurado, lo bajaron con mucho cuidado. Cuando despertó, el oso simplemente siguió su camino como si nada hubiera pasado.

Esta asombrosa historia nos muestra que incluso en medio de las situaciones más difíciles, mantener la calma puede hacer una gran diferencia. El oso no se dejó consumir por el pánico; al contrario, confió instintivamente en la vida y en su entorno. Mientras dormía, se preparaba la solución para su rescate.

Nosotros, al enfrentar nuestras propias crisis, tenemos una ventaja aún mayor: podemos esperar en Dios, el Creador de la vida y el Salvador de nuestras almas. Él es quien sostiene todas las cosas y quien nos ofrece una esperanza segura.

La Palabra de Dios dice:

Responde a mi clamor, Dios de mi justicia.
Dame alivio cuando esté angustiado,
apiádate de mí y escucha mi oración.

—Salmos 4:1 (NVI)

En este pasaje podemos descubrir una enriquecedora declaración de esperanza y confianza en la misericordia de Dios, especialmente en tiempos de enfermedad, persecución o dificultad. David comienza este salmo resaltando una verdad poderosa: que incluso los más fuertes experimentan momentos de vulnerabilidad pero que, en medio de la fragilidad humana, podemos clamar por la misericordia y la protección de Dios a fin de sentirnos seguros y confiados en sus brazos. A pesar de sus errores, David siempre buscó el perdón y pidió la protección de su Padre celestial, confiando en su amor infinito. Dios transformó su angustia en paz, su tristeza en alegría y sus derrotas en victorias.

Y tú, ¿acudes a Dios en busca de consuelo y fortaleza, o te dejas abrumar por las preocupaciones y las dificultades?

El ejemplo de David nos insta a ser sinceros con Dios en todos los momentos de nuestra vida, exponiendo ante Él nuestra situación con una confianza férrea en que, al encomendarle nuestros caminos, Él tendrá el control; al entregarle nuestros problemas, Él se pondrá al frente, y al pedirle su ayuda, Él viene con brazo fuerte. Así que, desde el mismo momento en que clamamos, podemos experimentar descanso y tranquilidad, y alabarlo con acción de gracias anticipadamente, pues es un hecho consumado, su ayuda y su rescate.

Dios también te sacará en medio de la estrechez en que te encuentras y te llevará a un lugar amplio, donde recibirás abundante bendición.

Desafío personal

Hoy te insto a reflexionar: ¿En qué pones tu confianza? En un mundo lleno de incertidumbre, muchos terminan confundidos, buscando seguridad en cosas temporales o frágiles. Es fácil entregar el control a otro ser humano, pensando que va a hacer lo mejor para nosotros. Pronto nos damos cuenta de que estamos dependiendo de una frágil estructura que pronto caerá. Los seres humanos, aunque intenten ayudarnos, al final fallan, pues son tan necesitados de Dios como nosotros. No tienen toda la fuerza, ni todo el poder, ni toda la paciencia, ni toda la riqueza, ni todo el amor que necesitamos. ¡Pero Dios sí!

¿Estás dispuesto a entregarle tus miedos y tus planes a Dios? Es lo más sabio que puedes hacer, eso determinará tu capacidad de esperar con esperanza y serenidad en los momentos difíciles, pues Él nunca te defraudará. Como dice una canción inspiradora: *"Mi confianza está en ti, confiado estoy en ti; en ti vivo seguro".*

No camines confundido ni desesperado. Camina con fe, confiando plenamente en Dios y Él guiará cada paso que des. Decide descansar en su promesa de que Él está trabajando, aun cuando no lo veas. Al igual que el oso, las circunstancias siempre te impulsarán a lanzarte al vacío, a bajar tus brazos y declarar tu derrota; pero la seguridad del amor de Dios te mantendrá seguro y tranquilo, sabiendo que tu Salvador tiene el control.

Hoy, Dios te dice, a través de esta *dosis,* que te va a sacar de esa situación que estás atravesando y que tendrás la victoria. Declaro en fe que tendrás testimonios, que proclamarás las obras del Señor, que alabarás y cantarás de sus maravillas.

Puedes confiar en nuestro amado Señor Jesús. ¡Él nunca nos falla!

Oración

Señor, perdóname por pensar, en mis momentos de angustia, que todos —incluso tú— me abandonaron. Sé que esa no es la verdad, pues siempre has estado a mi lado, dándolo todo por mí. Gracias por tu constante presencia y tu cuidado en medio de mis dificultades. Ayúdame a confiar plenamente en ti, a encontrar paz en tu amor y a no dejarme llevar por el miedo.

Hoy bendigo, en el poderoso nombre de Jesús, a cada persona que lee esta dosis *y ora con fe, entregando sus temores y sus dudas ante ti, confiando en que tú tienes el control. Que pueda poner en ti su seguridad y su confianza. Extiende, Señor, tus brazos protectores sobre esa persona y susténtala con tu amor. Háblale a su corazón, que comprenda que tú eres su pronto auxilio, el Dios de su justicia. Ten misericordia de ella y obra el milagro que anhela. Escucha su oración y sácala de la estrechez a la abundancia de tu bendición. Gracias por tu inmenso amor y favor para cada uno de nosotros. Amén.*

Te invito a reflexionar

Dios nunca se queda inactivo cuando sus hijos le encomiendan sus caminos y confían en Él. Es más, actuará trayendo justicia, protección y todo lo que necesites.

Dedica un momento para hablar con Él en oración. Entrégale tus preocupaciones, tus miedos y tus planes a Dios, y anota las señales de tu confianza en Él. Por ejemplo: alabar en lugar de quejarte, dar gracias en vez de reclamar, sonreír y no amargarte.

____

____

____

Guardemos en el corazón

A veces la mejor solución es... tomárselo con calma. Cuando nada puedes hacer, confía en Dios. Eso es mucho más que todas tus fuerzas, tu sagacidad, tu astucia o la ayuda humana.

38

SANAMENTE

NOTAS

¿Te has puesto a pensar alguna vez que la calidad de nuestros pensamientos define la idoneidad de nuestra vida?

Es muy fácil sentirnos mal si nuestra vida no es todo lo que anhelamos o lo que teníamos planeado. A menudo culpamos a los demás, a las circunstancias o incluso a la suerte. Sin embargo, hoy quiero invitarte a reflexionar sobre el poder que tenemos para determinar el curso que toma nuestra vida. Influimos más en lo que nos sucede de lo que imaginamos.

Toda decisión que tomamos, sea buena o mala, nace de un pensamiento. Toda acción pasa por el filtro de nuestra mente. Por lo tanto, si nuestros pensamientos son positivos y constructivos, nuestras decisiones y acciones también lo serán. Y según la ley de causa y efecto, cosecharemos lo que sembremos.

Nuestra mente es como un terreno. Puede ser un jardín donde Dios cultive sus más hermosas creaciones o un campo de batalla donde el enemigo siembre semillas de duda, miedo y derrota, que son como dardos que pueden destruirnos. La buena noticia es que tenemos el poder de elegir qué sembrar. Podemos decidir cultivar pensamientos de bondad, justicia y misericordia que produzcan frutos de plenitud, alegría y paz a nuestra vida y entorno, o dejar que las preocupaciones y las ansiedades dominen nuestra mente.

Permíteme que te explique cómo tomar el control de tu mente, a través de esta *dosis.*

La Palabra de Dios dice:

Por último, hermanos, consideren bien todo lo verdadero, todo lo respetable, todo lo justo, todo lo puro, todo lo amable, todo lo digno de admiración, en fin, todo lo que sea excelente o merezca elogio.

—Filipenses 4:8 (NVI)

La Biblia nos revela en este hermoso pasaje la naturaleza de los pensamientos de Dios. Al contemplar la vida de Jesús, vemos reflejada la perfección de esos pensamientos en una existencia plena, bendecida y llena de propósito.

Dios desea que nosotros, como sus hijos, tengamos una vida igual de abundante y satisfactoria. Una vida marcada por el amor, la sabiduría y la paz, que imparta bendición por doquiera que vaya. Para lograrlo, debemos comenzar por transformar nuestros pensamientos. Al tomar conciencia de lo que permitimos que habite en nuestra mente, estamos dando el primer paso para moldear nuestra realidad y ser imitadores de Cristo y multiplicadores de sus obras.

Al establecer una relación personal con Dios, recibimos el Espíritu Santo, que nos capacita para pensar como Cristo. La Biblia nos asegura que podemos tener la mente de Cristo cuando lo invitamos a gobernar nuestra vida. Entonces, nuestros pensamientos se alinearán con los suyos, siendo verdaderos, nobles, justos, puros y llenos de amor.

Desafío personal

Aunque Dios nos ofrece una vida abundante y su Palabra nos guía hacia ella, el enemigo siempre intenta sembrar en nuestras mentes pensamientos de maldad, egoísmo, envidia, injusticias, duda y derrota, que solo conducen al individuo y a la sociedad al caos y la destrucción.

Yo mismo experimenté ese ataque espiritual al iniciar mi camino con Dios. Mientras buscaba conocerlo más profundamente, me vi asaltado por dudas que intentaban apagar la llama de mi fe, me impedían disfrutar la acción sanadora de su Palabra y me desviaban del propósito que Él tenía para mí. Sin embargo, descubrí que la clave para vencer esta batalla espiritual estaba en alimentar mi mente con la Palabra de Dios.

Al dedicar tiempo a la lectura y meditación de la Biblia, mis pensamientos fueron limpiados, por lo que comenzaron a transformarse. Era como si la Palabra de Dios fuera un bálsamo que sanaba mi mente y fortalecía mi corazón. Cuanto más me enfocaba en las verdades de Dios, menos espacio quedaba para las mentiras del enemigo.

Además, observé que mis pensamientos se veían influenciados por todo lo que experimentaba en mi día a día. Mi mente se alimenta de lo que veo, leo, escucho y converso. Al elegir consumir contenido positivo, como la Palabra de Dios, alabanzas y testimonios de fe, mi mente se fortalece. Incluso en medio de mis responsabilidades diarias, podía mantener una conversación constante con Dios, permitiéndome experimentar su paz y su amor.

Enfrentar los desafíos de la vida con una perspectiva basada en los pensamientos de Dios y en las palabras de la Biblia, me ha transformado profundamente. He aprendido a confiar en Dios en todas las circunstancias y a ver las dificultades como oportunidades de crecimiento. Esta transformación no solo ha impactado mi vida personal, sino que también me ha permitido ser una bendición para los demás.

Oración

Amado Dios, gracias por recordarme que puedo elegir en qué pensar. Ayúdame a llenar mi mente con pensamientos que te honren y reflejen tu verdad. Cuando las preocupaciones o los pensamientos negativos intenten ocupar mi corazón, dame la fuerza para llevarlos cautivos a la obediencia a Cristo. Renueva mi mente cada día y enséñame a enfocarme en lo que es bueno, puro y digno de alabanza. Te pido que hoy sea un día para establecer y fortalecer mi relación contigo, para entregarte el control de mi vida y de mi mente. Ayúdame a depender de ti, transforma mi mente con tus pensamientos y mi corazón con tu sentir.

También oro por cada persona que lee y medita en esta dosis, *la bendigo para que resista los dardos de fuego del maligno, que son los pensamientos malos y egoístas, y tenga la victoria en el nombre de Jesús. Amén.*

Te invito a reflexionar

Hoy te animo a examinar tus pensamientos. Haz una lista de las ideas o emociones que ocupan tu mente con frecuencia. ¿Son edificantes? ¿Te acercan a Dios? Si no es así, pide al Señor que te ayude a redirigir tu mente hacia lo que glorifica su nombre. Comprométete a pasar tiempo cada día en su Palabra y a memorizar versículos que te insten a enfocarte en lo bueno. Las palabras de Dios son el alimento de tu mente, ellas tienen el poder para sanarla y transformarla.

También podrías intentar un ejercicio de gratitud: al final de cada día, escribe tres cosas por las que estés agradecido. Este sencillo hábito te ayudará a cultivar una actitud de alabanza y a entrenar tu mente para buscar lo positivo en cada situación. Comienza dando gracias por lo aprendido hoy, con tus propias palabras:

____

____

____

Guardemos en el corazón

La manera más fuerte en que el enemigo puede dañarte es atacando tu mente. Ciérrale la puerta y quítale la llave. Toma el control y permite que la Palabra de Dios forje la esencia de tus pensamientos y no seas vencido de lo malo, sino que vence con el bien, el mal.

39

DESPREOCÚPATE

Así como Dios cuida de la creación y de cada ser viviente, atiende con ternura de cada uno de sus hijos; por eso, prepárate para una hermosa enseñanza que traerá sabiduría y paz a tu vida.

NOTAS

Un hombre contaba que la mayor lección de su vida, la había aprendido de su madre. Siendo niño aún, la ayudaba a recoger las manzanas en tiempo de cosecha. Su intento por hacer una gran labor lo llevó a cargar tantas manzanas como podía en sus pequeños brazos. Sin embargo, al tratar de llevar muchas a la vez, las manzanas se le caían, por lo que su frustración iba en aumento. La madre, sonriendo al verlo, se acercó y le dijo con ternura: "Hijo, si las llevas de una en una, no se te caerán y, al final, lograremos recogerlas todas". Al seguir el consejo de su madre, el niño descubrió que, aunque le tomaba más tiempo, el trabajo se hacía más fácil y satisfactorio.

Querido amigo, querida amiga, si enfrentamos los desafíos y las responsabilidades de la vida día a día —con calma y confianza en el Señor— seguro que todo resultará bien. Intentar cargar con todo de una sola vez puede abrumarnos e impedirnos avanzar con eficiencia y paz.

La Palabra de Dios dice:

No se preocupen por lo que pueda o no pasar mañana, el cual tendrá sus propios afanes. Dios los ayudará a lidiar con cualquier dificultad que surja cuando llegue el momento.

—Mateo 6:34 Biblia El Mensaje

El Manual del Hombre, la Biblia, nos invita a vivir día a día, confiando en que Dios provee lo necesario y nos sostiene a cada momento.

¡Qué bueno es Dios, que nos diseñó para acceder a su gracia infinita y a sus recursos ilimitados a través de la fe! Así que no debemos preocuparnos por el futuro, pues este está únicamente en las manos del Creador. Muchos quisieran anticiparse al futuro para tener todo previsto y controlado, pero el ser humano es incapaz de vivir más allá de un día. Por mucho que lo intente, no puede conocer cada detalle de lo que sucederá.

La mejor manera de vivir es en el presente, disfrutando y confiando en el cuidado de Dios. Al vivir el momento presente, reconocemos que cada día trae suficientes retos y bendiciones. Dios nos equipa para hoy y nos prepara para mañana. Esta hermosa verdad no solo produce descanso a nuestra mente, sino que también nos permite alegrarnos y agradecer todo lo que la vida nos da.

El sabio Salomón, en Eclesiastés, nos recuerda que Dios hizo todo hermoso en su tiempo, invitándonos a disfrutar de la vida. Aunque esta conlleva responsabilidades y desafíos, Dios nos ha provisto todo lo necesario para gozarla.

Entonces, aunque desconozcamos el futuro, Dios lo conoce muy bien. Si confiamos en Él, nos llenaremos de sabiduría para tomar las mejores decisiones y construir el futuro que Él, en su bondad y su amor, ha preparado para nosotros.

Desafío personal

A lo largo de mi vida he aprendido la importancia de encontrar un equilibrio entre planificar y vivir el presente. La planificación es importante pues da dirección, nos ayuda a establecer metas y a mantener un rumbo claro, lo que impide que caigamos en la frustración y el desorden. Sin embargo, enfocarnos exclusivamente en el futuro puede robarnos la alegría del presente y llenarnos de preocupación al punto de que enfermemos. Son muchas las personas que sufren de ansiedad, estrés, insomnio y trastornos de diversos tipos que tienen en común la ausencia de gozo y de paz.

Además, somos propensos a lo negativo, a enfocarnos en lo malo que nos puede pasar y a centrar nuestras preocupaciones en cosas que están fuera de nuestro control. Para evitar eso, lo primero que tenemos que entregarle a Dios son nuestras metas y trabajar en lo que Él quiere hacer con nosotros, pues ese es el mejor derrotero posible. Luego, debes comenzar a declarar las cosas buenas que Dios ha preparado para ti, creerlas de todo corazón y experimentar la alegría y la gratitud como si ya las hubieras recibido. Ese es el poder de la Palabra que vuelve todo a nuestro favor, pues nos permite llamar las cosas que no son como si fuesen y poner así nuestra fe en acción.

Oración

Señor, enséñame a confiar en ti plenamente y a vivir un día a la vez, descansando en tu cuidado. Ayúdame a encontrar el equilibrio entre planificar con sabiduría y vivir reposadamente, disfrutando de las bendiciones que me das en el presente; consciente de que mis días futuros están bajo tu control y que me garantizas que caminarás conmigo así como lo haces hoy.

Guíame paso a paso y permíteme disfrutar de la paz que tú me das. Que aprenda a ser paciente en ti, a disfrutar día a día, a no preocuparme por lo que está fuera de mi control y, en cambio, saborear los pequeños detalles de la vida.

Bendice a cada persona que lee esta dosis en el nombre de Jesús, que declare bendición sobre su familia y sobre todo lo que le rodea. Que confíe en que tú llevarás sus cargas. Que pueda poner delante de ti sus proyectos, porque contigo, todo será mejor. Amén.

Te invito a reflexionar

Has aprendido el principio de vivir un día a la vez. Los problemas del día de hoy son suficientes por hoy. Para interiorizar esta enseñanza, te invito a dedicar un momento a reflexionar sobre las preocupaciones que están robando tu paz. Escríbelas en un papel y entrégalas a Dios en oración, confiando en que Él se encargará de ellas.

Haz un esfuerzo consciente por enfocarte en el presente. Agradece a Dios por las bendiciones que tienes hoy y busca maneras de servirle con pequeños actos de amor y de bondad. Al final del día, reflexiona sobre cómo experimentas su paz al confiar en Él.

____

____

____

Guardemos en el corazón

Por más que te afanes, no puedes añadir un centímetro a tu estatura o hacer crecer un solo cabello en tu cabeza; por eso... disfruta la vida. Cada día trae su propio afán. Si entregamos los planes a Dios, Él se ocupará de nosotros.

40

FUE, ES Y SERÁ

NOTAS

Es tiempo de elevar la mirada al cielo y reconocer a Dios, no solo en los momentos de necesidad, sino también con una desbordante admiración y gratitud, al ver en cada detalle de la creación —grande y pequeño— la grandeza de su bondad y su amor.

Por desdicha, hay muchos que viven su existencia sin pensar en Dios, sin considerarlo en sus decisiones, hasta que llega un momento de crisis o una gran dificultad, y entonces claman a Él y piden su ayuda.

Esto me recuerda una fábula genial que nos deja una gran enseñanza acerca de la necedad, que podemos guardar en el corazón, con respecto a reconocer a Dios.

Un ateo paseaba por un hermoso bosque asombrado por su belleza y pensando cuánta maravilla surge de la evolución. De repente, un oso lo sorprendió y comenzó a perseguirlo. Al verse acorralado y ya con la fiera alcanzándolo con su zarpada, el incrédulo clamó a Dios por auxilio:

—¡Ay, Dios mío, por favor! ¡Ayúdame!

El oso quedó petrificado, una luz brillante iluminó todo el bosque y desde el cielo se escuchó una voz que dijo:

—Durante años negaste mi existencia. ¿Cómo esperas que te ayude ahora? ¿O es que te has convertido en cristiano?

—Sería muy hipócrita de mi parte convertirme —justo ahora— por necesidad —replicó el hombre—, así que te pido, más bien, que el oso se convierta en cristiano.

No había terminado de decir su petición, cuando el oso lo arrojó al suelo y colocándole su poderosa garra sobre el pecho, exclamó:

—Dios, qué bueno eres, que sustentas a todas tus criaturas. Gracias porque pones alimento delante de mí.

¡Oración contestada!

La Palabra de Dios dice:

Dice el necio en su corazón:
No hay Dios.
Están corrompidos, sus obras son detestables;
¡no hay uno solo que haga lo bueno!

—Salmos 14:1(NVI)

Esta historia nos lleva a reflexionar en cuanto a si es posible que alguien, incluso en los momentos más oscuros de su vida —o ante la impotencia para solucionar un problema o una apremiante dificultad— no sienta la necesidad de recurrir a Dios.

La Palabra de Dios presenta numerosos ejemplos de personas poderosas que creían ser autosuficientes e infalibles, pues eran reconocidos como dioses en el mundo de su época, por su gran poder, fama o riqueza; hasta que enfrentaron circunstancias superiores a sus fuerzas que pusieron en evidencia su fragilidad y su vulnerabilidad, lo que los llevó a que —en definitiva— reconocieran su necesidad de Dios.

Por ejemplo, uno de ellos fue el faraón de Egipto, cuya historia se encuentra en el libro del Éxodo. A pesar de su gran poder, no pudo evitar las consecuencias de desafiar a Dios. Tras ver su nación casi destruida y perder a su hijo, terminó aceptando la soberanía divina y manifestando que creía por completo en Dios, al punto que pidió a Moisés y a Aarón que rogaran y clamaran a Él, por su persona.

La Biblia nos advierte que quienes niegan la existencia de Dios, a pesar de las evidencias de la creación, el orden y la belleza del universo, viven en una constante lucha interior y experimentan una profunda contradicción. Aunque tengan ojos, no pueden ver la verdad; y aunque tengan oídos, no pueden escuchar su llamado. Esta realidad, que la Palabra de Dios denomina: *la necedad del corazón*, es a la que alude el salmista en el pasaje mencionado. Esta actitud no solo afecta su relación con Dios, al prescindir de su guía, su poder y su amor, sino que también repercute en su relación con ellos mismos y con el mundo que les rodea.

Desafío personal

Querido amigo, querida amiga:

Hoy quiero invitarte a reflexionar sobre cómo la condición humana, sin Dios, nos lleva a la incapacidad de hacer el bien. Esta falta de conexión divina se traduce en una corrupción moral que se manifiesta tanto en nuestra manera de pensar como en nuestras acciones, y en la forma en que ejercemos influencia en los demás. En el mundo actual vemos cómo muchas decisiones, tanto a nivel personal como social, se alejan de los principios divinos. Esto genera injusticias, caos, conflictos y sufrimiento tanto para nosotros mismos como para nuestro entorno.

A menudo valoramos "hacer el bien" desde una perspectiva puramente humana. Sin embargo, la Biblia nos enseña que el verdadero bien solo puede definirse y alcanzarse a través de nuestra relación con Dios. Como creyentes, debemos basar todas nuestras acciones en la voluntad y los principios divinos. Es en nuestra relación con Dios en lo que encontramos la verdadera fuente de justicia y bondad.

Reflexionemos sobre cómo nuestras vidas reflejan los valores del reino de Dios. ¿Estamos promoviendo la justicia, el amor y la verdad? O, por el contrario, ¿hemos permitido que la corrupción se infiltre en nuestras decisiones?

Vivir como si Dios no existiera es más común de lo que pensamos, por eso te invito a que —a la luz de esta enseñanza que ha definido mi vida— tú también evalúes cómo estás viviendo tu fe, si estás reconociendo constantemente a Dios en todos los aspectos de tu vida. Muchas personas, que dicen creer en Dios, ignoran su voluntad y se dejan llevar por la influencia del mundo; no lo buscan, no le claman; no colocan en Él su esperanza, no confían en su instrucción.

Es tiempo entonces de dejar a un lado nuestro orgullo y volvernos a Él. No esperemos la crisis para buscarlo. Estamos aquí por su misericordia, a todos nos sustenta su mano. Él hace salir su sol y derrama su lluvia sobre todos. Muy grande es la grandeza de su bondad. No rechaces su preciosa compañía y su constante amor.

Oración

Señor, gracias por tu presencia constante en nuestras vidas. Te pedimos perdón por aquellas veces en que hemos vivido como si no estuvieras, como si nuestra vida dependiera solo de nosotros. Ayúdanos a reconocer tu soberanía en todos los aspectos de nuestra existencia y en todo momento; no solo en los de necesidad, sino también en los que disfrutamos el éxito y la prosperidad. Te damos gracias por tu amor incondicional, por tu instrucción y por tu provisión diaria. Que tu Presencia guíe cada paso que demos. Oro en el poderoso nombre de Jesús. Amén.

Te invito a reflexionar

La Palabra de Dios dice que:

> "Los malvados desprecian a Dios,
> alzan sus narices arrogantes ...
> No les importa lo que [tú, Dios] pienses".
>
> —Salmos 10:4-5 Biblia El Mensaje.

Para guardar nuestra mente de la incredulidad y nuestro corazón del orgullo y la altivez, te invito a dar lugar en tus pensamientos a Dios, realizando las siguientes acciones:

- Ora cada día y lee la Biblia de forma ordenada y constante.
- Medita y memoriza, al menos, un versículo diario.
- Coloca tus asuntos delante de Él y consúltalo, en oración, antes de tomar cualquier decisión.
- Agradece continuamente por cada detalle de tu vida.

Registra aquí el fruto de vivir un día a la vez, en sintonía con Dios, y darle lugar a Él en cada uno de tus pensamientos.

____

____

____

Guardemos en el corazón

En el canto del ave, un himno de alabanza; en la flor que se abre, un susurro celestial. La naturaleza es un reflejo del Creador, en perfecta concordancia con su voluntad. Así también tú y yo, en armonía completa con su bondad, podemos manifestar su belleza y reflejar su amor.

PÁRATE EN LA ROCA

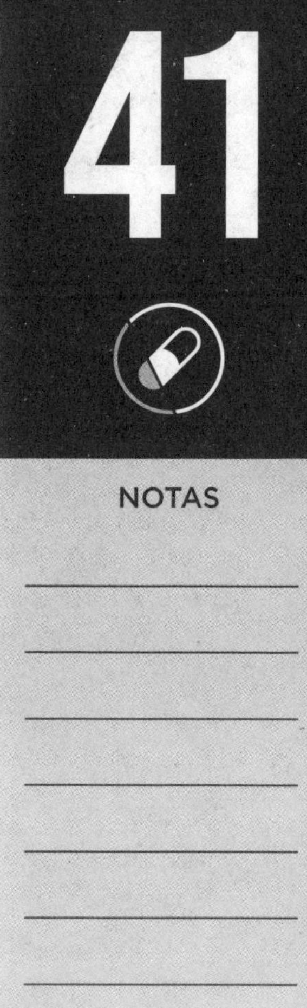

Desde las civilizaciones más antiguas existió una ley denominada el "Código de Hammurabi". Este contenía un conjunto de leyes de la antigua Babilonia que reglamentaba, entre muchos asuntos, disposiciones específicas sobre la responsabilidad de los constructores para garantizar la seguridad de las edificaciones. Una de sus leyes más relevantes indicaba que si una casa colapsaba por errores en la construcción y causaba la muerte de sus ocupantes, el constructor sería condenado a muerte.

Aunque parece muy drástica, esa ley era de gran utilidad y ayudaba a mantener el control de calidad de la construcción en cuanto a estudios de suelos, fortaleza de los cimientos, calidad de los materiales, previsión de catástrofes, etc.

Cuando Jesús vino a la tierra, y habitó en medio de los hombres, también reconoció la importancia de construir buenas casas para proteger a la familia y habló de la trascendencia de los cimientos en la solidez de las edificaciones, especialmente ante el impacto de catástrofes naturales como las fuertes tempestades. Además, realizó una extraordinaria comparación con nuestra vida y la necesidad de tener bases muy sólidas con un fundamento que pueda resistir las tormentas más feroces y mantenernos en pie, victoriosos y fuertes.

La Palabra de Dios dice:

Por tanto, todo el que me oye estas palabras y las pone en práctica es como un hombre prudente que construyó su casa sobre la roca. Cayeron las lluvias, crecieron los ríos, soplaron los vientos y azotaron aquella casa; con todo,

> la casa no se derrumbó porque estaba cimentada sobre la roca. Pero todo el que oye mis palabras y no las pone en práctica es como un hombre insensato que construyó su casa sobre la arena. Cayeron las lluvias, crecieron los ríos, soplaron los vientos y azotaron aquella casa. Esta se derrumbó y grande fue su ruina.
>
> —Mateo 7:24-27(NVI)

El pasaje bíblico nos desafía a evaluar nuestra vida. ¿Estamos construyendo nuestro fundamento sobre la roca firme o sobre arena movediza? ¿Somos simples oyentes de la Palabra de Dios o la ponemos en práctica? La respuesta a estas preguntas determinará la fortaleza y estabilidad de nuestra vida.

Construir sobre la roca requiere esfuerzo, pero garantiza una base sólida. La arena puede parecer más fácil, pero inevitablemente conduce al fracaso. Vivir guiados por las costumbres aprendidas, por lo que nos dicen los demás o por las tendencias de este mundo, es como construir sobre arena. Es cómodo; sin embargo, nos deja vulnerables ante las circunstancias y las influencias externas.

La verdadera fortaleza se encuentra en Dios. Cuando decidimos confiar en Él, depositar nuestra esperanza en Él y obedecer su Palabra, estamos construyendo nuestra vida sobre un fundamento inquebrantable. Si Jesús es la roca de nuestra vida, entonces nuestros pensamientos, decisiones y acciones estarán alineados con su voluntad. Incluso en medio de dificultades, pruebas y desafíos, nuestra fe en Él nos dará la fuerza para superar cualquier obstáculo.

Desafío personal

¿Qué tipo de edificador eres? ¿Eres como el constructor sabio que elige cuidadosamente los materiales y construye sobre una roca firme? Alguien que escucha la palabra de Jesús y la pone en práctica, fundamentando su vida en la fe y la obediencia. O, por el contrario, ¿eres como el constructor insensato que construye sobre arena, un terreno inestable que no resiste las tormentas de la vida?

Ambos tipos de construcciones enfrentarán tormentas, pero el resultado será muy diferente. Aquellos que han construido sobre la arena experimentarán ruina, mientras que quienes construyen sobre la roca encontrarán estabilidad y paz.

He conocido a personas que han construido sus vidas sobre cosas pasajeras y superficiales, solo para ver cómo se desmoronan luego. Pero también he conocido a quienes me han inspirado porque han fundamentado sus vidas en lo eterno y lo verdadero, en Dios, y han encontrado una paz duradera.

¿Cuál es el fundamento de tu vida? ¿Has experimentado las consecuencias de construir sobre arena? Te invito a regresar a un fundamento sólido y eterno. Para mí, ese fundamento es Jesús. Él es mi roca, mi fortaleza. Aunque en el pasado haya construido sobre arena y haya sufrido las consecuencias, hoy mi vida está construida sobre Él. Dios me ha dado un propósito y una pasión: ayudar a otros a conocer a Jesús y experimentar su transformación.

Oración

Padre celestial, gracias por tu Palabra, que es mi guía y mi fortaleza. Ayúdame a ser como el hombre sabio que construye su casa sobre la roca. Dame un corazón dispuesto a obedecer tus mandamientos y a poner en práctica tus enseñanzas en mi vida diaria. Lléname de fe y determinación para resistir las tentaciones de construir sobre cimientos frágiles. Que, cuando las tormentas de la vida lleguen, pueda permanecer firme en ti, siendo un testimonio vivo de tu amor y tu poder, confiando en que eres mi roca eterna e inamovible.

En el nombre de Jesús, oro por todas las personas que leen estas palabras. Que encuentren sanidad en sus heridas, alegría en sus corazones y consuelo en sus momentos de dolor. Que sean liberados de todo peso y que experimenten la plenitud de tu amor. Ayúdalos a descubrir su propósito y a tener una vida plena y significativa.

Declaro que ya no tendrás más dolor, lamento ni decepciones. Ya no habrá más pérdidas. Hoy te levantas para brillar, para alumbrar, para llevar bendición. Amén.

Te invito a reflexionar

Medita profundamente en cuanto a los cimientos de tu vida. Identifica las áreas en las que has escuchado su mensaje, pero aún no lo has puesto en práctica.

Ora a Dios pidiendo sabiduría y fortaleza para aplicar sus enseñanzas a cada aspecto de tu vida. Toma decisiones valientes para obedecerle.

Haz una lista de las áreas en las que el Espíritu Santo te muestra que aún no estás alineado con su voluntad. Pide perdón y fuerza para obedecerle. Comienza a actuar ahora mismo. Verás los frutos de tu obediencia. Escribe tus avances para ver cómo obra Dios en tu vida.

____

____

____

Guardemos en el corazón

Fundamenta tu vida sobre la roca que es Cristo y verás su mano a favor de todo lo que eres, lo que haces y lo que tienes. No te detengas, porque Él tiene planes de paz y de bien para ti.

EL "PERO" DE DIOS

Todos conocemos a Dios como el ser perfecto, todopoderoso, omnipresente y eterno. El Padre de las luces, la fuente de todo bien. Su amor es eterno y su fidelidad inmutable. Él hace todo lo que quiere, en los cielos y en la tierra.

Ante esta imagen de un Dios perfecto, podríamos preguntarnos: ¿Puede haber algún "pero" en Él? La respuesta, aunque pueda parecer sorprendente, es sí. Pero este "pero" no es un defecto, sombra o error, sino una evidencia de su inmenso amor y compasión.

Al estudiar la Palabra de Dios, encuentro que este "pero" tiene que ver con su gran misericordia, su disposición a perdonar nuestros pecados y a restaurar nuestra relación con Él. Su deseo es que todos se salven y conozcan su amor, un amor tan profundo que va más allá de nuestra comprensión. A continuación, comprenderemos mejor esta hermosa y transformadora verdad.

La Palabra de Dios dice:

> Al ver el Señor que la maldad del ser humano en la tierra era muy grande y que toda inclinación de su corazón tendía siempre hacia el mal, lamentó haber hecho al ser humano en la tierra, y le dolió en el corazón. Entonces el Señor dijo: "Voy a borrar de la superficie de la tierra al ser humano que he creado. Y haré lo mismo con los animales, los reptiles y las aves del cielo. ¡Me duele haberlos hecho!". Pero Noé contaba con el favor del Señor.
>
> —Génesis 6:5-8 (NVI)

La Biblia nos revela, en este pasaje, el profundo dolor que Dios sintió al ver cómo la humanidad —creada a su imagen y semejanza para que reflejara su gloria— se apartó de Él. El libre albedrío del hombre lo llevó a escoger un camino de egoísmo y pecado, alejándolo del amor divino.

Este alejamiento no solo afectó la relación del hombre con Dios, sino que también corrompió las relaciones humanas y dañó la creación. La violencia y la maldad se extendieron por toda la tierra, llevando a la humanidad a un estado de decadencia. Ante esta situación Dios, en su justicia, se arrepintió de haber hecho al hombre, por lo que decidió poner fin a la corrupción y raer a todo ser vivo sobre la tierra.

Sin embargo, en su infinita compasión, vio a Noé y le agradó su corazón íntegro, justo y fiel. Noé sobresalía de en medio de su generación. Él no era como los demás. Noé se convirtió en el "pero" de Dios, tal como lo dice el pasaje anteriormente expuesto: "*Pero* Noé contaba con el favor de Dios". Y *"Noé era un hombre justo e íntegro entre su gente, y anduvo fielmente con Dios"*. (Génesis 6:9 NVI).

Así que, el Señor tuvo misericordia de él y de su familia, por lo que decidió salvarlo junto con una pareja de cada ser vivo animal que él había creado.

Desafío personal

Puede que tu familia, trabajo o entorno no sean perfectos. Quizás sea poco lo rescatable que encuentres en ellos. Sin embargo, tú puedes ser el agente de cambio que Dios necesita. Eres el "pero" de Dios para traer bendición, salvación y sanidad a una familia, empresa o generación.

Dios te ha elegido para que seas el punto de partida de algo nuevo. En medio del caos, tú traerás orden. En medio de la corrupción, tú serás integridad. En la violencia, generarás la paz.

Dios desea hacer un nuevo comienzo a través de tu vida. Tiene un plan de restauración para ti y a través de ti, para tu entorno. Un plan de transformación y sanidad.

Mi vida también estaba lejos del plan de Dios, pero un día escuché un mensaje que cambió todo. Decidí creer y seguir a Dios. Fui el "pero" para que yo mismo me convirtiera en un agente de transformación. Por eso sé que este mensaje también es para ti.

Para ello, necesitas fe. Los planes de Dios a veces parecen descabellados, como cuando le pidió a Noé que construyera un arca en medio de una tierra seca. *Pero* Noé creyó y comenzó a construir.

Si tomas la decisión de creer y comienzas a trabajar con una visión de bendición para el mundo, aunque tu situación sea difícil, estarás permitiendo que Dios obre en ti. Al igual que Noé, tú puedes ser un instrumento de cambio y bendición para muchos.

Oración

Padre amado, anhelo ser de aquellos que encuentran gracia ante ti para recibir, creer y cumplir tus perfectos designios. Sé que escoges personas que creen profundamente y se esfuerzan por alcanzar tu propósito.

Y no solo eso, sino que también inspiran a generaciones futuras a continuar tu obra. Pongo mi vida en tus manos, Señor. Dame sabiduría para planificar y actuar no solo para el presente, sino para la eternidad, bendiciendo a muchos.

Declaro que hoy es un nuevo comienzo, una oportunidad para que tu luz brille en mi vida. Creo que tu abundante bendición caerá sobre mí y sobre todos aquellos que se acercan a ti a través de esta dosis, *en el poderoso nombre de Jesús. Amén.*

Te invito a reflexionar

Nosotros no trabajamos para una semana, ni para un año, ni diez. Hacemos planes eternos que transforman vidas.

Pide a Dios sabiduría para entender el propósito glorioso que te ha dado y cómo poner tus dones y talentos a su servicio para que puedas convertirte en el instrumento divino que trae bendición a tu familia, a tu empresa y a tu generación. Escribe tus reflexiones y transfórmalas en planes de acción que puedas comenzar a ejecutar hoy mismo.

Por ejemplo. Si tomas la decisión, por fe, de decir: "No me endeudaré más, cualquiera sea mi circunstancia actual. Haré lo correcto paso a paso y Dios me sacará de esta situación", y permites que un nuevo comienzo ocurra en tu vida, serás de bendición para muchos.

____

____

____

Guardemos en el corazón

¿Estás listo para dejar de vivir al día y comenzar a forjar un legado que perdure? Pide sabiduría a Dios para que descubras tu propósito y comiences a actuar de maneras concretas para alcanzarlo. No importa cuán grande o pequeño sea tu paso, cada acción te acerca más a los planes de Dios, ¡Comienza hoy mismo!

MIEDO AL RECHAZO

A menudo somos bombardeados con mensajes que buscan manipular nuestra percepción acerca de cuánto valemos y cómo nos sentimos en términos de felicidad, plenitud y realización. Nos hacen creer que estos aspectos dependen de factores externos como la moda, las marcas, los viajes, las celebridades que admiramos, la apariencia física, el estilo de vida y hasta nuestros hábitos más cotidianos.

Incluso somos condicionados, permanentemente, a aceptar cosas que no nos gustan, no nos parecen bien y que van en contra de nuestros valores y principios espirituales. Sin embargo, estas cosas se vuelven normales porque todo el mundo las acepta y habla de ellas con naturalidad.

Somos presionados socialmente a actuar, vestir, pensar y comportarnos como los demás. Todo eso porque tenemos miedo al rechazo. El rechazo es una experiencia que todos hemos sufrido en algún momento de nuestras vidas y que ha dejado muchas heridas en nuestros corazones. Por eso, es algo que evitamos a toda costa.

Ese temor al rechazo nos impide ser originales, verdaderos y sinceros. La gente miente, oculta la verdad por miedo a no ser aceptada. Nos da temor expresar nuestras opiniones, defender nuestras posturas, principios y valores, e incluso decir la verdad. También nos da miedo compartir nuestra fe en Jesucristo. Pensamos: "¿Qué pensarán de mí?". En este caso, el silencio no es oro, sino una mala jugada que permitimos en nuestra vida.

Pero, ¿cómo podemos superar el rechazo?

Te invito a reflexionar en esta enseñanza para que puedas aplicarla a tu vida y superar el temor al rechazo.

La Palabra de Dios dice:

> Entonces, ¿busco ganarme la aprobación humana o la de Dios? ¿Piensan que procuro agradar a los demás? Si yo buscara agradar a otros, no sería siervo de Cristo.
>
> —Gálatas 1:10 (NVI)

La Palabra de Dios, el Manual de Vida, nos da la respuesta a través de esta enseñanza del apóstol Pablo. Él mismo tuvo que tomar una decisión que determinaría el rumbo de su vida y su impactante obra en la expansión del evangelio al mundo conocido de la época, asegurando que llegara hasta nuestros días.

Esa decisión fue: ¿A quién intentaría agradar? ¿De quién buscaría la aprobación? ¿De los hombres o de Dios? Pablo comprendió que era imposible agradar a ambos, ya que el mundo está —en su mayoría— en contra de Dios y muchos están apartados de Él.

O complacía a los hombres o agradaba a Dios. Por supuesto, su decisión fue rotunda y contundente: decidió agradar a Dios antes que a las personas, puesto que fue Dios quien lo dio todo por él, quien lo perdonó y derramó su preciosa sangre, amándolo hasta la muerte. Fue quien le proveyó de una extraordinaria calidad de vida y le dio un propósito supremo, y quien le concedió al Espíritu Santo para bendecirlo y permitirle cumplirlo a cabalidad.

La forma de sobreponernos al temor al rechazo es, entonces, recibir, aceptar y disfrutar el amor y la aceptación de Dios, buscar su aprobación y creer de corazón todo lo que Él ha dicho de nosotros, valorando esa opinión por encima de cualquier otra.

Desafío personal

Querido amigo, querida amiga, hoy te invito a adoptar una nueva perspectiva de la vida. Y es darle a Dios el primer lugar en tu mente y en tu corazón. Es ponerlo a Él en el centro mismo de tu existencia. Dale toda la importancia y primacía a lo que Dios piensa de ti; disfruta de su amor y su aceptación incondicional, y vive para cumplir su maravilloso propósito.

En cuanto a la opinión de los demás, no la sobreestimes. Fue precisamente darle tanta importancia a lo que piensan los demás lo que causó tanto dolor a nuestras vidas. Lo sé, porque igual que tú, también experimenté el rechazo.

¿Te has sentido menospreciado, señalado o abandonado? ¿Has sentido que no te valoraron, fuiste tenido en poco o traicionado?

Hoy puedes ser liberado de tu dolor y curado de tu sufrimiento. Dios te ama y te aprueba. Y si le das el primer lugar, Él te dará un lugar de honra que preparó para ti. Si lo agradas, Él exaltará tu valor y hará resplandecer tu justicia como la luz y expondrá tu derecho como el mediodía.

Oración

Padre amado, te doy gracias por ser el sanador de mi alma y el libertador de mi corazón. Me diste vida cuando estaba muerto, me aceptaste cuando el mundo se olvidó de mí, me perdonaste, me sanaste y me levantaste del polvo para resplandecer con tu preciosa luz. Todo te lo debo a ti y, por eso, te entrego mi vida y mi corazón. Decido creerte, seguirte y vivir para tu gloria. Cumple tus maravillosos propósitos en mi vida y dame la fuerza de tu Espíritu para hacer tu voluntad y buscar agradarte todos los días de mi vida.

Bendice a cada persona que lee esta dosis, *que sea sanada del rechazo y fortalecida para vivir en plenitud, felicidad y realización bajo tu servicio. Amén.*

Te invito a reflexionar

¿Cómo vivirías si creyeras en lo que Dios dice que eres? Piensa y haz una lista de todos aquellos aspectos en los que has dado más relevancia a lo que otros dicen de ti que a lo que Dios afirma. Coloca al frente la verdad de Dios y pídele al Espíritu Santo que te ayude a creerla, interiorizarla y hacerla parte de ti. Registra también los cambios que comenzarás a experimentar a partir de hoy, y da gracias a Dios por sanarte y liberarte.

____

____

Guardemos en el corazón

Pagué un alto precio por ti ... ¡Eso es lo mucho que significas para mí! ¡Eso demuestra cuánto te amo! Vendería el mundo entero para recuperarte, intercambiaría la creación solo por ti. No temas: Estoy contigo.

—Isaías 43:4-5 Biblia El Mensaje

CIRUGÍA DE CORAZÓN

44

NOTAS

¿Has perdido a un ser querido?

¿Se ha ido de tu vida y te has quedado solo?

¿Tienes el corazón roto porque se acabó tu hogar y las promesas de amor eterno y fidelidad fueron olvidadas?

¿Sientes ira, resentimiento y amargura porque *te rechazaron desde tu niñez o te maltrataron en tu infancia?*

¿Qué ves cuando te miras al espejo? ¿Sientes que no te gustas, no te aceptas y *que tu autoestima está por el suelo?*

¿Piensas que las cosas no son como las soñaste, que no se han dado como las anhelaste?

¿Has perdido la fuerza y sientes que ya no puedes más?

Esta *dosis* es para ti. No eres el único que siente dolor. Cuentas con un amigo incondicional, un sanador por excelencia, el cirujano de tu corazón.

La Palabra de Dios dice:

> Obraré sanidad por dentro y por fuera. Voy a mostrarles cómo es la vida completa, la vida que rebosa de bendiciones.
>
> —Jeremías 33:6 Biblia El Mensaje

No importa por qué situación hayamos pasado, ni qué valle oscuro hayamos atravesado, ni qué diagnóstico tan grave hayamos recibido. Tenemos un Médico por excelencia que ha dado abundante provisión de sanidad para cada uno de nosotros, en la cruz.

No hay que pagar un alto costo por este servicio de salud, más excelente que cualquier seguro que podamos adquirir. El precio ya se pagó. Fue un valor extraordinario, pero Jesús lo pagó con su propio dolor y sufrimiento, para que tú y yo podamos ser sanos y experimentar libertad de toda herida del pasado. Lo único que debemos hacer es creer en Él, recibirlo en el corazón y aceptarlo como nuestro Salvador y Señor.

Él no quiere que sufras más, por eso te invita a aceptar su curación, a recibir su medicina. Él quiere cambiar tu enfermedad por salud, tu dolor por alegría y tu sufrimiento por un canto de victoria.

Además, Él sabe que —a veces— la intensidad del dolor, la prolongación del sufrimiento que has vivido o la decepción ante múltiples intentos fallidos por encontrar respuesta, han generado mucha frustración en ti y te cuesta trabajo creer que tu sanidad es posible. Por eso, Dios te ha dado esta promesa, que es un compromiso de lealtad y cumplimiento que te hace, y es imposible que Dios incumpla sus promesas. Él no puede faltar a su palabra, Él no miente, no se retracta, Él es fiel.

Desafío personal

Si estás leyendo esta *dosis,* pero hasta este punto sigues pensando que es muy difícil que puedas olvidar el pasado y sigues recordando momentos muy tristes en tu vida, una y otra vez, es porque seguramente los has depositado en un lugar muy profundo de tu corazón y los has alimentado en forma de imágenes, emociones y sensaciones, durante años y décadas de tu vida. Puedes sentir que el tiempo no cura nada y que, en vez de desvanecerse, tus recuerdos se acentúan cada vez más y cobran vida.

No es extraño que esas semillas se hayan arraigado fuertemente y estén produciendo, desde hace mucho tiempo, frutos de resentimiento, ira y amargura, tanto que ya no resistes más y ahora, toda esa rabia o frustración, se ha convertido en tristeza, derrota o desconsuelo, y se está manifestando en depresión o enfermedad.

Quiero decirte que yo también me sentí así y que en esas circunstancias no se pueden aplicar pañitos de agua tibia. Lo que necesitamos es algo mucho más contundente y definitivo: necesitamos una cirugía de corazón. Solo eso puede sanar nuestros recuerdos y darles un nuevo significado para que al verlos, ahora a través de la perspectiva de Dios, sus frutos sean de paz y de tranquilidad.

Hay un cirujano perfecto, uno que también me operó a mí y me arrancó el dolor, me limpió con su perdón y me dio un nuevo corazón. Él mismo me ha ungido para llevar libertad a través de estas *dosis* a los cautivos, sanidad a los enfermos y luz a los ciegos. Yo lo creo y si tú lo crees también experimentarás toda la sanidad que necesitas por el poder del Espíritu Santo que se derrama sobre ti.

Oración

Padre bueno, hoy te pido perdón por seguir insistiendo en llevar estas pesadas cargas que me agobian y doblegan mi vida, condenándome a un lento y doloroso caminar.

Permíteme entender y apropiarme, por tu precioso Espíritu, de la obra sanadora de la cruz. Que ya me has perdonado y limpiado, que el enemigo no pueda acusarme ni dañarme más.

Ahora, declaro que tú eres mi fuente de vida, de fuerza y de poder. Me sanas en todos los aspectos. Das vida a mi ser y me sigues perfeccionando por tu preciosa sangre, transformándome a la imagen y semejanza de Jesús.

Te agradezco desde lo profundo de mi corazón, te confesaré cada día y proclamaré tus maravillas. Amén.

Te invito a reflexionar

Redacta una carta en la que describas los sucesos que te impresionaron profundamente y preséntate ante Dios, tu Sanador. En oración, entrega todo lo que aún te duele. Repite en voz alta el pasaje referido en esta *dosis*, y pídele a Jesús que realice la cirugía necesaria y extirpe para siempre los recuerdos dolorosos, trayendo paz y sosiego permanente a tu corazón.

Declara que eres libre, rompiendo la carta y alabando a Dios por darte una nueva oportunidad y hacer de ti otra persona con una nueva manera de pensar, actuar y sentir.

____

____

____

Guardemos en el corazón

Así como el pastor cura a sus ovejitas lastimadas, Dios sana nuestra alma. Nos toma con ternura en sus brazos y nos acerca a su pecho hasta que recuperamos nuestras fuerzas y podemos saltar nuevamente y correr con alegría por la vida.

CASO OMISO

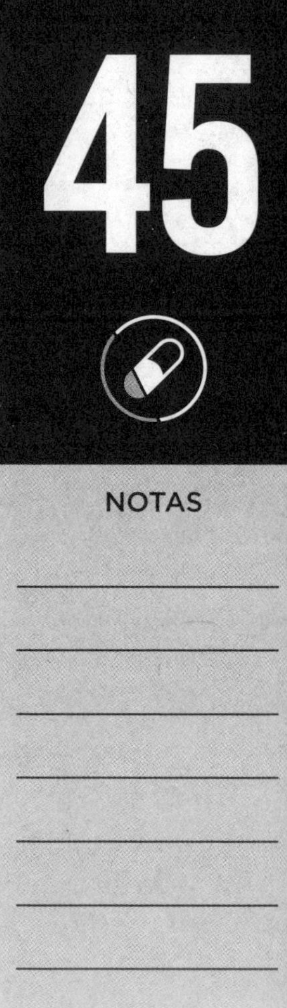

¿Te has encontrado con obstáculos que intentan desviarte del camino de la fe? Hoy quiero hablarte de uno de ellos, muy común por cierto, y que debes aprender a manejar para que no te perjudique. Se trata de la persecución y la crítica.

Para comenzar, quiero narrarte una corta y simpática fábula:

> *Una tarde calurosa, el zorro caminaba por el bosque cuando vio un suculento racimo de uvas colgando de una rama alta, y pensó:*
>
> *—Esto es justo lo que necesito para calmar mi sed.*
>
> *Dando un par de pasos hacia atrás, tomó impulso y dio un tremendo salto, pero no las pudo alcanzar. Volvió a intentarlo una y otra vez, sin ningún éxito. Finalmente, ya cansado y dándose por vencido, alzó su nariz y dijo:*
>
> *—Al fin y al cabo, no quiero esas uvas. Seguro que ni siquiera están maduras —y se alejó.*

La actitud del zorro nos ilustra la manera en que muchas personas desprecian lo que no pueden alcanzar. Se llenan de envidia y frustración, y lo manifiestan criticando y descalificando a los demás. Incluso, pueden meterse hasta con tu fe y con la manera en que has elegido vivir sirviendo a Dios.

Nuestra primera reacción ante algo tan molesto e indignante como recibir el desprecio, la falta de valoración y la crítica de los demás, es contraatacar, pagar con la misma moneda. Quizás así aprendan lo mal que hacen sentir a los demás y dejen de hacerlo, pensamos.

La verdad es que proporcionarles un poco de su misma medicina puede ser un combustible que encienda más su rabia y que su acometida sea aún peor. Eso no funciona con esas personas, pues han dejado que su corazón se llene de amargura y han permitido que el adversario oprima sus vidas. Lo único que pretenden es desalentar, desanimar y detener a aquellos que están realizando con entusiasmo el trayecto hacia la victoria y la realización personal.

¿Qué podemos hacer entonces ante la crítica de los demás? Te lo contaré a continuación.

La Palabra de Dios dice:

> Porque esta es la voluntad de Dios: que, practicando el bien, hagan callar la ignorancia de los insensatos.
>
> —1 Pedro 2:15 (NVI)

La Biblia, nuestro Manual de Vida, nos señala el camino más seguro en cada circunstancia de nuestras vidas que tengamos que atravesar, incluso la de ser señalados, malinterpretados y que se burlen de nosotros, cuando lo único que queremos es hacer el bien y servir a Dios.

Lo primero que nos enseña es que lo hacen por ignorancia. Esa es la verdadera razón por la que los burladores y los que se sientan en la silla de los escarnecedores, aparecen como insensatos delante de Dios, sin sabiduría, prudencia ni juicio.

Lo segundo es que esa ignorancia no se puede confrontar ni contraatacar, como nos dictaría hacer nuestra tendencia humana, pues solo sería combustible para avivar el fuego en el corazón de los envidiosos. Tampoco podemos estar en alerta permanente, pues nos desgastaríamos en un estrés insostenible y dejaríamos de utilizar nuestras fuerzas y energía para avanzar. Pero tampoco podemos quedarnos pasivos ante ella. Solo existe una manera efectiva en que la Biblia nos propone actuar:

Guardar silencio y seguir concentrados en hacer el bien.

Esto molesta al enemigo tremendamente, pues lo único que quiere es anularte, acabarte y detenerte. Pero si sigues adelante y no te detienes, vas a quitarle todo el poder para hacerte daño y las habladurías de los demás, no podrán herirte y sus dardos maliciosos, no podrán lastimarte.

Nuestro Señor Jesucristo también nos dejó este gran ejemplo, pues fue muy criticado permanente e incansablemente por los religiosos de la época; sin embargo, la Biblia nos dice en Hechos 10:38, que jamás dejó de hacer el bien. Nunca se defendió, solo cumplió su misión. Jesús no fue definido por las opiniones de otros, sino por la instrucción que recibía de su Padre celestial.

Desafío personal

Sé por experiencia personal que la crítica duele y afecta; que resulta casi imposible mantenernos con el mismo entusiasmo y alegría cuando la gente no hace más que lanzarnos piedras. No obstante, sacudirnos esos sentimientos negativos y tomar el camino de la mansedumbre de Jesús se convierte en el escudo más poderoso que podemos tener.

> *"Aprended de mí, que soy manso y humilde de corazón; y hallaréis descanso para vuestras almas".*
>
> —Mateo 11:29 (RVR1960)

Hoy te invito a que, cuando empiecen a ridiculizarte, sigas adelante, camina, piensa en Jesús y actúa como Él. Ora, bendice a esas personas, pídele a Dios que, con su misericordia y su amor, las libere. No te rindas. Continúa viviendo por fe y haciendo las buenas obras que Dios te ha encomendado. Sigue haciendo el bien y nada ni nadie te podrá detener.

Cuando se hayan desvanecido todas esas palabras insensatas, tú seguirás en pie. ¡Estarás firme!

Oración

Padre amado, hoy te pido con todo mi corazón que nos llenes del poder de tu Espíritu para ser imitadores de tu Hijo amado. Que podamos desarrollar su mansedumbre y su humildad para depender siempre de ti y no de ninguna persona o circunstancia. Esto será nuestra mayor fortaleza y defensa contra cualquier ataque que podamos tener en nuestra vida de fe.

Que podamos seguir la encomienda que el apóstol Pablo le hace a su fiel discípulo Timoteo, cuando le insta a persistir en lo que ha aprendido desde niño; y a mantenerse anclado en las Sagradas Escrituras, que es su fuente inagotable de sabiduría, para seguir disfrutando y comunicando la salvación que ha recibido por la fe en el Señor Jesús.

Te invito a reflexionar

Haz un ejercicio para sacar el mayor provecho a esta *dosis*. En oración, haz una lista de las personas que te critican, te señalan, te juzgan y se burlan de ti; los que han intentado detenerte en el camino de la fe, que no se alegran con tus triunfos ni se gozan con tus avances.

Ora de todo corazón por ellas, pide a Dios que sean liberadas de la envidia y de la frustración. Que también encuentren en Él la plenitud, la felicidad y la realización para sus vidas. Que disfruten de la vida abundante y aprendan a bendecir, en lugar de maldecir; a alentar, en vez de desanimar; a construir, no destruir. Registra los frutos de esta práctica que, sin duda, serán extraordinarios.

____

____

____

Guardemos en el corazón

No te dejes apabullar por la crítica. No des un solo paso atrás, sigue marchando hasta el final, toma el escudo de la fe, con valentía llegarás, tu galardón recibirás.

RECUERDA, ERES ÁGUILA

En esta oportunidad quiero hablarte de algo importante. Muchas veces estamos rodeados de influencias que afectan nuestra forma de pensar y de actuar. Quizás estés sintiendo un impulso que te lleva a decir: "Puedo, soy capaz". Sin embargo, hay personas a tu alrededor que —en lugar de alentarte— te desmotivan y te cortan las alas, te frenan y no te dejan crecer, porque creen que están destinados a ser pequeños, como polluelos en un corral, sin darse cuenta de que fueron creados para volar como águilas y así ven a los demás.

Por otro lado, la Palabra de Dios nos enseña que fuimos diseñados para conquistar alturas inimaginables, cimas de bendición que Él ha preparado para cada uno de sus hijos, pues Él quiere vernos volar; se deleita en que surquemos los cielos reflejando su gloria por dondequiera que vayamos.

Así que dale un vistazo a esta historia.

Un día, un hombre caminaba por las montañas cuando encontró un huevo grande y hermoso. Quiso protegerlo, por lo que se lo llevó a su gallinero, colocándolo con cuidado junto a los huevos de las gallinas.

Al pasar el tiempo, el huevo se rompió y de él nació un pequeño aguilucho. Sin embargo, al crecer rodeado de pollitos, comenzó a comportarse como ellos. Aprendió a picotear el suelo buscando lombrices y granos de maíz para alimentarse, a cacarear y a aletear sin levantar vuelo más alto que las ramas más bajas de los árboles.

No obstante, un día, mientras escarbaba el suelo, el águila miró al cielo y vio a un ave majestuosa que surcaba las alturas y, maravillada, preguntó a una de sus compañeras:

—¿Qué pájaro es aquel? Nunca, había visto volar a un ave de esa manera tan hermosa.

La gallina, sin mirar mucho, respondió:

—Ah, es el águila dorada, reina de los cielos. Pero no pienses mucho en ella. Nosotros somos de acá abajo.

El águila bajó la cabeza y siguió viviendo como un ave de corral, y nunca más volvió a mirar al cielo. Murió creyendo que era una gallina. ¡Nunca supo que había nacido para algo más grande!

La Palabra de Dios dice:

Todo lo que te viniere a la mano para hacer, hazlo según tus fuerzas; porque en el Seol, adonde vas, no hay obra, ni trabajo, ni ciencia, ni sabiduría.

—Eclesiastés 9:10 (RVR1960)

Aquí hay una perfecta exhortación a vivir con diligencia, intencionalidad y propósito. Salomón, el autor de Eclesiastés, reflexiona sobre la brevedad de la vida y nos anima a aprovechar cada oportunidad mientras tengamos aliento. No se trata solo de trabajo físico, sino de toda obra que podamos realizar para glorificar a Dios y beneficiar a otros. El énfasis está en actuar "según tus fuerzas", es decir, con excelencia y dedicación, reconociendo que la vida en la tierra es limitada. El sepulcro simboliza el fin de nuestras oportunidades terrenales, recordándonos que no debemos dejar para después lo que podemos hacer hoy.

Si tenemos sueños grandes, inevitablemente enfrentaremos obstáculos, ya sea en forma de voces críticas, dudas internas o circunstancias difíciles. Eso es parte del proceso de crecimiento y de la preparación para alcanzar lo que Dios nos ha entregado.

Desafío personal

Querido amigo, querida amiga, Dios te creó con propósito y nada puede cambiar el diseño divino en ti. No eres un accidente, sino imagen y semejanza de Dios para realizar sus obras. El profeta Jeremías nos recuerda que los pensamientos de Dios son de paz y no de mal, para darnos el fin que esperamos. En otras palabras, Dios nos creó para perseguir metas, y ha puesto sueños en nuestro corazón para que nos impulsen a alcanzarlas, así que ¡nuestros sueños tienen valor!

Sin embargo, hay que tener en cuenta algo muy importante. Un sueño sin acción solo es una idea, un deseo, un anhelo. Los sueños no son metas, sino las semillas de estas, que deben ser sembradas y regadas.

Para que se vuelvan en realidad, deben expresarse en forma de propósitos que incluyan un plan, con fechas específicas y con un derrotero que marque una serie de acciones: pequeños, pero constantes pasos que nos acerquen cada vez más al objetivo.

Las metas son demasiado importantes pues nos llenan de entusiasmo y disciplina, y nos conducen a la excelencia. Por el contrario, no tener metas es vivir estancados, como a la deriva, conformarnos a la mediocridad y mirar con crítica y celos a quienes sí están teniendo logros en la vida.

Debes establecer metas en todos los aspectos de tu vida, pero la más importante de todas es la que tiene que ver con tu relación con Dios, con conocer el propósito que Él tiene para ti y vivir para glorificar su nombre. Entonces, con Dios en primer lugar, todo lo demás te será dado.

Oración

Señor, ayúdame a discernir las áreas en las que he permitido que el miedo, la crítica o la duda apaguen mis sueños. Dame fortaleza para confiar en tu propósito y seguir adelante. Ayúdame a desarrollar una mentalidad firme, una relación profunda contigo y permíteme descubrir estrategias prácticas que me permitan avanzar aun en medio de las dificultades.

En este momento vengo delante de ti con un corazón lleno de esperanza y de sueños que tú mismo has puesto en mi vida. Reconozco que los sueños que tengo son parte de tu plan perfecto para mí y, aunque a veces el camino parece incierto y surgen dificultades, confío en que tú eres el que me guía. Ayúdame a no rendirme cuando las voces del desánimo o las circunstancias adversas tratan de apagar mi fuego. Fortalece mi fe, Señor, para seguir adelante, sabiendo que no estoy solo, sino que tú vas delante de mí.

Te pido que renueves mi visión y me des claridad para ver los pasos que debo dar. Enséñame a no esperar el momento perfecto, sino a actuar con valentía y perseverancia, consciente de que cada acción, por pequeña que sea, me acerca a la realización de los sueños que me has dado. Que mi corazón esté lleno de pasión por tu voluntad y que mis manos no se detengan, sino que sigan trabajando con dedicación. En Cristo Jesús, amén.

Te invito a reflexionar

Lo que Dios ha puesto en tu corazón no es para que se apague, sino para que dé fruto y glorifique su nombre. Te propongo las siguientes acciones para lograrlo:

- En primer lugar, piensa en los sueños que Dios ha puesto en tu corazón. Escríbelos.
- Intenta identificar los obstáculos que estás enfrentando.

¿Qué voces o circunstancias han intentado apagar tus sueños? ¿Qué pensamientos negativos repites que podrían estar limitando tu avance?

- Declara victoria. Afirma con fe que las circunstancias no definirán tu destino. Ora y pídele a Dios que te dé fortaleza y sabiduría.
- Actúa con determinación. Da un paso concreto hacia tu sueño hoy, aunque parezca pequeño. Recuerda, los grandes logros comienzan con pequeños pasos llenos de fe.

- Escribir un versículo que te inspire y colocarlo en un lugar visible te servirá como recordatorio de que tus sueños son parte del plan de Dios.

____

____

____

Guardemos en el corazón

Dios te creó para volar alto, para vivir en libertad y cumplir su propósito con tu vida. Atrévete a extender tus alas y a descubrir la vida abundante que Él tiene preparada para ti. No permitas que las voces del mundo te limiten e intenten detenerte; escucha la voz de Dios que siempre te animará a seguir adelante. ¡Todo lo puedes en Cristo que te fortalece!.

47

¡CUIDADO!, NO LO DIGAS

NOTAS

Las palabras tienen un poder inmenso: pueden construir puentes o levantar muros, traer consuelo o causar heridas, producir felicidad o acarrear desgracias.

Por eso, la prudencia en lo que decimos y el discernimiento para saber cuándo hablar o callar, son virtudes esenciales. Hablar en el momento oportuno, con amor y sabiduría, puede transformar una situación difícil en una oportunidad de entendimiento y paz. Por otro lado, guardar silencio cuando las emociones nos desbordan o cuando no tenemos algo edificante que decir, nos impide cometer errores que podríamos lamentar. En la vida, aprender a equilibrar esos momentos es clave para mantener relaciones sanas y exitosas.

Deseo ilustrar mucho más la enseñanza de hoy con este relato:

Había una vez un sultán que soñó que había perdido todos sus dientes. Al despertar, preocupado y ansioso por conocer el significado de su sueño, ordenó llamar a un sabio para que lo interpretara. El sabio llegó al palacio, escuchó el relato del sultán y, tras reflexionar, dijo con seriedad:

—Mi señor, lamento decirlo, pero este sueño es una señal de desgracia. Cada diente que cae representa la pérdida de un pariente cercano de vuestra majestad.

El sultán, indignado, se levantó enfurecido.

—¡Qué atrevimiento! ¿Cómo osas traerme un mensaje tan terrible? —gritó—. ¡Fuera de aquí!

Inmediatamente, ordenó a sus guardias que castigaran al sabio con cien latigazos.

Más tarde, todavía inquieto por el sueño, el sultán pidió que trajeran a otro sabio. Cuando este llegó y escuchó el mismo relato, respondió con calma y una leve sonrisa:

—Majestad, sois verdaderamente afortunado. Este sueño significa que viviréis más que todos vuestros seres queridos, un privilegio reservado solo para los más grandes.

Al oír estas palabras, el sultán se llenó de alegría. Su rostro, antes preocupado, se iluminó con una gran sonrisa.

—¡Qué buena noticia me ha dado! —exclamó, y ordenó que le entregaran al sabio cien monedas de oro como recompensa.

Cuando el sabio salía del palacio, un cortesano intrigado lo detuvo y le dijo:

—No entiendo lo que acaba de suceder. La interpretación que diste es exactamente la misma que la del primer sabio, pero mientras él fue castigado con latigazos, tú recibes una generosa recompensa. ¿Cómo es posible?

El sabio, con tranquilidad, respondió:

—Amigo mío, recuerda siempre esto: "el contenido de un mensaje es importante, pero la forma en que lo comunicamos marca toda la diferencia".

Este relato nos enseña una verdad fundamental: muchas veces el éxito no depende de lo que decimos, sino de cómo lo decimos. Comunicar la verdad es esencial, pero hacerlo con sabiduría, amor y delicadeza es lo que transforma palabras en soluciones, no en conflictos. Como dijo alguien sabiamente: La verdad es como "*una piedra preciosa*". Si la arrojamos al rostro de alguien, puede herir. Sin embargo, si la envolvemos en un delicado empaque y la ofrecemos con ternura, será aceptada con gratitud.

La Palabra de Dios dice:

Hay un tiempo para callar y tiempo para hablar.

—Eclesiastés 3:7 (NVI)

¿Cuántas veces hablamos impulsivamente y luego nos arrepentimos? O, por el contrario, ¿hemos callado cuando debíamos dar palabras de ánimo o verdad?

El Manual de Vida nos recuerda las temporadas y momentos designados por Dios. El versículo en mención pone en consideración el equilibrio entre hablar y callar, mostrando que ambas cosas tienen su propósito en nuestro caminar diario. Hablar en exceso o guardar silencio cuando se requiere palabra puede determinar el curso y proyección de nuestra vida. Por ejemplo: hablar sin considerar las consecuencias o la sensibilidad de los demás, o dejar de hacerlo cuando es pertinente, nos puede llevar a conflictos con las personas y desencadenar situaciones con consecuencias irremediables, hasta perder el apoyo y las oportunidades.

La sabiduría está en discernir el momento adecuado. Callar puede ser un acto de paciencia y prudencia; hablar, un acto de valor y amor. Este equilibrio no lo podemos lograr solos, sino con la guía del Espíritu Santo.

Desafío personal

Controlar nuestra lengua es más difícil de lo que parece. Estoy seguro de que, como yo, también lo has intentado muchas veces y cuando crees que ya lo has logrado, surge algo inesperado, estresante o emocionalmente intenso, y todo puede salirse de control. Brotan las palabras, el viento las hace volar y no hay manera de volverlas a recoger, por más de que nos arrepintamos.

La Palabra de Dios nos advierte en la carta del apóstol Santiago que el hombre puede domar toda clase de animales salvajes, pero le resulta casi imposible controlar la lengua, pues es incansable y puede estar llena de veneno mortal. Es un pequeño fuego que puede encender grandes bosques; un pequeño timón que controla la dirección de una gigante y poderosa embarcación.

En el hogar, por ejemplo, hay una recomendación muy poderosa que el mismo apóstol Santiago nos da, para tener la victoria y evitar la mayoría de los conflictos que terminan lastimándonos unos a otros sin sentido y afectando nuestra relación: *"Mis queridos hermanos, tengan presente esto: Todos deben estar listos para escuchar, pero no apresurarse para hablar ni para enojarse".* Santiago 1:19 (NVI)

Aunque las emociones y los pensamientos pueden impulsarnos a ser reactivos y a asumir posturas defensivas u hostiles, la rapidez para escuchar y la lentitud para hablar impiden que las palabras salgan sin reflexión. Sin embargo, este control solo se puede lograr con una verdadera transformación de nuestro ser interior. Cuando entregamos nuestra vida a Cristo y recibimos al Espíritu Santo, Él hace una obra sanadora cambiando nuestra manera de pensar y sentir; nos da valor, sabiduría y poder. Nos conduce a ser imitadores de Jesús y nos ayuda a ganar esta batalla.

Oración

Señor, te pedimos sabiduría para ser prudentes con nuestras palabras. Ayúdanos a pensar antes de hablar, a elegir lo que es sabio, amable y edificante. Que nuestras palabras reflejen tu amor y sean fuente de paz, no de discordia. Danos la humildad para escuchar antes de hablar y la paciencia para guardar silencio cuando sea necesario.

Señor, dame un corazón lleno de prudencia para saber cuándo debo hablar y cuándo debo callar. Que mis palabras siempre construyan y traigan paz. Que siempre busquemos edificar a los demás con lo que decimos, para que nuestras palabras glorifiquen tu nombre.

Oro por cada persona que lee esta dosis *para que sea transformada en un nuevo ser, cuyas palabras traigan paz y bendición al mundo. En el nombre de Jesús. Amén.*

Te invito a reflexionar

Esta semana, te invito a realizar el siguiente ejercicio práctico:

- Antes de responder o decidir quedarte en silencio, haz una pausa y pregúntate:
  ¿Estoy hablando para edificar o solo para imponer mi opinión?
  ¿Estoy callando por temor, indiferencia o egoísmo, o porque es lo mejor en este momento?
- Identifica los momentos en que te cueste más tener el control de tus palabras.

- Comprométete a reflexionar antes de cada acción verbal y, si es necesario, pide perdón a alguien con quien tus palabras o tu silencio hayan causado un malentendido.
- Antes de hablar, haz una oración breve, pidiendo sabiduría y amor. Cuando sientas que debes callar, medita en que —a veces— Dios trabaja mientras guardamos silencio.
- Evalúa al final del día, cotidianamente, cómo manejaste tus palabras y silencios. Registra tus aprendizajes y tus avances.

____

____

____

Guardemos en el corazón

¡El hombre es amo de lo que calla y esclavo de lo que dice!

¿Y MAÑANA QUÉ?

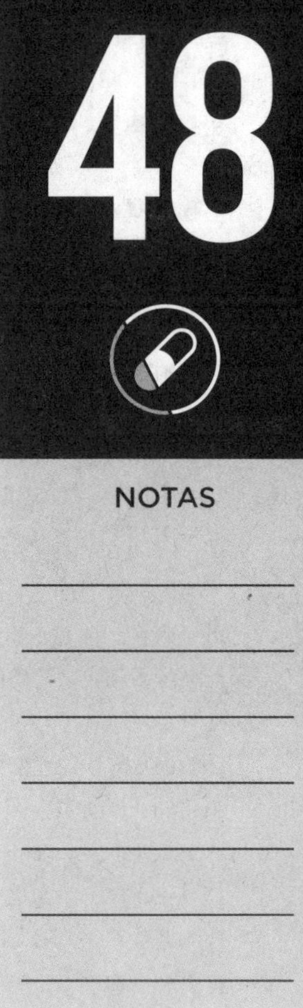

Hoy en día, la mayoría de los seres humanos se sienten inquietos e inseguros con relación al futuro, tanto que muchos buscan distintas formas de anticiparse a los probables acontecimientos y prepararse de la mejor manera posible, pero solo consiguen caer en la preocupación y la ansiedad. La única forma de estar tranquilos respecto del mañana es por medio de la fe.

Te invito a disfrutar esta *dosis,* a través de la cual, puedes tener la respuesta a este interrogante tan común: ¿Y mañana qué?

En el libro de Génesis, capítulo 10, se narra la historia de la familia de Noé. Este hombre halló gracia ante los ojos de Dios en medio de toda la humanidad y fue escogido para preservar la vida en la tierra. Obediente a Dios, construyó el arca en la que se salvaron su familia y todas las especies animales.

Este pasaje bíblico nos explica cómo, después del Diluvio, Noé y sus hijos, Sem, Cam y Jafet, se establecieron en la tierra y comenzaron a prosperar, teniendo una gran descendencia que se distribuyó en familias, lenguas, tribus y naciones. Ninguno de ellos conocía su futuro, pero Dios sí. Aunque no podrían haberse salvado por sí mismos, Dios tenía un plan maravilloso para Noé y sus hijos que los mantuvo con vida. En el caso de Sem, el hijo mayor, su descendencia sería numerosa y de ella nacería el Mesías, el Salvador del mundo.

De la misma manera, nosotros pasamos por inmensas dificultades en el transcurso de nuestra vida; pero, a través de la fe, podemos confiar en que hay un plan y un propósito diseñados para nosotros desde antes de la fundación del mundo, por un amoroso Dios lleno de bondad y misericordia. Si crees en Jesucristo y en su amor eterno, y decides andar en sus caminos, podrás tener la certeza de un futuro brillante para ti y para tu familia.

La Palabra de Dios dice:

> "Porque mis pensamientos no son los de ustedes ni sus caminos son los míos", afirma el Señor. "Mis caminos y mis pensamientos son más altos que los de ustedes; ¡más altos que los cielos sobre la tierra!".
>
> —Isaías 55:8-9 (NVI)

Muchas personas se ven a sí mismas, a sus circunstancias y al mundo que las rodea, y sienten una gran angustia. Ven la manera en que la situación va empeorando y entran en una profunda desesperanza. Se preguntan: ¿Qué será de mí y de mi familia? ¿Qué va a pasar conmigo? ¿Y ahora qué?

La Palabra de Dios, a través del profeta Isaías, nos enseña una valiosa lección: esta sensación de miedo y desesperanza surge porque perdemos de vista la perspectiva divina y solo nos enfocamos en la humana.

La gran diferencia radica en que nosotros solemos mirar al futuro con la limitada visión del tiempo humano, sin considerar que la perspectiva de Dios es eterna. Debemos elevar nuestra mirada más allá, hacia la eternidad, y así podremos vislumbrar el maravilloso futuro que Dios tiene reservado para nosotros.

Es como mirar una tormenta: por más oscura que parezca, sabemos que detrás de ella hay un sol brillante que, tarde o temprano, disipará las nubes. Asimismo, aunque ahora estemos atravesando dificultades, la esperanza en Dios nos asegura un futuro magnífico y lleno de paz.

El profeta Isaías ejemplifica esta diferencia de perspectivas al compararlas con la distancia entre los cielos y la tierra. La perspectiva de Dios trasciende nuestra comprensión limitada y la expande para comprender la gloria de la eternidad.

Desafío personal

Así que te invito a creer que Dios es el Alfa y la Omega, el principio y el fin, y que tiene todo bajo su control y dominio, incluyendo los tiempos y las estaciones. El Señor Jesús habló de eso en Hechos 1:7, cuando exhortó a sus discípulos a confiar en los designios soberanos de su Padre celestial, y les advirtió que el futuro le pertenece a Él y que está exclusivamente bajo su potestad. De modo que, en lugar de querer anticiparnos al mañana, debemos confiar en Dios, creer en su bondad y su amor; en su voluntad buena, agradable y perfecta, y en sus pensamientos de paz que tiene para nosotros.

También nos corresponde obedecer, es decir, hacer su voluntad y andar en sus caminos mientras estamos en esta tierra, pues cumpliendo sus propósitos nos aseguramos de que su mano nos guía y nada ocurrirá que no sea para nuestro bien.

En mi caso, al principio fui testarudo y necio, no quería seguir a Dios y sufrí las consecuencias. Pero luego tomé la decisión de andar por sus sendas, entendí que con Él, podía tener seguridad en el presente y un futuro glorioso, por lo que decidí seguirlo.

Si tú también quieres ver cambios en ti, en tu familia o en tu vida, disponte a hacer su voluntad y a seguirlo fielmente. Aunque el presente no sea perfecto, tendrás la seguridad de un futuro lleno de esperanza.

Oración

Padre amado, hoy me presento ante ti para pedirte con todo mi corazón que derrames tu fe en mi ser y me ayudes a creer cada día más en ti, en tu omnisciencia, en tu omnipotencia y tu omnipresencia, ya que sabes todas las cosas, de principio a fin. Creo que tienes en tu mano el curso de la historia de la humanidad y el de mi vida. Declaro que tus propósitos para mí son buenos y tu voluntad es agradable, y que quieres glorificarte en mi vida y —a través de mí— en la de muchos. Sé que en tus manos estoy seguro y que contigo lo mejor está por venir.

Bendice a cada persona que lee esta dosis, *llénala de fe y de amor, dale paz y sosiego, sánala de la ansiedad y del estrés, en el precioso nombre de Jesús. Amén".*

Te invito a reflexionar

Realiza este ejercicio:

Identifica aquellos aspectos de tu vida que te generan preocupación sobre el futuro como, por ejemplo, tu salud, tu seguridad laboral, tus hijos, la economía mundial, el cambio climático, etc.

Entrega al Señor tus preocupaciones, tus dudas y tus temores en oración. Pídele al Espíritu Santo que derrame fe en tu corazón para que puedas creer que si Dios tiene el control de tu vida, no te dejará a merced del azar, de las circunstancias ni de las personas.

Agradece y declara. Agradece a Dios y, como símbolo de liberación, rompe esta hoja. Declara tu libertad de la preocupación y el estrés.

Comprométete. Reflexiona sobre cómo puedes servir a Dios y comprométete a hacerlo.

Escribe, a continuación, los aprendizajes más importantes que has tenido hoy y los frutos obtenidos al realizar este ejercicio.

____

____

____

Guardemos en el corazón

Si estás viviendo para cumplir los propósitos divinos, entonces no tienes por qué temer. Cuando te asalte la preocupación por el futuro, repite esta verdad hasta creerla con cada parte de tu ser: "Mi Dios me dice que hay esperanza para mi porvenir, y yo le creo".

LA CICATRIZ QUE NO DUELE

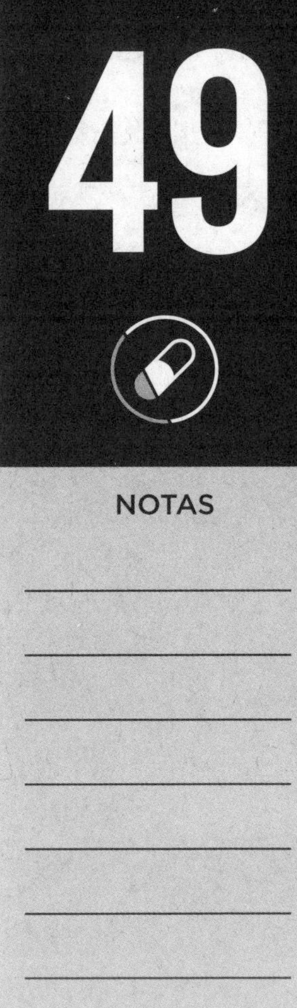

Todos hemos vivido circunstancias que han dejado huellas en nuestra piel o en algún órgano de nuestro cuerpo —como un trauma o una herida quirúrgica— y que —dependiendo de la profundidad y de cómo se traten— pueden sanar rápidamente o requerir más tiempo, incluso, algunas pareciera que nunca van a sanar.

Esas marcas no solo suceden en el cuerpo, también las hay emocionales; por motivos de pérdidas o recuerdos dolorosos y que provocan profundas impresiones en el alma y el espíritu. Una de las causas por la que ciertas heridas se mantienen abiertas supurando dolor —a pesar del paso del tiempo— es nuestra actitud de mantener intacto el hecho en nuestra mente y corazón; alimentándolo permanentemente con la ira, el resentimiento, la amargura y el deseo de venganza hacia quien o quienes nos dañaron, especialmente aquellos que nos hicieron sufrir de manera intencional.

En esta *dosis* quiero hablarte del perdón de Dios como el cicatrizante más eficaz para sanar nuestras heridas emocionales. Incluso aquellas que no las causaron otros, sino que son fruto de nuestras decisiones erradas. Cuando nos acercamos a Dios, las heridas sanan y las cicatrices que quedan ya no duelen más. Se convierten en algo de gran valor, en testimonios de su sanidad y su amor.

La Palabra de Dios dice:

> En cuanto a ti, vendré con sanidad, curaré lo incurable, porque todos perdieron la fe en ti y te rechazaron por considerar que estabas perdida: esa Sion buena para nada.
>
> —Jeremías 30:17 Biblia El Mensaje

Esta hermosa promesa de la Biblia, nuestro Manual de Vida, nos llena de esperanza al recordarnos que el amor de Dios es como un bálsamo que nos recorre por completo, un delicioso ungüento sanador que puede abarcar hasta el rincón más oscuro de nuestra vida, dando alivio y sanidad a toda herida; de tal manera que ahora, en lugar de ver el suceso, veamos su amor y, en vez de ver al ofensor, veamos al Sanador.

Entonces, las cicatrices no solo dejarán de doler sino que, además, se convertirán en evidencia de que nos hemos acercado a Dios y de que Él nos ha levantado, ha limpiado el polvo que nos cubría y nos ha ungido para seguir adelante victoriosos y con la cabeza en alto. Serán, a partir de ahora, un recordatorio de que Dios metió su mano, nos sacó del pozo de la desesperación y nos puso sobre tierra firme.

Son también el símbolo de las lecciones aprendidas, de las disciplinas recibidas y de la misericordia de Dios que nos sostiene y sin la cual, no estaríamos aquí. Como también lo reitera el profeta Jeremías en el capítulo 33, versículos de 6 al 9, asegurándonos que si acudimos a Él como nuestro Salvador, Él traerá sanidad y medicina, nos curará y nos revelará abundancia de paz y de verdad. Seremos para Él motivo de gozo, de alabanza y de gloria entre todas las naciones, las cuales escucharán todo el bien que nos ha hecho y toda la paz que nos dará.

Desafío personal

Hoy te desafío a que des un paso valiente en dirección a la sanidad de tu corazón. Sé que las heridas que has recibido pueden ser profundas, las cicatrices dolorosas y las emociones intensas. Tal vez las personas que te lastimaron ni siquiera lo reconozcan o no se arrepientan de lo que hicieron.

No obstante, perdonar no significa que apruebes lo que ocurrió, ni que olvides el dolor, ni que justifiques las acciones del otro. Perdonar es una liberación del pasado y del peso de la amargura, lo cual te permite avanzar hacia un futuro lleno de esperanza. Puede que no resulte fácil, nunca lo es; puede que no lo consideres justo, pero Dios te da la fuerza necesaria, ya que Él mismo nos perdonó entregándonos su propia vida, la vida de su Hijo. Cuando tomes esa decisión, estarás permitiendo que la gracia de Dios fluya a través de ti y te sane.

El rencor es como una pequeña piedra en tu zapato. Al principio, tal vez ni la notas mucho, pero conforme sigues caminando, el dolor comienza a aumentar. Con el tiempo, esa pequeña piedra te lastima tanto que te resulta casi imposible caminar. Cada paso se convierte en un sufrimiento y te encuentras tan centrado en el dolor que no puedes disfrutar del camino ni avanzar con libertad.

El perdón es como quitarte esa piedra del zapato. El rencor y la ira actúan como esa piedra: al principio pueden parecer pequeños inconvenientes, pero a medida que los dejas crecer, se convierten en un obstáculo constante que te impide avanzar. Cuando decides perdonar, no es que olvides lo que pasó ni que la piedra deje de existir; pero al liberarte de ella, ya no afecta más cada uno de tus pasos. El perdón te permite caminar con más ligereza, sin el peso de esa herida, y te da la libertad de seguir adelante sin que el dolor te detenga.

Hoy te invito a que des gracias por las batallas que has peleado y hasta por las cicatrices que has ganado, porque simbolizan que las heridas ya no están; que el dolor pasó. A pesar de todo lo vivido, lo que otros te han hecho y lo que tú mismo causaste, tienes la oportunidad de acercarte a Dios, de apartarte del pecado, del rencor y vivir en su temor para que vayas de victoria en victoria.

Oración

Señor, hoy vengo ante ti con un corazón cargado de dolor y heridas que solo tú puedes sanar, pues reconozco que no puedo continuar llevando ese peso. Te pido perdón por no haberte entregado este dolor antes y por permitir que las heridas controlaran mi paz.

Hoy, con tu ayuda, decido perdonar a aquellos que me han causado daño, aunque no lo merezcan. Sé que el perdón no elimina el daño, pero me da libertad para sanar y seguir adelante con paz.

Te pido que me des la fuerza para seguir el ejemplo de tu perdón incondicional que nos diste en la cruz. Ayúdame a liberar mi corazón y a caminar en la gracia que me ofreces cada día. Que tu paz gobierne mi mente y mi alma, y que pueda encontrar consuelo y restauración en tu presencia.

Señor, hoy también oro por la persona que lee esta dosis *y cree esta enseñanza. Declaro que va a ser sanada en su corazón, en su cuerpo, en sus finanzas, en su familia o en lo que necesite. Que va a ser llevada a lugares de honra, paz y seguridad. En tu nombre, Jesús, Amén.*

Te invito a reflexionar

Escribe una lista de las personas que más te han herido. Ante cada nombre, escribe una oración pidiendo a Dios que te ayude a perdonarlos, liberarte del dolor y encontrar sanidad en tu corazón. Hazlo con sinceridad, sabiendo que al perdonar te acercas más a la paz y a la sanidad que solo Él puede darte. No dejes que el dolor controle tu vida más tiempo; hoy es el día para liberar tu corazón y caminar hacia la sanidad.

____

____

____

Guardemos en el corazón

Cuando veas tus cicatrices, no te entristezcas; mira al cielo y recuerda que tienes un Dios todopoderoso que te creó con un propósito: que dependas de Él para sanarte, perdonarte, bendecirte y ponerte en alto.

"Así que no llores por lo perdido. Alégrate por estar en los brazos de tu Padre, que todo lo vuelve a tu favor".

DEMASIADO TARDE

Es probable que hayas escuchado muchas veces este dicho que encierra una tremenda verdad: *"Nadie sabe lo que tiene hasta que lo pierde"*.

Por desdicha, muchos no son conscientes de los inmensos tesoros que poseen: su salud, sus padres, su cónyuge, sus hijos, sus amistades, sus trabajos, etc. Todo eso se vuelve tan cotidiano que llegamos a pensar que es natural que esté allí o que es normal tenerlo. Incluso podemos pensar que son nuestro derecho y que nos lo merecemos.

Esta manera de pensar hace que no le demos el valor que estos regalos tienen, ya que nada de lo que somos y tenemos lo hemos ganado nosotros mismos. Todo, absolutamente todo, son hechos que vienen de la gracia de Dios sobre nuestras vidas.

Por eso te invito a reflexionar sobre cómo estamos viviendo y si realmente hemos aprendido la lección más importante: que todo en nuestra vida es un hermoso milagro y que no hay milagros pequeños en la vida. Hoy es un buen día para agradecer por todo lo que tenemos y para comprometernos a vivir cada momento con plenitud y gratitud.

La Palabra de Dios dice:

> Manténganse libres del amor al dinero y conténtense con lo que tienen, porque Dios ha dicho: "Nunca los dejaré; jamás los abandonaré".
>
> —Hebreos 13:5 (NVI)

La Palabra de Dios es nuestro derrotero perfecto, nos asegura un caminar seguro y placentero en la vida. En este hermoso pasaje nos insta a enfocarnos en todo lo que tenemos y a dejar de centrarnos en lo que, a nuestro parecer, nos faltaría para sentirnos completos y felices, ya que esa es una actitud muy común hoy en día. Esta tendencia lleva a muchos a dejar de disfrutar la vida y, por el contrario, a sentirse amargados, frustrados, entristecidos, porque se comparan con otros y con los paradigmas que el mundo les infunde.

Nuestro Manual de Vida nos invita a alegrarnos viendo las maravillas que Dios ha hecho para nosotros, las dádivas que nos ha otorgado. El contentamiento no es un sentimiento, sino una actitud que cultivamos cuando tenemos un corazón agradecido, capaz de estimar o apreciar profundamente las cosas que Dios hace. Es como si los ojos se abrieran y pudiéramos ver en toda su dimensión lo que tenemos, para descubrir el valor de todo aquello con lo que contamos. Somos capaces de reconocer su bondad y quedar impactados ante su amor.

Solo un alma que se sorprende ante los hechos prodigiosos que Dios hace y se extasía en su maravillosa esencia de amor puede no solo ser feliz y sentirse completamente pleno, sino que —además— puede cultivar un corazón lleno de alabanza y adoración hacia su Creador y Padre de misericordia y bondad.

Desafío personal

Querido amigo, querida amiga, esta *dosis* nos insta a ser sabios y aprender a vivir. La felicidad está al alcance de nuestra mano, pero muchos la desechan. La buscamos en cosas externas, como si estuvieran en las personas, objetos o circunstancias que nos rodean, cuando en realidad reside dentro de nosotros, en la presencia de Dios, que lo abarca todo.

Esta búsqueda constante nos lleva a una insatisfacción perpetua, a una lucha agotadora por obtener más y más. Nos volvemos desagradecidos e indiferentes con lo que ya tenemos, llegando incluso a quejarnos de nuestros dones, a despreciarlos y no les damos el lugar, el valor o la honra que merecen.

Por desdicha, muchos solo reaccionan y comienzan a valorar a las personas o las cosas, cuando las pierden.

Hubo un hombre que despreció el lugar de honra y de bendición que Dios le dio, no le dio importancia, fue indiferente...

hasta que lo perdió. Ese hombre fue Esaú. El relato bíblico nos cuenta que él cambió su primogenitura, que le representaba portar en alto el legado de su familia, por un plato de lentejas. Pensó que se trataba de algo temporal y pasajero, cuando en realidad era Dios quien lo había escogido para cumplir un glorioso propósito eterno. Más tarde, arrepentido, quiso recuperar con muchas lágrimas lo que no supo valorar, pero ya no había más oportunidad. Y así sucede en la vida. Por eso, ¡es hora de cambiar!

Hoy es el día para animarte a disfrutar, a estar contento con lo que tienes. A comprender que tienes todo lo que necesitas porque tienes a Dios que está dentro de ti. Lo que te va a hacer feliz no está afuera, está dentro de ti. Reflexiona sobre esto.

¿Estás realmente encontrando la felicidad que buscas? ¿O estás dejando pasar oportunidades de ser feliz por centrarte en lo que falta? ¿Necesitas perder algo para empezar a valorarlo?

Oración

Padre amado, te pido perdón por todas las veces que no valoré mis regalos y no disfruté de mis dádivas. Te pido perdón por todo el desánimo, la tristeza y la infelicidad que he tenido fruto de esta actitud. Porque siempre he estado esperando algo para ser feliz, como si no tuviera conmigo la fuente de paz y de bendición completa que eres tú.

Renueva mi fe, dame un corazón que pueda reconocerte en todo lo que haces y en todo lo que eres, así se me abrirán los ojos para ver con renovada alegría y gratitud que soy extraordinariamente rico, y podré cuidar y valorar con dedicado esmero todo lo que me has dado. Hoy te doy gracias, especialmente por mi familia, por su apoyo incondicional en los momentos difíciles y por las alegrías que compartimos. También por mi trabajo, por mis amigos y compañeros, por el lugar donde vivo, por todo lo que tengo, lo que hago y lo que soy.

Señor, hoy bendigo a todas las personas que meditan en esta dosis. *Te pido que, a partir de hoy, un renovado amor y felicidad inunden sus corazones, en el poderoso nombre de Jesús. Amén.*

Te invito a reflexionar

Haz una lista de todas tus bendiciones y agradece a Dios por cada una de ellas. Luego, elige una en particular y reflexiona sobre cómo puedes demostrar tu aprecio a través de una acción concreta. Al hacerlo, estarás enfocándote en tus bendiciones y cultivando un corazón agradecido.

____

____

____

Guardemos en el corazón

Coloca a Dios en el centro de tu vida y todo lo demás girará en perfecto orden. Dale a Dios el primer lugar y todo lo demás obtendrá su verdadero valor.

EL PLAN PERFECTO

Con toda seguridad estarás de acuerdo conmigo en que, a veces, cuando enfrentamos momentos de incertidumbre, dolor o pérdida, surgen en nosotros pensamientos como: "¿Por qué me está pasando esto?" o "¿Cuál es el sentido de esta lucha?". Es fácil sentirse perdido o desanimado cuando las circunstancias no son como esperábamos.

No eres el único a quien le sucede eso. Grandes hombres y mujeres de fe también experimentaron estos desafíos y fueron llamados a confiar en Dios, a perseverar y a seguir adelante. Historias inspiradoras de la Biblia, nuestro Manual de Vida, nos muestran que —cuando entregamos nuestro control a Dios— su plan perfecto se cumple en nuestras vidas.

Abraham es un claro ejemplo de ello. Ante la orden de Dios de dejar su tierra y su parentela para ir al lugar que Él le señalaba y convertirlo en una gran nación, llevando bendición a todas las familias de la tierra, Abraham decidió creer y obedecer. Esto implicó un largo peregrinaje con muchas pruebas y dificultades, y terminar sus días sin ver cumplida la promesa aún. Él pudo pensar que, a pesar de seguir los planes de Dios, las cosas no salieron bien, pero no fue así. Abraham confió en Dios, sabiendo que sus planes son perfectos, que Él no se equivoca, así que siguió el nuevo derrotero que Él le señaló. Eso hizo que Abraham se constituyera en el padre de la fe y que de su descendencia surgiera el pueblo de Israel, de donde vino el Mesías, el Salvador del mundo.

Si estás atravesando momentos difíciles y te sientes perdido, viviendo situaciones que no planeaste, recuerda que Dios está contigo. Aunque las circunstancias no sean las que esperabas, confía en su plan. Él tiene algo maravilloso preparado para ti.

La Palabra de Dios dice:

> Porque yo conozco los planes que tengo para ustedes —afirma el Señor—, planes de bienestar y no de calamidad, a fin de darles un futuro y una esperanza.
>
> —Jeremías 29:11 (NVI)

Confiar en Dios es ir por el camino seguro, aunque a veces no entendamos lo que Él hace o no veamos la forma de su obra. Nuestra perspectiva es limitada y, a primera vista, las cosas pueden parecer incompletas, incluso incomprensibles o hasta contrarias a nuestros intereses. Sin embargo, Dios tiene el panorama completo y sabe lo que hace. Nos corresponde entonces, solamente confiar en Él con la certeza de que —al final— nos permitirá ver las evidencias de que sus pensamientos siempre fueron mejores y que su propósito con nosotros fue de paz y de bien, para darnos el fin que esperamos. Comprenderemos que su voluntad siempre fue buena, agradable y perfecta para nuestras vidas.

Es esencial reconocer que el bienestar prometido no implica una vida sin dificultades, sino guiada por un propósito divino que lleva a un futuro de paz y esperanza. Dios nunca promete que el camino será fácil, pero nos asegura que ha de estar con nosotros en todo momento, guiándonos y obrando para nuestro bien.

Desafío personal

Hoy deseo invitarte a confiar en los planes de Dios antes que en los tuyos. Esto quiere decir que, aun cuando es importante planear, lo crucial es aprender a colocar todos tus proyectos en las manos de Dios y que estos se ajusten a lo que sabes que Dios quiere para ti.

A menudo, nos encontramos haciendo planes para nuestra vida, tratando de controlar cada detalle y asegurar que todo salga como lo imaginamos. Quizás te sientas desorientado, en medio de una lucha, y te preguntes: "¿Pensé mal las cosas?

¿Planifiqué equivocadamente?". Puede que hayas planificado sin tener en cuenta a Dios. O tal vez, sí seguiste la ruta señalada por el Señor; sin embargo, los resultados no son los que esperabas y te sientes fracasado, frustrado, abandonado, por lo que te preguntas: "¿Qué pasó?".

No te desanimes, no te sientas perdido. Lo único que necesitas es seguir adelante, confiando, esperando, creyendo en el propósito que Dios te ha dado, que va más allá de lo que podrías imaginar. Se requiere que sueltes el control y confíes plenamente en sus promesas, consciente de que su voluntad siempre es lo mejor para nuestras vidas. Él no se ha olvidado de ti, está haciendo su obra, te está transformando e incluso te está entrenando y formando para cosas mayores.

Entonces comenzarás a ver las oportunidades con otros ojos. Él te dará una confianza renovada, sabiendo que cada paso, aunque a veces doloroso o incierto, te lleva hacia algo mucho más grande y mejor.

Oración

Señor, perdóname por confiar solo en mis planes y proyectos. Hoy decido rendirme a tu voluntad. Sé que, aunque no entiendo todo lo que está sucediendo, tu plan para mí es perfecto. Así como el alfarero sabe lo que hará con el barro, sé que tú sabes lo que harás conmigo. Señor, gracias por tu promesa en Jeremías 29:11.

Aunque en momentos de dificultad no siempre comprendo tus planes, confío en que tienes un propósito perfecto para mi vida. Ayúdame a confiar en tu guía y a no perder la esperanza, sabiendo que siempre obras para mi bien. Dame la paz que necesito para caminar por la senda que has preparado para mí, con la certeza de un futuro lleno de esperanza y bienestar. En el nombre de Jesús, amén.

Te invito a reflexionar

1. Dedica un momento a escribir los planes que has hecho para tu vida. ¿Qué áreas sientes que están fuera de control o que no están funcionando como esperabas?

2. Haz una lista de los miedos o dudas que te impiden confiar plenamente en Dios. A veces, el miedo o la incertidumbre nos llevan a intentar controlar el futuro. Haz una lista de esos miedos y entrégaselos a Dios en oración. Pídele que transforme esos temores en confianza y seguridad en su plan perfecto.
3. Ejecuta una acción concreta de entrega. Escoge una de las áreas en las que has estado tratando de controlar el resultado y haz un acto concreto de entrega. Puede ser dar el primer paso para algo que te ha costado.
4. Practica la paciencia y la esperanza. Confiar en los planes de Dios requiere paciencia. Si no ves resultados inmediatos o las cosas no van como esperabas, recuerda que el tiempo de Dios es perfecto. La paciencia es una señal de que confiamos en su sabiduría.
5. Tómate un momento para celebrar y agradecer a Dios por haberte guiado. Compartir con otros cómo ha guiado Dios tu vida es una forma poderosa de fortalecer tu fe.

____

____

____

Guardemos en el corazón

Los planes de Dios para tu vida siempre son mejores, más grandes y más llenos de propósito que los que te puedas imaginar; confiar en Él es caminar hacia un futuro lleno de esperanza y bendición.

OÍDOS SORDOS

Hoy quiero compartir contigo una historia que tocó profundamente mi corazón, porque tiene una enseñanza poderosa sobre los sueños, la perseverancia y los planes que Dios tiene para nuestras vidas y que no podemos permitir que nada ni nadie nos aparte de ellos.

Una joven apasionada por el ballet soñaba con ser primera bailarina y demostrar su talento. Cuando una compañía reconocida llegó a su ciudad, buscó al director para auditar. Tras unos minutos de danza, el maestro la interrumpió y le aseguró que no tenía condiciones.

Devastada, abandonó el ballet, se casó, formó una familia y comenzó a trabajar en un supermercado. Años después, se reencontró con el director y, recordando aquel momento, le preguntó cómo había juzgado tan rápido su talento.

El anciano confesó que siempre respondía igual a todas. Indignada, ella lo acusó de haber destruido su sueño. Él replicó con serenidad: "Si hubieras tenido verdadera vocación, mis palabras no habrían importado. Debiste prestar oídos sordos a mi opinión y hubieras perseguido tu sueño".

Esta historia nos enseña una verdad poderosa: el camino hacia nuestros sueños está lleno de obstáculos, comentarios desalentadores y personas que intentarán frenar nuestro avance. Cada uno de nosotros tiene un propósito divino que cumplir, así que te invito a que pongas en práctica unas enseñanzas que nos ayudarán a mantenernos firmes y a vencer el mal con el bien. ¡Funciona... y lo puedes comprobar hoy mismo!

La Palabra de Dios dice:

> Porque somos hechura de Dios, creados en Cristo Jesús para buenas obras, las cuales Dios dispuso de antemano a fin de que las pongamos en práctica.
>
> —Efesios 2:10 (NVI)

Esta declaración bíblica es una afirmación poderosa sobre nuestra identidad en Cristo, el propósito en la vida y la soberanía de Dios en su creación.

Cuando comprendemos que somos su obra maestra y que estamos alineados con su plan divino, encontramos un sentido profundo para nuestras acciones y hallamos la dirección que necesitamos. Vivamos, pues, como verdaderas obras de arte de nuestro Creador, reflejando su gloria en todo lo que hagamos, no escuchando a otros que intenten degradarnos. No prestemos nuestros oídos a esas afirmaciones, solo oigamos la voz de nuestro Hacedor a través de su Palabra.

Desafío personal

¡Hoy quiero animarte! Si sientes que no encuentras el apoyo que esperabas de quienes te rodean, si descubres que la gente habla mal de ti y te critica, no te decepciones. Incluso si aquellos en quienes confías no te respaldan, recuerda esto: Dios, antes de fundar el mundo, ya había preparado una senda para que caminaras por ella. Él te equipó con todo lo necesario para cumplir el propósito único que ha depositado en ti. Levántate, esfuérzate y pon manos a la obra. La vida requiere lucha, perseverancia y fe, pero la recompensa es alcanzar aquello que el Señor puso en tu corazón. Si tus sueños están alineados con la voluntad de Dios, puedes tener la certeza de que contarás con el apoyo incondicional de tu Padre celestial. Y esa es la mayor fortaleza que puedes tener.

El camino hacia la realización de tus sueños está lleno de retos, comentarios y actitudes de personas que, deliberada o inconscientemente, intentan detenerte. ¿Por qué sucede eso? Porque esas personas no comparten tu visión, ya que fueron creadas para otros fines y propósitos. También pueden estar motivadas por el orgullo, la envidia, la amargura, la frustración o la maldad. Hay personas cuyo único objetivo es desalentar a los demás para que no alcancen sus sueños; intentarán poner tropiezo a tu avance y tratarán de opacar tu brillo. ¡No caigas en su trampa!

Si hablan mal de ti es porque estás avanzando y no debes prestar atención ni darle tanta relevancia y, en lugar de aminorar tus pasos, esfuérzate aún más. Puedes tener la seguridad de que quienes te conocen de verdad, no darán crédito a lo que digan otros con el ánimo de desacreditarte. Si tuvieran razón en algo, sería muy valiente de tu parte que pudieras recapacitar, reconocer tu error, aprovechar la situación para crecer y madurar a fin de ser más humilde, pidiendo perdón y corrigiendo tu falta.

También hay una perla preciosa en la Palabra de Dios para vencer el mal y practicar el bien. Te invito a que declares bendición sobre la persona que habla mal de ti; entonces le quitarás el poder para hacerte daño y Dios, el juez justo, se hará cargo del asunto.

Por último, ponle sazón a todo lo que te pase. Este punto lo ilustro con una gran anécdota sobre el dramaturgo irlandés George Bernard Shaw. Un día Shaw recibió una carta con una sola palabra: ¡Imbécil! Cuando sus amigos lo animaron a hacer una investigación para saber de quién se trataba y tomar represalias, él contestó: *"He recibido muchas cartas sin firma, pero es la primera vez que recibo una firma sin carta".*

¿Qué habrías hecho en su caso?

Estoy seguro de que este mensaje no te llega por casualidad. Dios te habla a través de esta *dosis* para decirte: "No renuncies a tus sueños, no pierdas la esperanza y no permitas que nada ni nadie te robe la fe".

No puedes aceptar el fracaso como una opción. ¡Fuiste creado para vencer!

Oración

Amado Padre celestial, reconozco que en este camino de la vida muchas veces enfrentamos palabras negativas, críticas y obstáculos que buscan desanimarnos o desviarnos. Pero hoy te pido que me des la fortaleza para no prestar atención a lo que no edifica, a las voces que intentan degradar mi valía o minimizar los planes que tú tienes para mí.

Renueva mi mente, Padre, con tu verdad, ayúdame a recordar que mi identidad no la definen las opiniones de los demás, sino lo que tú dices de mí: que soy tu hijo(a) amado(a), creado(a) para buenas obras y para caminar en victoria.

Dame un corazón firme, perseverante y lleno de fe para avanzar a pesar de los desafíos. Enséñame a escuchar únicamente tu voz y a confiar en tus promesas, porque sé que contigo —Señor— todo es posible.

Hoy declaro que no me detendrán las palabras de desaliento ni las miradas de incredulidad. Mis sueños están seguros en tus manos, por lo que caminaré confiado hacia lo que has preparado para mí.

Perdono a los que hablan mal de mí y decido darle la vuelta a su encono, porque hoy me libero de toda amargura y los bendigo en el poderoso nombre de Jesús.

Gracias, Señor, por escuchar a todos los que leen y meditan en esta dosis *y a mí; los bendigo para que nadie impida que transiten en las sendas de bendición que has trazado para ellos. Amén.*

Te invito a reflexionar

Nuestros oídos son puertas al alma y deben ser protegidos con esmero. Vivimos en un mundo lleno de voces que intentan definirnos, limitarnos y, a menudo, degradar nuestra valía. Sin embargo, no estamos llamados a prestar atención a palabras necias que desprecian lo que Dios ha declarado sobre nosotros.

Recuerda que tu identidad no proviene de las opiniones ajenas, sino del Creador que te formó con amor y propósito. Él te llama su hijo amado, obra maestra, y digno de toda su gracia. ¿Por qué entonces permitir que palabras vacías y destructivas tengan el poder de robarte la paz?

Anota tres pasajes bíblicos con los que puedas recordar que eres una creación única, especial y muy amada de parte de tu Padre Dios, para que la leas cuando vengan pensamientos contrarios a tu mente e intenten detenerte.

____

____

____

Guardemos en el corazón

¡Guarda tus oídos del ruido que te degrada!

Cuando escuches críticas injustas o degradantes, pregúntate: ¿Provienen estas palabras de alguien que conoce el propósito que Dios ha trazado para mí? Si no es así, descártalas con firmeza. Llena tu mente con las palabras de vida que vienen de Dios, y serán una barrera infranqueable contra el mal.

53

AL FINAL, LO ENTENDERÁS

NOTAS

Ahora, meditaremos sobre las obras de Dios que son superiores a nuestro entendimiento, y que nos demandan confiar, confiar y confiar. Aunque muchas veces no entendemos lo que vivimos, si creemos en Dios y le entregamos nuestros caminos, podemos estar seguros de que Él está obrando a nuestro favor, y que siempre —al final— podremos contemplar una hermosa obra.

Me gusta mucho citar el ejemplo del tapiz. Un hermoso bordado con figuras decorativas en bellos colores realizados en una tela o lienzo. Cuando lo miras desde atrás, todo parece un caos de hilos enredados. Pero al voltearlo, puedes ver un diseño perfecto, lleno de detalles y propósito. Así es nuestra vida en las manos de Dios. Ahora quizás veamos enredos y confusión, pero llegará el día en que Él nos permitirá contemplar el diseño completo, lleno de gracia y de belleza.

La Palabra de Dios dice:

> Ahora bien, sabemos que Dios dispone todas las cosas para el bien de quienes lo aman, los que han sido llamados de acuerdo con su propósito.
>
> —Romanos 8:28 (NVI)

Este versículo nos recuerda que, aun cuando no siempre entendemos por qué enfrentamos dificultades o desafíos, Dios puede usar cada circunstancia para nuestro bien. La clave está en amar a Dios y confiar en que Él tiene un propósito eterno que supera nuestra perspectiva limitada. La Palabra nos anima a confiar en el Señor en todo momento, en las buenas circunstancias y también en los procesos difíciles. Por eso, la próxima vez que enfrentes un problema, recuerda que Dios está trabajando detrás de escena.

No todo será fácil o no todo tendrá sentido de inmediato, pero Dios puede transformar incluso las pruebas más difíciles en algo que contribuya a nuestra bendición y a su gloria.

Desafío personal

Hay momentos en la vida en que nos encontramos en una encrucijada de emociones: oramos, obedecemos, buscamos a Dios, pero las cosas no salen como esperábamos. En esas temporadas podemos sentirnos frustrados, desorientados o incluso tentados a dudar del amor y la bondad de Dios.

He visto a muchas personas pasar por momentos de crisis como, por ejemplo: la pérdida de un trabajo, la ruptura de una relación, el diagnóstico de una enfermedad incurable, un rotundo fracaso económico; y en medio de su dolor, sentir que la vida ya no tiene sentido. Las he escuchado decir: ¿Por qué me pasa esto? ¿Por qué ahora? ¿Por qué a mí? ¿Por qué ahora que estoy buscando a Dios y tratando de ordenar mi vida? ¿Por qué me vienen tantas cosas difíciles al mismo tiempo? ¿Por qué me tocan a mí las pruebas más difíciles?

Si tú también te estás haciendo estas preguntas, te invito a reflexionar en las palabras del apóstol Pablo, pues ellas tienen la respuesta. La Palabra de Dios nos asegura que Él es fiel y soberano, aun cuando no entendamos lo que permite o hace. Él obrará a nuestro favor porque le conmueve nuestro amor y confianza tanto como nuestro deseo de vivir en su propósito, así no lo comprendamos. Él nos asegura que todas las cosas, no algunas, no la mayoría, sino todas, nos ayudarán a bien.

Esto quiere decir que Él va a usar las dificultades para lograr algo bueno. Tal vez no lo veas ahora, pero más adelante será evidente para ti. Si una puerta se cierra, Él abrirá otra mejor. Cuando una situación adversa venga, Él hará de ella una oportunidad para bendecirte. Si llegas a un lugar inesperado es porque ahí estaba la bendición para ti. Siempre hay un milagro que se gesta cuando confías, una lluvia de bendición cuando esperas. Dios pone en su lugar todas las pequeñas piezas que conforman el rompecabezas de nuestra vida, para que —al final— se vea la obra hermosa y completa que Él realiza.

En este momento te desafío a confiar en medio de lo incomprensible. Es crucial resistir, sea lo que sea que estés viviendo, si has encomendado tus causas al Señor. La propuesta es recordar y no olvidar que nuestra perspectiva es limitada, pero la suya es eterna. Dios ve el principio y el final, y todo lo que permite tiene un propósito, aunque en el momento no podamos comprenderlo. Por eso, confía y aprende a decir siempre: *"Por cuanto amo a Dios, todo va a salir mejor de lo que imaginaba. Él vuelve todo a mi favor"*.

Oración

Señor, reconozco que no siempre entiendo lo que permites en mi vida, pero sé que eres bueno y tus caminos son perfectos. Aunque me cueste, decido confiar en ti. Ayúdame a caminar en fe y a esperar el día en que pueda ver la obra completa que estás haciendo. Gracias por esta hermosa enseñanza que me consuela, me anima y me llena tanto de fuerza como de esperanza.

Oro también, Señor, por cada persona que medita en esta dosis, *bendícela y permite que vea el cumplimiento de tu buena, perfecta y agradable voluntad en su vida. En el nombre de Jesús. Amén.*

Te invito a reflexionar

- Crea con tus palabras y tus pensamientos la imagen de lo que anhelas ver y experimentar, aunque todavía no sea palpable. Hay un pasaje escritural que dice: "Dios llama las cosas que no son como si fueran", y tú también puedes aprender a hacerlo.
- Piensa en una situación en tu vida que no tiene sentido para ti en este momento. Escríbela en un papel o en un diario.
- Entrega tu instinto controlador a Dios y confía. Declara: "Aunque no entiendo lo que estás haciendo, confío en que tienes un propósito para mi bien y tu gloria. Te

entrego los resultados porque sé que tus planes son perfectos".

- Haz el ejercicio de recordar situaciones pasadas en las que no entendías por qué pasaste por alguna prueba, pero luego todo resultó para bien.
- Finalmente, practica la gratitud en la incertidumbre. Tómate unos minutos cada día para agradecer a Dios por lo que no entiendes. Esto no solo cambiará tu perspectiva, sino que también abrirá tu corazón a su obra. Anota lo que aprendas de esta experiencia.

____

____

____

Guardemos en el corazón

Dios no da explicaciones, da algo mucho mejor; muestra su gloria y su favor con nosotros. Él siempre está obrando, aunque no lo veamos.

54

SAL DEL HUECO

NOTAS

Un día, el burro de un campesino cayó en un pozo profundo y seco. Desesperado, el animal rebuznó varias horas mientras su dueño intentaba, sin éxito, rescatarlo. Finalmente, el campesino —considerando que el burro ya era viejo y que el pozo requería que se tapara— decidió que lo mejor sería enterrarlo allí mismo. Así que pidió ayuda a sus vecinos quienes, armados con palas, comenzaron a echar tierra en el pozo. Al principio, el burro se asustó y rebuznó aún más fuerte. Sin embargo, para sorpresa de todos, pronto se calmó. Con cada palada de tierra que caía sobre su lomo, el burro se sacudía y daba un paso hacia arriba, utilizando la tierra que le arrojaban para elevarse. Después de un rato, ante la mirada atónita de los presentes, el burro logró salir del pozo y se alejó trotando alegremente.

Esta historia nos enseña que, ante las adversidades, podemos elegir cómo reaccionar. En vez de dejarnos vencer por los problemas de la vida, podemos "sacudirnos" y utilizarlos como peldaños para superarnos y salir adelante. Nuestra actitud frente a las dificultades determina si nos hundimos o si las convertimos en oportunidades para crecer.

Quizás hoy te encuentres preguntándote: ¿Qué me está pasando? ¿Por qué siento que estoy estancado y no avanzo? Esta es una pregunta común. Muchos la enfrentan, quizás tú también. A veces parece que los días pasan y seguimos iguales. Nos han dicho que Dios está trabajando en nuestra vida, pero no lo vemos. Tal vez piensas: *"Dios no ha cambiado nada en mí, todo sigue igual"* o *"Estoy viviendo como antes, como si nunca hubiera conocido a Jesús"* o *"Tengo algo de fe, pero no mucho o quizás no tengo fe, en absoluto".*

Si esto te describe, quiero decirte que Dios sí puede obrar en tu vida. A veces sentimos que Dios hizo algo en nosotros, pero después nos parece que nos quedamos detenidos, como congelados en el tiempo. Esto puede suceder incluso a quienes han creído y servido con entusiasmo, pero luego se enfrentan a los mismos temores, preocupaciones y rutinas de siempre, como si estuvieran metidos en un hueco. Si estás en esa situación, presta atención a lo siguiente.

La Palabra de Dios dice:

> Estoy convencido de esto: el que comenzó tan buena obra en ustedes la irá perfeccionando hasta el día de Cristo Jesús.
>
> —Filipenses 1:6 (NVI)

Esta es una promesa llena de esperanza y seguridad. Dios mismo es el autor y consumador de la obra en nuestras vidas. Desde el momento en que aceptamos a Cristo, su Hijo —como nuestro Mesías, nuestro Salvador— Dios inicia un proceso transformador que no depende de nuestra capacidad, sino de su fidelidad.

Este mensaje es una invitación a confiar en que, aun cuando enfrentemos dificultades, errores o incluso tiempos de estancamiento, Dios no ha terminado con nosotros. Su obra no es improvisada ni incompleta. Él está comprometido a perfeccionarnos y a guiarnos en todo momento; así que, todo lo que suceda, lo que el Padre haga o permita, obedece a ese gran propósito que Él tiene, a esa maravillosa meta que también está expresada en la Carta a los Efesios, capítulo 4, versículo 13, y es que todos lleguemos a la medida de la estatura de la plenitud de Cristo.

Desafío personal

Hoy te invito a no rendirte. No abandones la batalla, ya que estás a punto de ver algo grande en tu vida. No es tiempo de detenerte. Es el momento para dejar de quejarte, y comenzar a cambiar las quejas por alabanzas. Cuando lo hagas, Dios derramará su bendición sobre ti.

Además, no estás solo en tu lucha. Somos inspirados por hombres y mujeres que vivieron esas mismas pruebas y salieron airosos, con una fe fortalecida que fue usada para llevar bendición a su familia, a su nación y al mundo entero, y para llevar a cabo los planes de Dios en la tierra. Es probable que la siguiente historia te recuerde a uno de ellos:

Había un granjero que vivía en una humilde aldea. El hombre invertía sus días trabajando arduamente; tenía herramientas desgastadas, manos callosas y un conocimiento limitado. Un día, un rey poderoso lo visita y le dice:

—Voy a hacer de ti un general que lidere mi ejército y libere mi reino de sus enemigos.

—¿A mí? —pregunta aterrado el humilde hombre—. No sé nada de estrategia, no tengo experiencia en batallas y mis herramientas son inútiles para una guerra.

—No se trata de lo que tú tengas o sepas, sino de lo que yo puedo hacer a través de ti. Pondré mi poder en tus manos, te enseñaré todo lo necesario y te daré la victoria.

Esta historia refleja lo que Dios hizo con Moisés. Moisés era un hombre con muchas limitaciones: tartamudeaba, temía al rechazo y vivía exiliado como un simple pastor en el desierto. Aparentemente, parecía estar en un momento de estancamiento en relación con el plan de Dios. Cuando este lo llamó desde la zarza ardiente para confrontarlo con los grandes propósitos que tenía para él, como era liberar a Israel de Egipto, su primera reacción fue enfocarse en sus debilidades: "¿Quién soy yo para enfrentar a Faraón?, ¿qué le diré? No soy elocuente. Mejor envía a otro".

Sin embargo, Dios no vio a Moisés por sus defectos, sino por el propósito que tenía para él. Así que le aseguró: *"Ahora pues, ve, y yo estaré con tu boca, y te enseñaré lo que hayas de hablar"*. Éxodo 4:12 (RVR1960)

Si le crees a Dios y le entregas con valentía el control de tu vida, Él también te dará la fuerza necesaria para que cumplas tu propósito, el que tu Padre preparó para ti.

Oración

Padre amado, gracias por enviar a tu Hijo Jesús a morir por mí. Reconozco tu sacrificio en la cruz, que me limpiaste de todos mis pecados y me diste vida eterna. Te acepto como mi Señor y Salvador. Escribe mi nombre en el Libro de la Vida.

Gracias, Señor, porque tú me haces fuerte para dar la cara a los problemas, me das valentía para avanzar sin que nada me detenga, me das confianza para seguir tu guía momento a momento.

Gracias por haber comenzado esta buena obra en mí. Ayúdame a confiar en tu fidelidad y a recordar que no me has abandonado. Dame paciencia para esperar en tu tiempo y ver esa transformación que día a día vas haciendo en mí, convirtiéndome en un mejor ser humano, para llevar tu luz y hacer obras excelentes. Te entrego el control y confío en que perfeccionarás tu obra en mí hasta el día que Jesús venga. Amén.

Te invito a reflexionar

Puedes hacer este ejercicio hoy y cada vez que te sientas estancado o que tu vida se halle en un hueco de desánimo y frustración.

- Confía en el proceso. Aunque sientas que estás en un momento de pausa o dificultad, recuerda que Dios no abandona lo que empieza. Ora para que te dé paz y paciencia en medio de los procesos de transformación.
- Renuévate diariamente, dedica tiempo a fortalecerte en la fe. Repite las promesas de Dios, como las que aprendiste en esta *dosis*, hasta memorizártelas. Establece metas conforme al propósito que Dios te vaya revelando y comparte tu testimonio y las experiencias vividas con las personas a tu alrededor.

- Recuerda siempre que Dios no necesita que seamos perfectos o que tengamos todas las respuestas; Él busca corazones dispuestos.

Escribe lo que más te impactó de la enseñanza de hoy y léelo cada vez que te sientas estancado.

____

____

____

Guardemos en el corazón

No se trata de lo que tú puedas hacer, sino de lo que Dios puede hacer a través de ti, si estás dispuesto. No esperes lo grandioso de un momento a otro, sino pequeñas transformaciones que tendrán lugar de forma constante y que se volverán obras extraordinarias.

EL RATONCITO

Un pequeño ratón, que vivía en una granja, observaba con atención todo lo que sucedía a su alrededor. Un día, mientras exploraba la despensa de la casa, escuchó algo que lo llenó de pánico: el granjero estaba colocando una trampa para ratones. Alarmado, corrió al patio en busca de ayuda.

Primero, se encontró con la gallina. Con ansiedad, le dijo: “¡Cuidado, hay una trampa para ratones en la casa!”. *La gallina, sin mucho interés, respondió: “Eso no tiene nada que ver conmigo. Yo no corro peligro. Lo siento, ratoncito, no puedo ayudarte”.*

El roedor, desilusionado, fue donde la vaca. “¡Hay una trampa para ratones en la casa!”, *le explicó. La vaca, mientras rumiaba con calma, dijo:* “¡Qué problema tan grande!... ¡Para ti! Para mí, no significa nada. Espero que encuentres una solución”.

Finalmente, desesperado, el ratón acudió al cerdo y le advirtió de la trampa. El cerdo suspiró y le dijo: “Lo siento mucho, ratoncito, pero eso no es asunto mío. Lo mejor es que tengas cuidado tú mismo”.

Esa noche, la trampa para ratones se activó. Sin embargo, no atrapó al ratón, sino la cola de una serpiente venenosa. Cuando la esposa del granjero fue a revisar la trampa, la serpiente la mordió. Gravemente enferma, la familia decidió prepararle una sopa de gallina como remedio. La gallina fue sacrificada.

Mientras la mujer seguía postrada en cama, algunos vecinos acudieron a visitarla. El médico del pueblo también fue e intentó curarla. Con el tiempo, la situación empeoró y más vecinos acudían a apoyar a la familia. Para alimentar a todos los visitantes, el granjero decidió matar al cerdo.

Días después, la granjera lamentablemente falleció y para pagar los gastos de su funeral, el hombre tuvo que vender su vaca al carnicero del pueblo.

Mientras tanto, el ratoncito observaba todo desde su rincón, profundamente triste y reflexivo. Todos los animales que ignoraron su advertencia habían sido afectados, aunque inicialmente pensaron que no tenían nada que ver con el problema.

Esta historia nos recuerda que los problemas de los demás no siempre están muy alejados de nosotros como pensamos. Vivimos en una comunidad y lo que afecta a uno, puede —directa o indirectamente— afectar a todos. Ignorar las dificultades de los demás puede llevarnos a consecuencias inesperadas.

La empatía y la solidaridad no solo fortalecen los lazos entre las personas, también crean un ambiente de ayuda mutua en el que todos pueden enfrentar los desafíos con mayor éxito. Cuando veamos a alguien en necesidad, recordemos que su problema podría ser el comienzo de una cadena que tarde o temprano también nos alcance. Ayudar no es solo un acto de bondad, es una forma de construir una vida más segura y mejor para todos.

La Palabra de Dios dice:

> Con mi ejemplo les he mostrado que es preciso trabajar duro para ayudar a los necesitados, recordando las palabras del Señor Jesús: "Hay más dicha en dar que en recibir".
>
> —Hechos 20:35 (NVI)

Este versículo nos recuerda que todos tenemos la capacidad de ayudar, por lo que debemos hacerlo sin postergarlo ni buscar excusas. Dios nos hizo para vivir en bendición, pero también para los que nos rodean y el mundo entero. Cada oportunidad de hacer el bien es una invitación a ser feliz, a encontrar nuestra propia realización, plenitud y satisfacción, pues ese es el efecto que producen la generosidad y el amor en nuestro espíritu.

Desafío personal

Nunca hay una excusa válida para no extender la mano a quien lo necesite, para contribuir al bienestar de nuestro país o para cuidar el planeta que nos sostiene. Vivimos en un mundo profundamente interconectado, donde cada acción —por pequeña que parezca— tiene un impacto mayor del que podemos imaginar. Ignorar la necesidad del otro o desentendernos de los problemas colectivos es, en el fondo, un acto de indiferencia que termina afectándonos en gran medida.

Cuando decidimos ayudar, damos un paso hacia un propósito mayor que trasciende lo personal. Ayudar a una persona no solo cambia su vida; transforma también la nuestra al hacernos más humanos, más conscientes y más agradecidos.

Contribuir al bienestar de nuestro país, con compromiso y franqueza, nos convierte en parte de la solución a los problemas que enfrentamos como sociedad. Y cuidar el planeta es una responsabilidad que compartimos con cada ser vivo, porque nuestra supervivencia y la de las generaciones futuras depende de cada acto de amor y responsabilidad que realicemos con esta hermosa y gran casa que nos alberga a todos. Cuando nos comprometemos a vivir con propósito, entendemos que las excusas no tienen lugar en una vida que busca hacer el bien.

Hoy, tomemos la decisión de ser parte de la respuesta, no del problema. No esperemos condiciones perfectas o grandes recursos para ayudar; empecemos donde estamos, con lo que tenemos. En la suma de pequeños actos de bondad, se construyen cambios significativos.

Oración

Señor amado, hoy vengo ante ti con un corazón humilde, reconociendo que muchas veces he sido indiferente al sufrimiento de los demás. Perdóname por los momentos en que he cerrado mis ojos y mi corazón a las necesidades de quienes me rodean. Sé que a veces busco excusas para no actuar, pensando que no es mi responsabilidad o que no tengo lo suficiente para ayudar.

Padre, te pido que limpies mi corazón de egoísmo y me llenes de compasión. Dame un espíritu dispuesto a amar como tú amas, a ver a los demás con los ojos de Cristo y a actuar con valentía para extender mi mano, aun cuando me cueste.

Ayúdame a recordar que cada acto de bondad, por pequeño que sea, ejerce un impacto eterno. Enséñame a servir a mi prójimo con generosidad, a consolar al que está triste, a dar esperanza al que está perdido y a sostener al que está débil.

Señor, quiero ser un reflejo de tu amor y tu gracia. Dame sabiduría para reconocer las oportunidades de ayudar, y fortaleza para actuar con prontitud. Renueva en mí un corazón solidario y comprometido, que no busque excusas, sino que encuentre formas de marcar la diferencia en la vida de los demás.

Gracias, Padre, porque me das la oportunidad de empezar de nuevo. Te pido que uses mi vida para ser una bendición en este mundo. En el nombre de Jesús. Amén.

Te invito a reflexionar

Te desafío a vivir deliberadamente al servicio de los demás, de tu comunidad y del planeta. Este reto tiene tres pasos prácticos que puedes dar:

- Ayuda a alguien hoy. Identifica a una persona en particular que puede ser de tu familia, un amigo(a) o, incluso, un desconocido. Observa qué necesidad tiene, ya sea emocional, física o espiritual, y haz algo concreto para ayudarla. Puede ser, desde tener un gesto amable, una sonrisa o escucharla si está pasando por un momento difícil, hasta ofrecerle ayuda para solucionar un problema o situación apremiante.
- Contribuye con una acción que pueda beneficiar a tu comunidad o país. Por ejemplo, podrías recoger basura en un parque local, participar en una actividad comunitaria, apoyar un proyecto local, o contribuir con tus talentos a un proyecto que beneficie a otros.
- Cuida el planeta. Elige una acción que proteja el medio ambiente. Esto podría incluir reciclar, evitar el uso de plásticos desechables, plantar un árbol o, simplemente,

asegurarte de no desperdiciar recursos como agua o electricidad.

Al terminar el día, reflexiona sobre cómo te hicieron sentir esas acciones y cómo pudieron impactar a quienes te rodean. Recuerda que nunca es tarde para hacer el bien y que tus pequeños esfuerzos pueden ser el inicio de un cambio significativo. ¡Acepta el reto y marca la diferencia hoy!

____

____

____

Guardemos en el corazón

Cuando damos, no perdemos, sino que ganamos. Dar no solo transforma la vida del que recibe, sino también la del que da, porque nos llena de propósito, gratitud y conexión con los demás. El acto de dar va más allá de lo material; es una inversión en el amor, la solidaridad y la humanidad, que siempre nos enriquece espiritualmente.

"Nadie se ha hecho pobre por dar".

—Ana Frank

NO PARES, SIGUE

NOTAS

Hoy quiero animarte a perseverar en la carrera de la fe, a superar todos los obstáculos que se te puedan presentar, porque no estás solo, no estás sola. Dios va contigo a cada paso y te ayudará, si es que cuentas con Él para que alcances la extraordinaria meta que está preparada para ti.

Ahora, reflexiona en esta historia.

Una joven conducía su automóvil mientras su padre iba sentado en el asiento del copiloto. De repente, una fuerte tormenta comenzó a desatarse. La lluvia era intensa, los truenos resonaban y el viento hacía difícil avanzar, de modo que disminuyó la velocidad. A medida que la tormenta empeoraba, los demás conductores comenzaron a detenerse a un costado de la carretera para esperar que se aplacara.

La joven, algo asustada, miró a su padre y le preguntó:

—Papá, ¿debería detenerme también?

Su padre la miró con calma y le dijo:

—No, sigue conduciendo.

A pesar de sus nervios, la joven siguió avanzando. Poco después, la tormenta se tornó aún más intensa y otros automóviles más se detuvieron. Ella, llena de dudas, volvió a preguntar:

—Papá, en verdad ¿debería seguir?

Su padre, firme, pero sereno, respondió:

—Sigue adelante, no te detengas.

Finalmente, después de un tiempo que le pareció eterno, la tormenta comenzó a amainar.

La lluvia disminuyó y el cielo se despejó. Y todos los demás autos que se detuvieron, quedaron detrás en medio de la tormenta.

El padre conocía el territorio y sabía que era preferible salir de la tormenta, pues había muchos riachuelos en la zona que se crecían con la lluvia y se volvían poderosas corrientes capaces de arrastrar todo a su paso. Confiar en su padre para continuar, aunque las circunstancias le mostraban que debía detenerse, condujo a la chica a la meta, pues llegaron sanos y salvos a su destino; y además, aprendió una valiosa lección sobre la perseverancia para continuar a pesar de las dificultades y los obstáculos.

En la vida de fe, también nos encontramos con circunstancias abrumadoras que nos hacen dudar si estamos en el camino correcto, si debemos detenernos o incluso regresar. A veces, ni siquiera somos conscientes de la obra transformadora que el Señor está haciendo en nuestra vida, por lo que nos desanimamos al pensar que no estamos avanzando; otras veces, nuestra antigua manera de vivir intenta seducirnos para volver atrás, pero la clave está en no detenerse. Al seguir avanzando, incluso con temor e incertidumbre, descubrimos que las tormentas no son eternas y que, si perseveramos, saldremos al otro lado.

La Palabra de Dios dice:

> No sé ustedes, pero yo corro arduamente para llegar a la meta. Y a esto le pongo todo mi empeño. ¡No conozco esa vida sosegada! Me mantengo alerta y en óptimas condiciones. No quiero ser sorprendido durmiendo la siesta, contándoles a todos los demás de la carrera y quedarme sin participar en ella.
>
> —1 Corintios 9:26-27 Biblia El Mensaje

En los tiempos del apóstol Pablo existían no solo los Juegos Olímpicos, sino también los Juegos Ístmicos, que se celebraban en la primavera, cada dos años, en el istmo de Corinto.

Esos eventos, que incluían competencias atléticas y también artísticas, eran de gran relevancia para la región. Pablo utiliza esta imagen para hacer una analogía con la vida cristiana, recordándonos que estamos en una carrera espiritual en busca de una corona incorruptible.

Si los atletas se entrenan disciplinadamente, consagrándose a un solo objetivo —como es ganar la medalla— y se someten a todo tipo de esfuerzos y sacrificios para lograrlo, cumpliendo con todos los requisitos necesarios —por una meta que aunque valiosa, es temporal y pasajera— cuanto más nosotros —como hijos de Dios— debemos tener la firme determinación de mantenernos en esta carrera de la fe que nos llevará a la máxima meta de todas: la vida eterna.

Esto implica aprender a someter los deseos de la carne, esos impulsos que por años alimentamos y les dimos rienda suelta, que prácticamente guiaron nuestra vida y nos condicionaron a la pobreza espiritual y a una vida de derrota y frustración: desorden, mentira, adicciones, deudas, pleitos, envidias, hablar maldiciendo y muchas otras cosas más.

Si no los vencemos, se convierten en distractores y obstáculos que son capaces de alejarnos completamente de la vida abundante que Dios ganó para nosotros en la cruz y, aunque corramos, lo estaremos haciendo en el sentido equivocado, desenfocados de la verdadera meta, luchando de manera inútil.

Tampoco podemos tomar atajos en el camino de la fe. En el mundo los seres humanos están acostumbrados a las soluciones rápidas y a los resultados instantáneos. Pero, en la vida espiritual, solo funcionan la firme decisión y el compromiso de vivir día a día, momento a momento, consagrados a Dios y a la hermosa vida que Él obtuvo para nosotros, llena de los frutos que alegran el corazón de Dios y bendicen todo a nuestro alrededor.

Habrá momentos en que las dificultades te harán tropezar y sentir que no puedes más. Pero recuerda que la meta aún está adelante y es la más grande e importante de todas. Cada vez que te levantas, te haces más fuerte y más sabio. No importa cuántas veces caigas, lo crucial es que no permitas que el tropiezo defina tu final.

Desafío personal

Así que te invito a que enfoques todo tu esfuerzo y energía en esta carrera espiritual. Entrena diariamente a través de la oración, la lectura de la Palabra y alejándote de todo lo que no edifica tu vida.

Observa las reglas de la carrera espiritual, porque quien hace trampa refleja lo que hay en su corazón. Antes, tal vez se nos conocía por nuestra falta de integridad, pero ahora debemos reflejar una vida transformada por la verdad y la honestidad. No se trata de la imagen que das a los demás y el concepto que la gente tenga de ti, sino de cómo eres realmente ante Dios. Esto es lo que te avala verdaderamente como un campeón.

Y por último, persevera, avanza así sea con pequeños pasos, no te rindas, no vuelvas atrás, porque —al final— el Señor Jesús te dará el premio incorruptible.

Permíteme que te cuente la inspiradora historia de Yonas Kinde, un etíope de 39 años. Fue el primer atleta refugiado en competir como corredor de élite en el Maratón de Tokio, y tuvo que luchar con grandes dificultades, pues fue casi obligado a detenerse por los calambres y la fatiga. Sin embargo, pudo culminar y, aunque le tomó 2 horas, 24 minutos y 34 segundos, unos 20 minutos detrás del ganador del primer lugar, nunca se rindió. Cruzó la línea de meta, ganando no solo la satisfacción de demostrar una vez más que es un verdadero campeón de la vida, sino ganando corazones y el apoyo de muchas personas en todo el mundo.

Yonas se había entrenado desde niño corriendo de su casa a la escuela por 16 kilómetros diarios, con mucho esfuerzo y sacrificio. Pudo pensar por los inconvenientes físicos que se le presentaron mientras corría, que no podría continuar, pero aunque el dolor era real también lo era su determinación. Así que continuó corriendo, lento pero seguro. Yonas no alcanzó la medalla de oro, pero isupo llegar a la meta!

El desafío para ti es el mismo: levántate después de cada caída. Corre con fe y esperanza hacia lo que Dios tiene preparado para ti.

Oración

Te alabo y te bendigo, Señor, y te doy toda mi exaltación y mi adoración, por todas aquellas personas que hoy son inspiradas a levantarse y continuar a pesar de los obstáculos.

Si hoy te encuentras herido o desanimado, recuerda que Dios te fortalece para continuar. Puedes decirle: Señor amado, hoy me acerco a ti con humildad y esperanza. Reconozco que hay momentos en los que las tormentas de la vida me asustan, las caídas me desaniman y las pruebas parecen imposibles.

Te entrego mi debilidad para que la cambies por tu fortaleza, para seguir adelante y conquistar lo que ganaste para mí, esa vida abundante, con frutos de amor y justicia, que empiezo a vivir aquí en la tierra, al recibirte en mi corazón y que conquisto cada día al caminar por tus sendas. Que nada ni nadie me pueda hacer dudar, estancarme o retroceder.

Renueva mi fe, Señor, y llena mi corazón de valor para levantarme después de cada tropiezo. Dame sabiduría para aprender de cada desafío y paciencia para esperar tu tiempo perfecto. Gracias porque sé que, contigo a mi lado, ninguna tormenta durará para siempre. Creo que me llevas hacia la victoria y la paz que solo tú puedes dar.

Te bendigo a ti que lees esta dosis para que, aunque hayas caído, conquistes la vida eterna que Dios preparó para ti. Declaro fuerza, perseverancia y victoria en tu vida, en el nombre poderoso de Jesús. Amén.

Te invito a reflexionar

Haz una lista de aquellas cosas que te dañan y te distraen de la vida abundante que Dios ganó para ti. Al frente, coloca las acciones que harás a partir de hoy para superarlas y mantenerlas bajo control. Como el deportista que no se deja llevar por la pereza, el desánimo o el dolor físico, sino que

—sencillamente— se levanta y sale a correr. Comienza ahora mismo y verás extraordinarias transformaciones que serán la evidencia de que vas avanzando hacia la meta.

____

____

____

Guardemos en el corazón

La clave está en no detenerse. Los obstáculos son temporales, pero la victoria de superarlos deja una marca perdurable en nuestra vida.

57

MAESTRO DE MILAGROS

Hay una historia fascinante que ocurre al inicio del ministerio público de Jesús y que tiene lugar en un evento social, en una boda. Sí, hablo de una festividad matrimonial en la región de Caná, en la Galilea. Allí Jesús obró su primer milagro.

NOTAS

La Palabra de Dios dice:

Al tercer día se celebró una boda en Caná de Galilea y la madre de Jesús se encontraba allí. También habían sido invitados a la boda Jesús y sus discípulos. Cuando el vino se acabó, la madre de Jesús le dijo:

—Ya no tienen vino.

—Mujer, ¿eso qué tiene que ver conmigo? —respondió Jesús—. Todavía no ha llegado mi hora.

Su madre dijo a los sirvientes:

—Hagan lo que él les ordene.

Había allí seis tinajas de piedra, de las que usan los judíos en sus ceremonias de purificación. En cada una cabían unos cien litros. Jesús dijo a los sirvientes:

—Llenen de agua las tinajas.

Y los sirvientes las llenaron hasta el borde.

—Ahora saquen un poco y llévenlo al encargado del banquete —dijo Jesús.

Así lo hicieron. El encargado del banquete probó el agua convertida en vino sin saber de dónde había salido, aunque sí lo sabían los sirvientes que habían sacado el agua. Entonces llamó aparte al novio y le dijo:

—Todos sirven primero el mejor vino y, cuando los invitados ya han bebido mucho, entonces sirven el más barato; pero tú has guardado el mejor vino hasta ahora.

> "Esta primera señal milagrosa la hizo Jesús en Caná de Galilea. Así reveló su gloria y sus discípulos creyeron en él".
>
> —Juan 2:1-11 (NVI)

Este evento nos deja enseñanzas profundas que hoy quiero compartir contigo. Allí Jesús convirtió el agua en vino, uno tan exquisito que el maestro de ceremonias quedó sorprendido. Este milagro trasciende el contexto de esa celebración. Es una lección de transformación, de obediencia y de lo que produce la presencia de Jesús en nuestras vidas.

Jesús, que hace más de 2000 años convirtió el agua en vino, sigue transformando vidas hoy. Tal vez en este momento sientas que en tu vida "se ha acabado el vino": la alegría, la esperanza, la paz. Quizás tu matrimonio esté en crisis, tu vida carezca de sabor o —simplemente— estás en medio de una situación que parece no tener solución. Necesitas un milagro. ¿Qué hacer?

La respuesta está en las palabras de María, la madre de Jesús: *"Hagan todo lo que Él les diga".* Así es, la clave es la obediencia. Esta palabra, tan sencilla, pero tan poderosa, abre las puertas a los milagros. Cuando obedecemos a Jesús, Él transforma lo natural en sobrenatural, lo imposible en posible.

Muchas veces sufrimos las consecuencias de nuestra desobediencia. Nos quejamos diciendo: *"Si hubiera escuchado a mi mamá, no estaría en esta situación"*, o *"Si hubiera controlado mi lengua, no habría herido a los que amo"*, o "*Si no hubiera engañado a mi esposa"*. La obediencia no es fácil, pero trae bendición.

Desafío personal

El primer milagro de Jesús en las bodas de Caná no solo fue un acto de poder divino, sino también una demostración de su amor y su cuidado por las necesidades humanas. En un momento de crisis, cuando el vino se había acabado, Jesús intervino para transformar lo común (agua) en algo extraordinario (vino de la mejor calidad). Este evento nos deja lecciones profundas:

El agua representa nuestras vidas, a veces simples, carentes de sentido. Cuando invitamos a Jesús a ser parte de nosotros, transforma nuestras limitaciones, dolores y vacíos en gozo, paz y plenitud.

Otro aspecto es que la obediencia precede al milagro. La instrucción de María a los sirvientes fue clara: "*Hagan todo lo que Él les diga*". La obediencia es la clave para experimentar el poder de Dios. Aunque lo que Jesús pida parezca sencillo o ilógico (como llenar tinajas de agua), nuestra disposición a obedecer abre la puerta a lo sobrenatural.

Jesús está presente en la sencillez de nuestro día a día. Este milagro sucedió en una boda, un evento normal en la vida de las personas. Jesús no solo está presente en los momentos solemnes o espirituales, sino también en las actividades ordinarias. Él quiere ser parte de nuestra vida diaria, desde lo más sencillo hasta lo más complejo.

Sin importar lo desanimado o frustrado que te encuentres, hoy puedes tener un nuevo comienzo. Jesús te da una nueva oportunidad y todo lo que viviste en el pasado, será solo un tenue recuerdo por toda la alegría que ahora disfrutarás en Él.

Oración

En el nombre de Jesús, te bendigo para que creas y obedezcas al Señor, de manera que puedas experimentar su Presencia, que lo llena todo, lo transforma todo y lo sana todo. Declaro que recibirás tu primer milagro, o tu nuevo milagro, en tu familia, en tu salud, en tu economía, en todo lo que necesites. Dile con todo tu corazón:

Señor Jesús, hoy te entrego mi vida cual tinaja. Que tu presencia reine en mi corazón, en mi hogar y en mi comunidad. Dame la fuerza para obedecerte en todo lo que tu Palabra dice. Que mi corazón siempre esté dispuesto a recibir tu milagro de transformación. Cambia, te lo pido, el agua de la tristeza en el vino de la alegría, la violencia en paz y la escasez en abundancia. Que tu amor fluya de mí hacia otros, y que mi vida sea un testimonio de tu fidelidad y de tu amor. Amén.

Te invito a reflexionar

Hoy te desafío a dar tres pasos prácticos inspirados en este milagro y a escribir lo sobrenatural que sucederá a continuación, para que nunca lo olvides:

- **Entrega tus tinajas.** Identifica un área de tu vida que necesite transformación: tu familia, tus relaciones, tu salud, tu trabajo o tu vida espiritual. Así como los sirvientes llenaron las tinajas de agua, tú también debes "llenar" esas áreas con disposición y entrega a lo que Jesús quiere hacer en tu vida.
- **Obedece su voz.** El paso siguiente es la obediencia. Así como los sirvientes hicieron lo que Jesús les dijo sin cuestionarlo, tú también debes actuar en fe. Puede que lo que Jesús te pida no tenga sentido en tu mente, pero si confías en Él y sigues su instrucción, verás cómo obra milagros en tu vida. Obedece lo que te ha llamado a hacer, sin excusas ni dudas, y permite que su poder transforme tus circunstancias.
- **Comparte el milagro con otros.** El vino que Jesús transformó fue de tan alta calidad que dejó a todos sorprendidos. No guardes el milagro para ti solo. Una vez que veas cómo Jesús transforma tu vida, compártelo con otros. Tu testimonio puede ser la chispa que encienda la fe en los corazones de quienes te rodean. Así como el vino se compartió en la boda, permite que las bendiciones que recibas se esparzan a través de tu amor y tu generosidad.

____

____

____

Guardemos en el corazón

No te lamentes más, no te conformes más. Invita a Jesús a tu vida, allí donde no hay nada, donde las cosas no salieron bien, donde todo se ha perdido. Él obrará el milagro. No fallará. ¡Esa es su especialidad!

58

ESTO PASARÁ

NOTAS

Quiero invitarte a reflexionar en la siguiente historia:

> *Un hombre observó, durante horas, cómo una mariposa se esforzaba por salir de su capullo. Después de un tiempo, notó que la mariposa parecía no avanzar más. Pensó que ya no podía hacerlo, así que decidió ayudarla. Con una tijera, cortó el capullo, permitiendo que la mariposa saliera con facilidad. Sin embargo, el cuerpo de la mariposa quedó atrofiado, pequeño y sus alas aplastadas. El hombre esperaba que, al final, sus alas se abrieran y tomaran forma, pero nada ocurrió. La mariposa pasó el resto de su vida arrastrándose con un cuerpo deformado, unas alas atrofiadas y sin poder volar.*

El hombre no entendió que el esfuerzo necesario para atravesar ese pequeño agujero era parte del proceso que Dios había diseñado para fortalecer a la mariposa. El estrechamiento del capullo era esencial para que, con el esfuerzo que ella hiciera, permitiera que el fluido del resto de su cuerpo llegara a sus alas, permitiéndole extenderlas y volar una vez que estuviera fuera del capullo.

De la misma manera, en nuestra vida, es precisamente el *esfuerzo* de la lucha lo que necesitamos para desarrollarnos con las plenas facultades que Dios nos dio y así tener la fuerza requerida para volar. Las pruebas y los desafíos son el medio que nuestro Padre utiliza para hacernos crecer y madurar en la fe. Si Dios nos permitiera vivir sin dificultades ni obstáculos seríamos débiles espirituales, llenos de dudas y debilidades que nos impedirían correr nuestra carrera de fe y llegar a la meta.

Sin embargo, aunque la Biblia nos recuerda todo el tiempo —a través de sus páginas— esta enseñanza, y aunque, a medida que escuchamos a Dios y le obedecemos, nos vamos convirtiendo en sus discípulos, no somos inmunes a preocuparnos, angustiarnos y sentir temor ante las pruebas y las tribulaciones. Casi sin excepción, cuando atravesamos el valle de oscuridad, surge desde lo profundo de nuestro corazón esta pregunta: ¿Por qué? ¿Por qué un Dios bueno y amoroso permite que yo pase por esta adversidad? ¿No debería Dios, con su gran amor, hacer que nuestra vida fuera fácil y cómoda?

Dios preparó esta *dosis* para ti y para mí hoy. Para recordarnos que, ciertamente, Él ama a sus hijos y hace que todo obre a nuestro favor. Él nos ha prometido que todo nos ayuda para bien, así que las tribulaciones también tienen un propósito divino, pues a través de ellas somos transformados a su imagen, desarrollamos su carácter y nos enseña a vivir, reconociendo nuestra profunda necesidad de su ayuda y su respaldo. Y como si fuera poco, nos asegura algo más: que al final, siempre tendremos la victoria.

La Palabra de Dios dice:

> ¡Pero gracias a Dios que nos da la victoria por medio de nuestro Señor Jesucristo!
>
> —1 Corintios 15:57 (NVI)

Este versículo nos recuerda que, a pesar de las luchas y las dificultades que enfrentamos en la vida, nuestra victoria ya está asegurada en Cristo. En medio de las batallas cotidianas podemos estar tranquilos, porque la victoria no depende de nuestra fuerza, habilidad o mérito, sino de lo que Jesucristo ya ha hecho por nosotros.

La vida cristiana no está exenta de desafíos, pero con Cristo podemos enfrentar cualquier adversidad con esperanza. La victoria que Él nos ofrece no es solo sobre los problemas visibles, sino sobre el pecado, el temor y la muerte. Gracias a su sacrificio, podemos vivir con la certeza de que, al final, ganamos.

Hoy, al meditar en este versículo, podemos recordar que cada día es una oportunidad para vivir en la victoria que Jesús nos ha dado. No importa cuán grande o pequeño sea el reto que enfrentemos, nuestra confianza está puesta en Él y en su poder para darnos la victoria.

Desafío personal

Dios tiene el control de todo. Las dificultades no se nos dan para hacernos débiles, sino para que —a través de ellas— aprendamos a confiar más en Él y desarrollemos la fuerza para superar cualquier adversidad. Como dice su Palabra en 1 Corintios 15:57 (RVR1960):

> *"Mas gracias sean dadas a Dios, que nos da la victoria por medio de nuestro Señor Jesucristo".*

Aunque estemos en medio de una batalla, Satanás no tiene autoridad sobre nosotros, porque Dios nos ha dado su Palabra para guiarnos y su Espíritu Santo para fortalecernos. Él te ha asegurado que no hay tentación que no puedas resistir, porque te dará la salida para que puedas soportar todo lo que enfrentes.

Hoy, en medio de cualquier prueba, te invito a alabar a Dios por tu victoria.

Si estás experimentando dolor, alaba a Dios. Si luchas con interrogantes en tu vida, alaba a Dios. Si estás pasando por un desierto, alaba a Dios.

Por eso te desafío a vivir con una mentalidad de ganador. Aunque las circunstancias puedan parecer difíciles, decide recordar que en Cristo eres más que vencedor. A lo largo del día, cuando enfrentes algo que te cause estrés o preocupación, haz una pausa y repite en tu mente: "Gracias a Dios que me da la victoria por medio de nuestro Señor Jesucristo".

Deja que esta verdad transforme tu perspectiva y te dé fuerzas para seguir adelante. Que no solo sea un versículo que recuerdes, sino una verdad que vivas.

Oración

Padre, gracias por lo que estamos viviendo, porque nos ayuda a entender que no necesitamos que todo sea fácil, sino que es necesario que nos esforcemos para avanzar y entrar en una nueva dimensión de crecimiento en la fe.

Hoy, cualquiera que esté pasando por un momento difícil, puede cerrar sus ojos, mirar al cielo y decir: "Gracias, Dios, porque tú tienes el control de todo. Te alabo porque, en medio de este dolor, experimento tu sanidad; en medio de la escasez, veo provisión en mi mesa; en la incertidumbre, recibo tus respuestas. En ti descanso y declaro —en el nombre de Jesús— que vendrán tiempos mejores, que se cumplirán tus maravillosos propósitos y que, tomados de tu mano, superaremos todo. Amén.

Te invito a reflexionar

Para que tengas la certeza de que la victoria es tuya, por cuanto estás en Cristo, haz el siguiente ejercicio y anota tus resultados:

- El reto de la gratitud. Haz una lista mental de las bendiciones diarias que recibes, por más pequeñas que sean. Vivir con gratitud nos recuerda que, incluso en los momentos difíciles, somos victoriosos.
- El reto de las palabras. Comprométete a ser consciente de las palabras que usas. Si surge una conversación negativa o te encuentras quejándote, elige cambiar tu perspectiva. En vez de "No puedo con esto", di: "Dios me da la victoria, por medio de Él soy más que vencedor".
- El reto de lo cotidiano. Si estás enfrentando una tarea difícil o una pequeña frustración, haz una pausa y respira profundamente. Ora y pide fortaleza a Dios. Recuerda que incluso las pequeñas victorias cuentan.
- El reto de la amabilidad. Trata de ser un reflejo de la victoria de Cristo al mostrar amabilidad y compasión en cada encuentro. Tal vez alguien te incomode o te desafíe, pero verás la victoria al no permitir que nada robe tu paz.

- El reto de la barca en medio del mar. En los momentos de estrés o confusión, no importa lo que pase alrededor, decide mantener tu paz, pues Cristo reposa en tu barca.

¡Que vivas hoy y siempre con la victoria de Cristo en tu corazón!

____

____

____

Guardemos en el corazón

Pedí fuerza y recibí dificultades para fortalecerme.

Pedí sabiduría y recibí problemas para resolver.

Pedí prosperidad y recibí un cerebro y unos músculos para trabajar.

Pedí coraje y recibí obstáculos por superar.

Pedí amor y recibí personas para ayudar.

Pedí favores y recibí oportunidades.

No recibí nada de lo que pedí, pero recibí todo lo que necesité.

ÉL SALVA MI BARCA

Quiero comenzar esta *dosis* compartiendo un poderoso pasaje del Manual de Instrucciones, más exactamente en el Nuevo Testamento.

Es un relato extraordinario que ocurrió después del gran milagro de la multiplicación de los panes y los peces. Jesús envió a sus discípulos a cruzar al otro lado del lago, mientras Él se quedó para despedir a la multitud. Ya había oscurecido cuando los discípulos comenzaron su travesía en la barca. Sin embargo, las olas y el viento se desataron con fuerza, poniendo a prueba su fe. A pesar de la tormenta, Jesús caminó sobre el agua hacia ellos y, al principio, ellos pensaron que era un fantasma.

Jesús les dijo: "¡Tranquilos, soy yo, no tengan miedo!". Al escuchar eso, Pedro —lleno de fe— le pidió: "Señor, si realmente eres tú, manda que yo camine hacia ti sobre el agua". Jesús le respondió: "¡Ven!". Y Pedro, confiando en la palabra de Jesús, salió de la barca y comenzó a caminar sobre el agua. Sin embargo, cuando vio la fuerza del viento, comenzó a dudar y a hundirse, gritando: "¡Señor, sálvame!". Y Jesús, con compasión, extendiendo su mano, lo rescató, diciéndole: "Hombre de poca fe, ¿por qué dudaste?". Una vez en la barca, el viento cesó, y todos los discípulos se arrodillaron ante Jesús, proclamando: "Verdaderamente, tú eres el Hijo de Dios".

Este milagro es una poderosa enseñanza para nuestras vidas. Jesús caminó sobre las aguas y, con eso, demostró que —incluso en las tormentas de la vida— Él tiene el control. Nos enseña que debemos mantener nuestra mirada fija en Él, sin importar las circunstancias, para poder caminar sobre los "mares" que enfrentamos.

En el caso de los discípulos, con toda seguridad estaban exhaustos y, al final de un día agotador, la noche en el lago se presenta oscura y tormentosa. Como si fuera poco, se llenan de profundo temor cuando ven al Señor acercándose a ellos sobre el agua e imaginan que era un fantasma. En medio de ese panorama tan terrible, y ante la osadía de Pedro de pedirle al Señor que él también pudiera caminar sobre el mar, se escucha una sencilla pero poderosa palabra que convierte toda esta escena tenebrosa, en un alborozo indescriptible y en una de las más impactantes lecciones de fe que los discípulos pudieron recibir. Esta palabra fue: *"¡Ven!"* y lo imposible se hizo posible.

La Palabra de Dios dice:

> Después de cruzar el lago, desembarcaron en Genesaret. Los habitantes de aquel lugar reconocieron a Jesús y divulgaron la noticia por todos los alrededores. Le llevaban todos los enfermos, le suplicaban que les permitiera tocar siquiera el borde de su manto y quienes lo tocaban quedaban sanos.
>
> —Mateo 14:34-36 (NVI)

Después de que el Señor le ordena a Pedro que saliera de la barca, sus pies se afirman sobre el agua y el milagro se expande aún más. El discípulo comienza a caminar sobre el agua en tanto que confía en Jesús y mantiene su mirada fija en Él, pero cuando permite que el miedo y las distracciones acaparen su atención, empieza a hundirse. Esto nos muestra que, aunque tengamos fe para comenzar, debemos mantener nuestros ojos puestos en Jesús, sin dudar por las adversidades que se nos presenten.

Una vez que Pedro le pide al Señor que lo salve y este, lleno de compasión, lo agarra y lo levanta, poniéndolo junto a Él, ambos suben a la barca. Enseguida, la tormenta cesa y todos los discípulos lo reconocen como el Hijo de Dios; entonces lo adoran. Esto nos enseña que, ante las adversidades y tribulaciones de la vida, lo único que debemos hacer es asegurarnos de que el Señor entre a nuestra vida, a nuestra familia, a la dificultad, al pronóstico, para que el problema desaparezca, el llanto se convierta en alegría y los gritos de angustia en alabanza. No podemos olvidar que fuimos hechos para alabanza y gloria del

Señor y, por eso —en cada momento y circunstancia— debemos reconocerlo como el Rey de reyes y Señor de señores, y contar a todos de sus maravillosas obras.

Solo entonces, estaremos listos para llevar bendición a otros que necesiten —como nosotros— esas manifestaciones del poder de Dios en sus vidas. Ese fue el caso de los habitantes de Genesaret, el lugar a donde arribaron tras vivir esa experiencia en el lago, relatada al principio de esta *dosis*. La fe fortalecida de los discípulos permitió que pudieran ver las manifestaciones de la gloria de Dios en muchas sanidades, prodigios y señales, en una tierra oprimida por el dolor y la enfermedad.

Desafío personal

Así como los discípulos, a veces nos vemos atrapados en las tormentas de la vida con problemas y dificultades que parecen inmensos. Pero, en medio de la tormenta, Jesús se acerca a nosotros y nos invita a caminar. Él no está ajeno a nuestras luchas. Su presencia nos da paz y, si confiamos en Él, podemos superar cualquier dificultad y el problema que nos asustaba, se convierte en una oportunidad para fortalecernos en la fe, de tal manera que podamos llevar bendición a otros.

Hoy te desafío a mantener tus ojos puestos en Jesús, incluso cuando las olas de la vida se agiten a tu alrededor. Sabemos que las tormentas vendrán pero, si confiamos en Él, podremos caminar sobre ellas. No permitas que el miedo o las dudas te hagan perder el enfoque. Mantén tu fe firme, sabiendo que Jesús está contigo, justo para rescatarte. Cuando todo parezca difícil, recuerda: si Jesús está en tu barca, todo se calmará, y Él subirá con solo pedírselo, con solo pronunciar esta sencilla y corta oración con todo tu corazón: *"¡Señor,* sálvame!".

Todos necesitamos hacer esta oración. Él es nuestra única esperanza. Nos permitirá ver milagros en nuestra vida y prepararnos para hacerlos también nosotros en la vida de todos aquellos que lo necesiten.

Oración

Señor Jesús, te agradezco porque —en medio de las tormentas de la vida—siempre estás cerca. Ayúdame a mantener mis ojos fijos en ti, sin distraerme por las dificultades o los miedos que puedan surgir. Te pido que me des la fe para caminar sobre las aguas de mi vida, confiando plenamente en tu poder y tu amor. Que mi fe no vacile, sino que sea fortalecida cada día. Gracias, Señor, por estar siempre a mi lado, porque tu mirada me sostiene. Extiendo mi mano y me aferro a ti para no soltarme nunca. Te pido que calmes la tormenta en mi vida y me des la paz que solo tú puedes dar. En el nombre de Jesús. Amén.

Que Dios te bendiga, querido amigo, querida amiga —que lees esta dosis— para que recuperes tu fe, tengas la victoria a través de la alabanza y la adoración, y veas el milagro que necesitas. Te envío un abrazo fraternal.

Te invito a reflexionar

Realiza este ejercicio por un día y anota lo que sucede en tu vida:

Alaba a Dios por cada cosa difícil que suceda, que escuches o veas. Puede ser relacionada con tu propia vida, con la de tu familia o con alguna persona o comunidad en el mundo. Tu oración de alabanza y adoración, mueve el cielo a favor de la humanidad, pues la tierra lo está reconociendo como su Señor y su Rey. Luego, puedes repetir el ejercicio hasta que se convierta en tu manera de vivir. ¡La gloria de Dios se manifestará y será extraordinario lo que comenzará a suceder!

____

____

____

Guardemos en el corazón

No importa cómo sea la barca de tu vida, su tamaño, sus comodidades o sus limitaciones, lo importante y definitivo es que Jesús esté en ella.

A SU DEBIDO TIEMPO

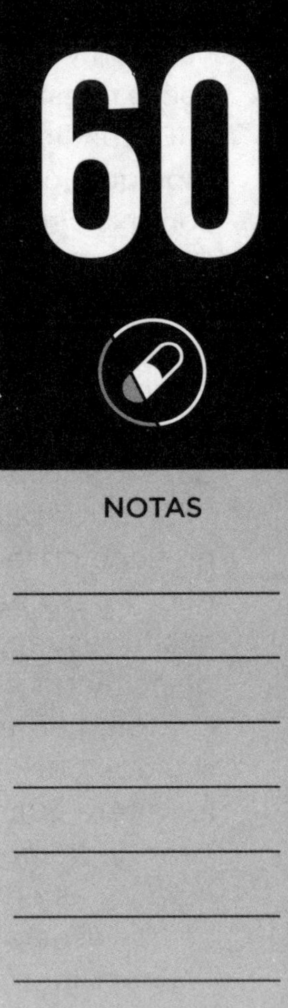

Creo firmemente que ahora mismo están llegando cambios positivos para ti y tu familia. Lo que hoy parece tristeza se transformará en alegría y tu lamento se convertirá en gritos de alabanza. Aunque el proceso puede tomar algo de tiempo, el cumplimiento de las promesas de Dios para tu vida se acelera y todo lo bueno que tiene preparado para ti se hará realidad. ¡Lo creo!, en el nombre poderoso de Jesús.

La Palabra de Dios dice:

> Todo tiene su momento oportuno; hay tiempo para todo lo que se hace bajo el cielo.
>
> —Eclesiastés 3:1 (NVI)

La Biblia nos recuerda en Eclesiastés que *"todo tiene su tiempo"* y que todo lo que deseamos bajo el cielo tiene su hora. Muchas veces nos cuesta aceptar esto, pues nos gusta tener respuestas inmediatas para todo, y Dios —en su infinita bondad— nos permite ver muchos de esos anhelos cumplidos al instante.

Sin embargo, he aprendido que también nuestro Padre, en su inmensa sabiduría, reserva algunas de ellas para el momento adecuado, y en ese proceso nos concede el privilegio de desarrollar fe y paciencia, mientras nos prepara de la mejor manera para administrar sus bendiciones. Esto es cuando pedimos a Dios por una solución o respuesta, y todo parece estancado, silencioso y las señales que buscamos no aparecen. Es posible que eso genere desesperación en nosotros, por lo que las nubes de la desconfianza empiecen a oscurecer nuestro corazón y a opacar el brillo del amor y de la fidelidad de Dios sobre nuestra vida.

El conflicto radica en que nuestros tiempos no son los mismos que los de Dios. Él tiene su propio calendario, conocido como *"Kairós"*, el tiempo de Dios, el tiempo oportuno en el que Él obra. Esto quiere decir que, como Dios es eterno, para Él no hay pasado, presente ni futuro, como lo hay para nosotros, que somos regidos por el calendario romano y vivimos bajo la medida de los días, meses y años. Significa que el actuar de Dios no es de acuerdo al tiempo humano, sino a su sabiduría, que reserva las respuestas para el momento preciso.

En otras palabras, Dios no está limitado por el tiempo, Dios no tiene prisa. Él ve todo desde una perspectiva eterna, en la que *"un día es como mil años y mil años como un día"*, como nos lo recuerda el apóstol en 2 Pedro 3:8. Es por eso que tus planes y tus sueños no se cumplen en el tiempo humano; se cumplen en el tiempo apropiado y oportuno porque están regidos por el calendario divino. También el sabio Salomón lo reitera cuando escribió por revelación de Dios que *"todo tiene su tiempo y todo lo que se quiere debajo del sol tiene su hora"*, y es en ese tiempo preciso cuando recibiremos lo que hemos esperado.

Saber interpretar ese momento hace la diferencia entre un hijo que le cree a Dios y el que no le cree, porque la persona impaciente —que duda— puede llegar a ser impertinente y acarrear muchos problemas a su vida; aunque tenga buenas intenciones, lleva a cabo sus acciones en el momento incorrecto, fuera de tiempo, y obtiene resultados poco satisfactorios o incluso desastrosos. Por el contrario, el que es paciente espera el tiempo correcto, el momento en que Dios actúe. Busca a Dios para tener comunión y amistad con Él, lee su Palabra, recibe la promesa y sabe esperarla, trayendo bendición, paz y gozo a su vida.

Desafío personal

Te invito a reflexionar en la manera en que la tecnología nos ha ayudado a facilitar nuestra vida, pero también nos ha condicionado a la inmediatez. Nos hemos acostumbrado a la eficiencia y a la rapidez, y hemos olvidado la importancia de esperar y ser pacientes. Lo mismo ocurre en el plano espiritual. A veces recibimos respuestas inmediatas y pensamos que siempre será así, pero hay momentos en los que Dios nos enseña a esperar, a ser pacientes y a confiar en su tiempo. Si aún vivimos en la urgencia de lo inmediato, la espera se hace insoportable. Pero si tenemos fe en que Dios tiene todo bajo control y que Él es eterno, su tiempo es perfecto.

La Palabra de Dios también nos da otro poderoso motivo para aprender a esperar. Y es que, cuando parece que Dios retarda su promesa, algunos lo toman como tardanza u olvido, no obstante la verdad es que Dios es el primero en ser paciente para con nosotros, pues su misericordia lo lleva a esperar que todos se arrepientan, cambien, se vuelvan a Él, corrijan sus caminos y sean salvos. Así que la espera de Dios no es señal de olvido ni de rechazo, sino un acto de amor, como parte de su paciencia, para que todos lleguemos al conocimiento de su verdad y vivamos de acuerdo con su voluntad.

La paciencia de Dios es algo que debemos aprender a valorar. Él tiene un propósito perfecto y eterno, por lo que nos invita a confiar en su tiempo. Así como las palabras adecuadas en el momento justo producen alegría, las respuestas de Dios, cuando se nos entregan en su tiempo perfecto —no en nuestros propios plazos— nos brindan frutos abundantes. Por eso, debemos aprender a esperar en Él, con fe y paciencia, sabiendo que lo que tiene para nosotros es lo mejor.

Oración

Señor, gracias por tu paciencia y por recordarnos que tus caminos no son como nuestros caminos. Ayúdame a confiar en tu tiempo perfecto, a esperar con fe y a entender que cada momento de espera es una oportunidad para crecer en confianza y obediencia. Señor, cuando la impaciencia o la desesperanza amenacen con tomar el control de mi corazón, dame paz para esperar en ti. Ayúdame a recordar que tú tienes todo bajo control, y que tu plan para mi vida es más grande y mejor de lo que yo podría imaginar. Amén.

Querido amigo, querida amiga, ahora mismo, mientras recibes y comprendes esta verdad, se están estableciendo las cosas que anhelas, las respuestas que esperas, aquello que va a impulsar tu futuro. Dios está trabajando para abrir prisiones que te tenían encarcelado, para desatar oportunidades que te harán avanzar, para derramar bendiciones sobre tu familia, sanidad para los que están enfermos y vida para los que están muertos. Declaro, en el nombre poderoso de Jesús que tú, que crees, eres un bendecido, una bendecida. Que sabes esperar y confías en el tiempo de Dios y en el momento perfecto, ¡recibes todo lo que anhelas!

Te invito a reflexionar

En esta ocasión, quiero pedirte que realices el siguiente ejercicio y anotes tus aprendizajes:

> Planta una semilla en tu jardín o en una maceta. Cúbrela bien con tierra y, aunque al principio no veas nada, decide regarla todos los días. Verás cómo, después de un tiempo, un pequeño brote surgirá tímidamente sobre la tierra. Y luego, poco a poco, crecerá una hermosa planta que con toda seguridad te dará las mejores hojas e incluso flores y frutos, según la especie que hayas cultivado.
>
> Mientras eso ocurre, medita en que este proceso no fue instantáneo. Requirió paciencia, perseverancia y tiempo, por lo que —al final— el resultado fue mucho mejor de lo que esperabas. Medita en tu vida y que, como la semilla, necesita tiempo para desarrollarse y aunque no veas cambios inmediatos, eso no significa que algo no esté sucediendo bajo la superficie. Cuando aprendes a esperar con paciencia, el proceso de crecimiento es más profundo y —en definitiva— los frutos serán mucho más valiosos. La semilla no puede ver lo que le está ocurriendo, pero confía en la mano de su Creador, que algo grande y hermoso está surgiendo en su interior. No te rindas. Sigue regando tu vida con fe,

con oración y con confianza en que lo mejor está por venir.

___

___

___

Guardemos en el corazón

Esta visión, este mensaje, es un testimonio que señala lo que está por venir. Desea mucho llegar, ¡no puede esperar! Y no miente. Si parece que tarda en llegar, espera. Está en camino. Llegará justo a tiempo.

—Habacuc 2:3 Biblia El Mensaje

CONCLUSIÓN

Si has llegado hasta aquí, puedes estar seguro de algo: no eres la misma persona que comenzó a leer este libro. Algo dentro de ti ha sido despertado. Tal vez sea una pequeña chispa, pero si la cuidas, se convertirá en una luz que alumbrará cada área de tu vida.

A lo largo de estas dosis, Dios te ha hablado, te ha recordado quién eres, el poder de tu fe, el valor de tu oración y la importancia de soltar lo que ya no sirve para abrazar lo nuevo que Él está haciendo en ti. Te ha mostrado que no estás solo y que aún en medio de los desafíos, Él abre caminos donde antes solo veías muros.

No cierres este libro como quien termina una lectura, sino como alguien que inicia una nueva etapa. Lo que Dios comenzó aquí, no termina en estas páginas; continúa en tu vida diaria. Permite que la oración sea tu primer recurso, que la fe guíe tus decisiones y que la gratitud marque tu manera de vivir.

Estoy convencido de que Dios te llamó no para sobrevivir, sino para avanzar; no para vivir atado al pasado, sino para sanar y llevar esperanza a otros; no para caminar con miedo, sino con la seguridad de ser hijo, hija, del Dios todopoderoso.

Mi oración final por ti es esta: que el amor de Dios te envuelva, que su paz te sostenga, que su sabiduría te guíe y que puedas declarar con fe que lo mejor aún está por venir.

Gracias por permitirme acompañarte en este recorrido. Sigue adelante con paso firme y corazón encendido. Lo que Dios comenzó en ti, lo llevará a término.

Tu historia continúa... y será gloriosa.

Recuerda: un día te conoceré y te abrazaré.

BIOGRAFÍA

WILLIAM ARANA es un destacado comunicador, locutor y líder cristiano, originario de Bogotá, Colombia. Es globalmente reconocido como "La voz de las dosis diarias" por el impacto que ha generado en millones de personas a través de sus audios de motivación y enseñanza, siempre basados en la Palabra de Dios.

Es reconocido como un hombre de radio con una carrera prolífica. Su estilo comunicacional, caracterizado por su naturalidad y su originalidad, le ha ganado un lugar especial en la memoria de sus oyentes.

Su trayectoria es notable como:

- Narrador deportivo y presentador.
- Voz institucional de canales y marcas.
- Actor de doblaje en famosas caricaturas.

Su experiencia y su capacidad de interpretación lo llevaron a ser una de las voces más escuchadas en Colombia a través de canales internacionales prestigiosos como DISCOVERY, NATIONAL GEOGRAPHIC, CARTOON NETWORK y HBO.

Dirigió prestigiosas emisoras, destacando su labor en Sistema Vida Colombia y Colmundo Radio. También participó en exitosos programas de cadenas radiales de renombre como Caracol Radio, Cadena Súper y Todelar.

En el área digital se destaca por ser creador de www.rokastereo.com, una emisora virtual con altos índices de sintonía a nivel mundial, cuya misión principal es rescatar valores en la juventud.

Como fundador de El Ministerio Roka, William Arana extiende su mensaje a través de las artes escénicas. Es protagonista de espectáculos de comedia y Stand Up de gran acogida:

- "Que nadie te robe tus sueños" (Stand Up Comedy)
- "Yo tengo el control" (Sketch Teatral, junto a su esposa, la actriz Martha Ginneth)

Con estos montajes, él y su esposa han llegado a numerosos espectadores en diferentes países, compartiendo su testimonio de superación y ofreciendo herramientas prácticas para lograr una vida feliz en pareja.

El alcance de su mensaje

Cada miércoles a las 7 de la noche, William Arana conduce el espacio "A solas con Dios" en su canal de YouTube, Roka Stereo. Este tiempo de adoración y oración cuenta con 3.260.000 seguidores, a quienes enseña a cultivar la intimidad con el Creador, siendo testigos de sanidades, milagros y restauración.

William Arana: "Un hombre que le creyó a Dios".

Puedes seguir a William Arana y continuar conectado con su mensaje a través de sus redes sociales:

Dosis Diaria Oficial
William Arana
Emisora RokaStereo

ladosisdiariaoficial
williamaranaladosisdiaria
rokastereo

RokaStereoOficial

La Dosis Diaria Roka

Descarga la APP y escucha

CASA
CREACIÓN